Langenscheidts Sprachführer Russisch

mit

Reisewörterbuch

LANGENSCHEIDT

BERLIN · MÜNCHEN · WIEN

ZÜRICH · NEW YORK

Herausgegeben von der Langenscheidt-Redaktion
Bearbeitet von Ludmila Heinze
Grafik-Design: Barbara S. Michael
Umschlagfoto: Peter Williams/OeRK

Bildnachweis:

APA Publications: S. 23, 43, 64, 77, 98, 101, 104, 157, 158, 170, 176, 181, 183, 186, 194, 213
Bavaria: S. 17, 27, 87, 106, 127, 130, 133, 135, 139, 164
Andreas Eichhorn: 89, 115, 123, 125, 241
Ludmila Heinze: S. 55, 74, 80, 146
Jürgens. Ost + Europa-Photos: S. 32, 37, 49, 85, 91, 161, 168, 191, 229
Kurt Lindner: S. 45, 53, 70, 113, 117, 120, 141, 150, 173, 179, 217, 219, 223, 225, 238, 245

Umwelthinweis: gedruckt auf chlorfrei gebleichtem Papier

Auflage:	5.	4.	3.	2.	1.	Letzte Zahlen
Jahr:	1999	98	97	96	95	maßgeblich

Druck: Druckhaus Langenscheidt, Berlin-Schöneberg
Printed in Gemany 3-468-22292-0

ESSEN UND TRINKEN

SEHENSWERTES

SHOPPING

UNTERHALTUNG UND SPORT

POST UND BANK

IM ERNSTFALL

WIE FINDEN SIE, WAS SIE SUCHEN?

Dieser Sprachführer enthält alle wichtigen Sätze und Wörter für die Reise, nach Situationen zusammengefaßt und in elf **Kapitel** gegliedert. Jedes Kapitel hat eine eigene Farbe, und die Griffleiste in der Kapitelfarbe ermöglicht Ihnen eine rasche Orientierung.

Damit es Ihnen in keiner Situation die Sprache verschlägt, finden Sie außer den **Mustersätzen** auch **Wortlisten** mit ergänzendem Wortschatz. Wörter, die nicht einer bestimmten Situation zuzuordnen sind, die Sie aber vielleicht brauchen werden, finden Sie im **Reisewörterbuch**. So können Sie genau den Satz bilden, den Sie im Moment benötigen. Dabei hilft Ihnen auch die **Kurzgrammatik**, die Sie knapp und verständlich mit den Grundlagen des Russischen vertraut macht.

Natürlich können Sie Ihrem Gesprächspartner einfach die russische Entsprechung des Satzes zeigen, den Sie sagen möchten. Mit Hilfe der einfachen **Lautschrift**, die sich durch die blaue Farbe deutlich vom Satz in der Fremdsprache abhebt, können Sie aber auch ohne Russischkenntnisse Ihr Gegenüber auf russisch ansprechen. Um Ihnen einen Hinweis auf die richtige Satzmelodie zu geben, haben wir die Satzzeichen (Komma, Fragezeichen etc.) auch in die Lautschrift aufgenommen.

Wenn Sie Ihr Gegenüber in einer wichtigen Situation nicht verstehen, halten Sie ihm doch den Sprachführer hin: Für die wichtigsten Situationen haben wir auch **Sätze in umgekehrter Sprachrichtung**, also zuerst auf russisch aufgenommen, so daß auch ein Russe sich Ihnen mitteilen kann.

Um möglichst viele Situationen sprachlich abzudecken, haben wir in den Sätzen auch **Alternativen** angegeben. Diese sind kursiv gesetzt und durch einen Schrägstrich getrennt. Z. B.

Wann / Wo treffen wir uns?	***Когдá / Где*** **мы встрéтимся?** *kagdá / gdje* my fßtrjétimßja?

Diese müssen Sie entsprechend auflösen. Also entweder:

Wann treffen wir uns?	**Когдá мы встрéтимся?** kagdá my fßtrjétimßja?

oder:

Wo treffen wir uns?	**Где мы встрéтимся?** gdje my fßtrjétimßja?

Bei mehr als zwei Möglichkeiten haben wir an der entsprechenden Stelle im Satz drei Auslassungspunkte gemacht und die möglichen **Ergänzungen** unter dem Satz angegeben. Z. B.

Bitte eine Karte für …	**Пожáлуйста, оди́н билéт на** paschálußta, adín biljét na …
heute abend.	**сегóдня на вéчер.** ßiwódnja na wjétscher.
die Nachmittagsvorstellung.	**дневнóй спектáкль.** dniwnój ßpiktákl.
morgen.	**зáвтра.** sáftra.

Sie setzen dann die entsprechende Ergänzung ein, z. B.

Bitte eine Karte für morgen.	**Пожáлуйста, оди́н билéт на зáвтра.** paschálußta, adín biljet na sáftra.

Oft sind auch mögliche **Ergänzungen in runde Klammern** gesetzt. Sie können diese dann entweder mitsprechen oder auch nicht, z. B.

Wieviel kostet es (ungefähr)?	**Скóлько э́то стои́т (приблизи́тельно)?** skólka åta ßtó-it (priblisítilna)?

Wenn Sie den genauen Preis wissen wollen, lassen sie das Wort für ungefähr – priblisítilna – einfach weg.

Im Russischen gibt es unterschiedliche Formen, je nachdem, ob der Angesprochene bzw. der Sprechende männlich oder weiblich ist. Diese Varianten haben wir durch die Zeichen ♂ *(männlich)* und ♀ *(weiblich)* nach den zu unterscheidenden Formen gekennzeichnet. Z. B.

Bist du verheiratet?	**Ты женáт ♂/зáмужем ♀?** ty schynát ♂/sámuschem ♀?

Einen Mann fragen Sie dann: **Ты женáт?** ty schynát?, eine Frau: **Ты зáмужем?** ty sámuschem?

In vielen Fällen unterscheiden sich die weiblichen Verbformen von den männlichen nur durch ein angehängtes *a*. Diese Erweiterung für die weibliche Endung steht in Klammern hinter der männlichen Form und ist mit dem Zeichen ♀ versehen. Z. B.

Ich hätte gern …	**Я хотéл (а ♀) бы**

Ein Mann sagt also **Я хотéл бы** … ja chatjél by … und eine Frau **Я хотéла бы** … ja chatjéla by …

In den Wortlisten und im Reisewörterbuch sind **unterschiedliche grammatische Formen** dagegen mit ***m*** für männlich und ***f*** für weiblich (= femininum) gekennzeichnet. Bei Adjektiven in den Wortlisten und im Reisewörterbuch sind nur unregelmäßige weibliche Endungen aufgeführt. Die regelmäßigen Endungen entnehmen Sie bitte der Kurzgrammatik.

Und nun wünschen wir Ihnen viel Freude mit unserem Sprachführer und einen erlebnisreichen Urlaub!

Die russischen Vokale

Im Russischen werden alle **betonten Vokale** halblang gesprochen. Die **unbetonten Vokale** werden dagegen kurz und in einigen Fällen mit einer Verfärbung des Klangcharakters ausgesprochen.
Man unterscheidet im Russischen **harte und weiche Vokale**.

Harte Vokale sind	а	э	ы	о	у
weiche Vokale sind	я	е	и	ё	ю

Stehen die weichen Vokale am Wortanfang, nach einem Vokal oder nach dem Weichheitszeichen, so werden sie – mit Ausnahme des и – mit einem j-Vorschlag gesprochen. Stehen die weichen Vokalbuchstaben nach einem Konsonant, so wird dieser Konsonant weich (= palatalisiert) ausgesprochen.

Palatalisierung

Ein Konsonant wird palatalisiert, also erweicht, ausgesprochen, wenn auf ihn ein weicher Vokal oder das Weichheitszeichen folgt. Sie sprechen einen Konsonanten palatalisiert aus, indem Sie beim Artikulieren des Lautes den mittleren Teil des Zungenrückens gegen die vordere Hälfte des harten Gaumens (= Palatum) heben. (Nicht ganz perfekt, aber für den Anfänger einfacher ist es, wenn Sie im Anschluß an den Konsonanten ein leichtes j sprechen.)

Konsonanten

Die meisten Konsonanten können im Russischen deshalb hart oder erweicht ausgesprochen werden. Allerdings gibt es einige Ausnahmen:

Immer hart sind die Konsonanten	ж	ш	ц
Immer weich sind die Konsonanten	ч	щ	ц

Außerdem wird zwischen stimmhaften und stimmlosen Konsonanten unterschieden.
Es gibt paarig stimmhafte und stimmlose Konsonanten und unpaarige, nur stimmhafte oder nur stimmlose Konsonanten:

stimmhaft:	б	в	г	д	ж	з	л	м	н	р	й
	|	|	|	|	|	|					
stimmlos:	п	ф	к	т	ш	с	х	ч	ц	щ	

Stimmhafte Konsonanten im Auslaut werden stimmlos gesprochen.

Schrift:

Die russische Schrift hat 33 Buchstaben. Sechs von ihnen stimmen mit dem lateinischen Alphabet überein; weitere fünf Buchstaben haben dasselbe Schriftbild, aber einen anderen Lautwert.
Folgende Übersicht hilft Ihnen, sich mit der Schrift vertraut zu machen.

Russischer Buchstabe (Druckschrift)	(Kursivschrift)	Stellung im Wort	Aussprache	Lautschrift
А а	*А а*	betont	***a*** wie in *Staat*, aber kürzer	a
		am Wortanfang oder unmittelbar vor der Akzentstelle	ungespanntes ***a*** wie in *kann*, aber etwas länger	a
		in sonstiger unbetonter Stellung	ein Murmellaut, der zwischen *e* und *a* liegt, aber mehr nach *a* klingt. Er hat eine gewisse Ähnlichkeit mit unserem reduzierten ***e*** wie in *bitte*.	a
Б б	*Б б*		hart: wie ***b*** in *robust*	b
			weich: ähnlich wie ***bi*** in *rabiat*	b
В в	*В в*		hart: wie ***w*** in ***Wasse**r*	w
			weich: ähnlich wie ***wj***	w
Г г	*Г г*		hart: wie ***g*** in G*ans*	g
			weich: ähnlich wie ***gi*** in *Region*	g
Д д	*Д д*		hart: wie ***d*** in ***Dunst***	d
			weich: ähnlich wie ***di*** in ***Diamant***	d
Е е	*Е е*	betont, am Wortanfang oder nach Vokal	***je***	je
		betont, nach Konsonant	***e***, wobei der vorangehende Konsonant erweicht wird	je
		betont, nach ж, ш, ц	***ä***	ä
		unbetont, am Wortanfang oder nach Vokal	***ji***	ji
		unbetont, nach Konsonant	***i***, wobei der vorangehende Konsonant erweicht wird	ji, i
		unbetont, nach ж, ш, ц	wie ***ы*** (siehe unten)	y

Ё ё *Ё ё*	am Wortanfang oder nach Vokal	jo	jo
	nach Konsonant	o, wobei der vorangehende Konsonant erweicht wird	jo
Ж ж *Ж ж*		wie das ***g*** in *Etage*	sch
З з *З з*		stimmhaftes ***s***, wie in *Rose*	s
И и *И и*		wie das ***i*** in *Minute*, aber kürzer	i
	nach ж, ш, ц	wie ***ы*** (siehe unten)	y
Й й *Й й*		wie ***j***	j
К к *К к*		hart: wie ***k*** in *Kasse* weich: ähnlich wie ***ki*** in *Bankier*	k k
Л л *Л л*		hart: härter als deutsches ***l***, wie im englischen *lady* weich: noch weicher als ***li*** in *Lilie*	l l
М м *М м*		hart: wie ***m*** in *Moos* weich: ähnlich wie ***mi*** in *Mumie*	m m
Н н *Н н*		hart: wie ***n*** in *Not* weich: ähnlich wie ***gn*** in *Kampagne*	n n
О о *О о*	betont	wie **o** in *offen*, aber etwas länger	o
	Am Wortanfang oder unmittelbar vor der Akzentstelle	kurzes, ungespanntes ***a*** wie in *kann*, aber etwas länger	a
	in sonstiger unbetonter Stellung	ein Murmellaut, der zwischen *e* und *a* liegt, aber mehr nach *a* klingt. Er hat eine gewisse Ähnlichkeit mit unserem reduzierten ***e*** wie in *bitte*.	a
П п *П п*		hart: wie ***p*** in *Punsch*, aber nicht behaucht weich: ähnlich wie ***pi*** in *Piano*	p p
Р р *Р р*		hart: Zungenspitzen-r weich: ähnlich wie ***ri***, das mit Zungenspitzen-r gesprochen wird	r
С с *С с*		hart: stimmloses s wie ***ß*** in *heißen* weich: ähnlich wie ***ssi*** in *Passion*	s, ß s, ß
Т т *Т т*		hart: wie ***t*** in *Tat*, aber nicht behaucht weich: ähnlich wie *tj* in *tja*	t t
У у *У у*		wie ***u*** in *Mut*, aber kürzer	u
Ф ф *Ф ф*		hart: wie ***f*** in *Fuß* weich: ähnlich wie ***fj*** in *Fjord*	f f

Х х *Х х*		hart: wie ***ch*** in *Buch* weich: wie ***ch*** in *ich*	ch ch
Ц ц *Ц ц*		wie ***z*** in *Zahn*	tz
Ч ч *Ч ч*		wie ***tsch*** in ***tschüs***	tsch
Ш ш *Ш ш*		wie ***sch*** in ***Schule***	sch
Щ щ *Щ щ*		***schtsch***	schtsch
ъ *ъ*	Kommt nie am Wortanfang vor.	Das sogenannte ***Härtezeichen***. Es hat keinen Lautwert. Es steht im Wortinnern nach harten Konsonanten, wenn ein folgender jotierter Vokal mit j-Vorschlag ausgesprochen werden soll.	
ы *ы*	Kommt nie am Wortanfang vor.	ein Laut zwischen *i* und *ü*. Sprechen Sie *i* und ziehen Sie dabei die Zunge zurück	y
ь *ь*	Kommt nie am Wortanfang vor.	Das sogenannte ***Weichheitszeichen*** hat keinen Lautwert.	
	nach Konsonant	bewirkt, daß der vorangehende Konsonant erweicht wird	
	vor Vokal	zeigt an, daß der nachfolgende Vokal mit j-Vorschlag gesprochen wird	
Э э *Э э*	vor hartem Konsonant oder im Wortauslaut nach hartem Konsonant	***ä***	ä
	vor weichem Konsonant	***e***	e
Ю ю *Ю ю*		***ju***	ju
Я я *Я я*	betont, am Wortanfang oder nach Vokal	***ja***	ja
	betont nach Konsonant	***a***, wobei der vorangehende Konsonant erweicht wird	ja
	unbetont, am Wortende	ein Murmellaut zwischen *e* und *a* mit j-Vorschlag. Bei vorangehendem Konsonant entfällt der j-Vorschlag, dafür wird der Konsonant erweicht.	ja, a
	unbetont, am Wortanfang and nach Vokal	***ji***	ji

Lautschrift

Wie Sie der Übersicht entnehmen können, haben wir in der Lautschrift nicht alle Feinheiten der Aussprache berücksichtigt. Unsere Lautschrift ist möglichst einfach und benutzerfreundlich gestaltet, damit Sie auch ohne große Einarbeitung sofort russisch sprechen und verstanden werden können. Sprechen Sie alle Buchstabenverbindungen der Lautschrift einfach so aus, wie Sie es vom Deutschen her gewohnt sind.
Die einzigen Sonderzeichen sind y, sch (Aussprache siehe Tabelle) und ein Gedankenstrich zwischen zwei Vokalen. Dieser Gedankenstrich zeigt an, daß die Vokale getrennt auszusprechen sind. Ein Gedankenstrich zwischen zwei gleichen Konsonanten bedeutet dagegen, daß dieser Konsonant besonders lang zu sprechen ist.

Betonung

Die Betonung wird durch ein Akzentzeichen [´] auf dem betonten Vokal angezeigt, sowohl im Russischen als auch in der Lautschrift. Da das ë ausnahmslos in betonter Stellung vorkommt, haben wir Wörter mit einem ë in der russischen Schrift nicht zusätzlich mit einem Betonungszeichen versehen.

HALLO UND BIS BALD!

Guten Morgen!	**Доброе утро!** dóbraje útra!
Guten Tag!	**Дóбрый день!** dóbry djen!
Guten Abend!	**Дóбрый вéчер!** dóbry wjétscher!
Hallo!	**Привéт!** priwjét!

INFO

Ein weiterer Gruß ist **Здравствуйте!** sdraßtwuite! Er kann zu jeder Tageszeit verwendet werden. Dieser Gruß umfaßt alle Nuancen der deutschen Grußformeln vom recht offiziellen „Guten Tag“ bis zum kurzen „Hallo“.

Gute Nacht!	**Спокóйной нóчи!** ßpakójnai nótschi!

INFO

Спокóйной нóчи! (*wörtlich: ruhige Nacht*) ist kein Gruß. Man sagt es zu jemandem, der schlafen geht.

Setzen Sie sich doch zu *mir/uns.*	**Присáживайтесь** ***ко мне/к нам.*** prißáschywaitis *kamnjé/knam.*
Darf ich mich zu *Ihnen/dir* setzen?	**Мóжно** ***к Вам/к тебé*** **присéсть?** móschna *kwam/ktibjé* prißjéßt?
Nein, hier ist leider schon besetzt.	**Нет, к сожалéнию, здесь ужé зáнято.** njet, kßaschalénju, sdjes usché sánita.
Wie geht es *Ihnen/dir*?	**Как у** ***Вас/тебя́*** **делá?** kak u *was/tibjá* dilá?
Es tut mir leid, aber ich muß jetzt gehen.	**К сожалéнию, мне нáдо идти́.** kßaschaljénju, mnje náda ití.
Auf Wiedersehen!	**До свидáния!** da ßwidánja!

Bis *bald/morgen*!	**До *скорого/завтра*!** da *skórawa/sáftra.*
Tschüs!	**Пока!** paká!
Wir sehen uns noch.	**Мы ещё увидимся.** my jeschtschó uwídimßja.
Schön, *Sie/dich* kennengelernt zu haben.	**Было приятно *с Вами/с тобой* познакомиться.** býla prijátna *ßwámi/ßtabój* pasnakómitza.
Vielen Dank für den netten *Abend/Tag.*	**Спасибо за приятный *вечер/день.*** ßpaßíba sa prijátny *wjétscher/djen.*
Gute Reise!	**Счастливого пути!** schtschißlíwawa putí!

SMALLTALK …

… über Persönliches

Wie *heißen Sie/heißt du*?	**Как *Вас/тебя* зовут?** kak *was/tibjá* sawút?
Wie ist *Ihr/dein* Name?	**Как *Ваша/твоя* фамилия?** kak *wáscha/twajá* famílija?
Ich heiße …	**Меня зовут …** minjá sawút …
Woher *kommen Sie/kommst du*?	**Откуда *Вы приехали/ты приехал (а♀)*?** atkúda *wy prijéchali/ty prijéchal (a♀)*?
Ich komme aus …	**Я приехал (а♀) из …** ja prijéchal (a♀) is …
Deutschland.	**Германии.** girmáni.
Österreich.	**Австрии.** áfßtri.
der Schweiz.	**Швейцарии.** schwejtzári.

In welcher Stadt *wohnen Sie/wohnst Du*?	**В каком городе *Вы живёте/ты живёшь*?** fkakóm góradje *wy schywjótje/ty schywjósch*?
Sind Sie verheiratet?	**Вы женáты♂/зáмужем♀?** wy schynáty♂/sámuschem♀?
Bist du verheiratet?	**Ты женáт♂/зáмужем♀?** ty schynát♂/sámuschem♀?
Haben Sie/Hast du Kinder?	**У *Вас/тебя́* есть дéти?** u *was/tibjá* jeßt djéti?
Wie alt sind Sie?	**Скóлько им лет?** skólka im ljet?
Haben Sie/Hast du Geschwister?	**У *Вас/тебя́* есть брат и сестрá?** u *waß/tibjá* jeßt brat y ßißtrá?
Ich habe *eine Schwester/einen Bruder*.	**У меня́ есть *сестрá/брат*.** u minjá jeßt *ßißtrá/brat*.
Haben Sie ein Foto von ...?	**У Вас есть фотогрáфия ...** *(+ Gen)?* u was jeßt fatagráfija ...?
Das ist ...	**Э́то ...** äta ...
Wie alt *sind Sie/bist du*?	**Скóлько *Вам/тебé* лет?** skólka *wam/tibjé* ljet?
Ich bin ... Jahre alt.	**Мне ... лет.** mnje ... ljet.
Was *machen Sie/machst du* beruflich?	**Кем *Вы рабóтаете/ты рабóтаешь*?** kem *wy rabótajitje/ty rabótajisch*?
Ich bin ...	**Я** ... ja ...
Ich gehe noch zur Schule.	**Я ещё учу́сь в шкóле.** ja jeschtschó utschús fschkólje.
Was *studieren Sie/studierst du*?	**Что *Вы изучáете/ты изучáешь*?** schto *wy isutschájitje/ty isutschájisch*?

... über Urlaub und Zuhause

→ auch: *Noch mehr Sport und Spiel* S.169, *Abends ausgehen* S.179

Machen Sie/Machst du hier Urlaub?	***Вы право́дите / Ты право́дишь*** **здесь о́тпуск?** *wy prawóditje/ty prawódisch* sdjes ótpusk?
In welchem Hotel *wohnen Sie/wohnst du*?	**В како́й гости́нице *Вы живёте/ ты живёшь*?** fkakój gaßtínitze *wy schywjóte/ty schuwjósch*?
Sind Sie alleine hier?	**Вы одни́ здесь?** wy adní sdjes?
Bist du alleine hier?	**Ты оди́н♂ / одна́♀ здесь?** ty adín♂/adná♀ sdjes?
Ich bin mit ... hier.	**Я здесь с** ... ja sdjes s ...

→ *Wortliste* S. 30

Sind Sie/Wie *Bist du* zum ersten Mal hier?	***Вы/Ты*** **в пе́рвый раз здесь?** *wy/ty* fpjérwy ras sdjes?
Nein, ich war schon ... Mal in Rußland.	**Нет, я уже́ был (а́♀) ... раз в Росси́и.** njet, ja usché byl (a♀) ... ras wraßí.
Wo *sind Sie/bist* du schon gewesen?	**Где *Вы уже́ побыва́ли / ты уже́ побыва́л*?** gdje *wy usché pabywáli / ty usché pabywál*?
Haben Sie / Hast du schon ... gesehen?	***Вы уже ви́дели / Ты уже ви́дел (а♀)*** **...?** *wy usché vídeli/ty usché widel (a♀) ...?*
Wie lange *sind Sie/ bist du* schon hier?	**Как до́лго *Вы/ты* уже́ здесь?** kak dólga *wy/ty* usché sdjes?
Seit ... *Tagen/Wochen.*	... ***дней/неде́ль.*** ... *dnej/nidjél.*

Wie lange *sind Sie / bist du* noch hier?	**Как до́лго *Вы ещё бу́дете / ты ещё бу́дешь* здесь?** kak dólga *wy jeschtschó búditje / ty jeschtschó búdisch* sdjes?
▶ Ich fahre morgen wieder ab.	**За́втра я уезжа́ю.** sáftra ja ujescháju.
Noch *eine Woche / zwei Wochen.*	**Ещё *одну́ неде́лю / две неде́ли.*** jeschtschó *adnú nidjélju / dwje nidjéli.*
▶ Wie gefällt es *Ihnen / dir* hier?	**Как *Вам / тебе́* здесь нра́вится?** kak *wam / tibjé* sdjes nráwitza?
▶ Es gefällt mir sehr gut.	**Мне о́чень нра́вится.** mnje ótschin nráwitza.
▶ *Waren Sie / Warst du* schon einmal in Deutschland?	***Вы уже́ бы́ли / Ты уже́ был (а́ ♀)* в Герма́нии?** *wy usché býli / ty usché byl (á ♀)* wgirmáni?
Hat es *Ihnen / dir* dort gefallen?	***Вам/Тебе́* там понра́вилось?** *wam/tibjé* tam panráwilas?
▶ Besuchen Sie mich doch, wenn Sie mal nach Deutschland kommen.	**Е́сли вы бу́дете в Герма́нии, презжа́йте ко мне в го́сти.** jéßli wy búditje wgirmáni, prijescháitje ka mnje wgóßti.
Ich würde mich freuen, wenn du mal nach Deutschland kommst.	**Я бу́ду о́чень рад (а ♀), е́сли ты прие́дешь в Герма́нию.** ja búdu ótschin rad (a ♀), jeßli ty prijédisch wgirmániju.
Du kannst gerne einige Tage bei mir wohnen.	**Ты мо́жешь не́сколько дней пожи́ть у меня́.** ty móschysch njéskalka dnjéj paschýt u minjá.
Ich zeige *Ihnen / dir* gerne die Stadt.	**Я охо́тно покажу́ *Вам / тебе́* го́род.** ja achótna pakaschú *wam / tibjé* górad.
Hier ist meine Adresse.	**Вот мой а́дрес.** wot moj ádris.

VERABREDUNG

→ auch: *Mit Freunden essen* S. 106, *Abends ausgehen* S. 179

Wollen wir …

Was *machen Sie/ machst Du* morgen?	**Что *Вы де́лаете/ты де́лаешь* за́втра?** schtó *wy délajitje/ty délajisch* sáftra?
Wollen wir uns *morgen/heute abend* treffen?	**Дава́йте встре́тимся *за́втра/сего́дня ве́чером.*** dawáitje wßtrjétimßja *sáftra/ßiwódnja wjétschiram.*
Ja, gerne.	**Да, с удово́льствием.** da, ßudawólßtwijem.
Leider kann ich nicht. Ich habe schon etwas vor.	**К сожале́нию, я не могу́. У меня́ други́е пла́ны.** kßaschaljénju, ja ni magú. u minjá drugíje plány.
Was werden wir heute tun?	**Что мы бу́дем сего́дня де́лать?** schto my búdim ßiwódnja djélat?

VERABREDUNG

▶ Wollen wir heute abend zusammen essen?	**Давáйте поýжинаем сегóдня вмéсте.** dawáitje pa-úschynajem ßiwódnja wmjéßtje.
Ich möchte *Sie/ dich* ins … einladen.	**Я хотéл (а ♀) бы *Вас/тебя́* пригласи́ть в** … ja chatjél (a ♀) by *was/tibjá* priglaßít w …
Möchten Sie/ Möchtest du tanzen gehen?	***Вы хоти́те/Ты хóчешь* пойти́ на тáнцы?** *Wy chatítje/ty chótschisch* paití na tántzy?
▶ *Wann/ Wo* treffen wir uns?	***Когдá/Где* мы встрéтимся?** *kagdá/gdje* my wßtrjétimßja?
Treffen wir uns doch um … Uhr.	**Давáйте встрéтимся в … часóв.** dawáitje wßtrjétimßja w … tschißów.
Ich hole *Sie/ dich* um … Uhr ab.	**Я зайдý за *Вáми/тобóй* в … часóв.** ja saidú sa *wámi/tabój* w … tschißów.
Wohin gehen wir?	**Кудá мы пойдём?** kudá my paidjóm?
Ich bringe Sie *nach Hause/ zur Haltestelle.*	**Я провожý Вас *домóй/до остановки.*** ja prawaschú was *damój/da aßtanófki.*
▶ Sehen wir uns noch einmal?	**Мы ещё раз уви́димся?** my jeschtschó ras uwídimßja?

Ich will nicht!

Ich habe schon etwas vor.	**У меня́ другíе плáны.** u minjá drugíje plány.
Ich warte auf jemanden.	**Я жду когó-то.** ja schdu kawó-ta.
▶ *Lassen Sie/ Laß* mich in Ruhe!	***Остáвьте/Остáвь* меня́ в покóе!** *aßtáwtje/aßtáw* minjá fpakóje!
Hau ab!	**Смóйся!** smójßja!

VERSTÄNDIGUNG

Wer spricht hier *Deutsch/Englisch*?	**Кто говорит здесь *по-немецки/ по-английски*?** kto gawarít sdjes *pa-nimjétzki/pa-angliski*?
Вы говорите по-русски? wy gawarítje pa-rúski?	Sprechen Sie Russisch?
Nur wenig.	**Немно́го.** nimnóga.
Bitte sprechen Sie etwas langsamer.	**Говори́те, пожа́луйста, ме́дленнее.** gawarítje, paschálußta, mjédlinije.
Haben Sie verstanden?	**Вы по́няли?** wy pónili?
Hast du verstanden?	**Ты по́нял♂/поняла́♀?** ty pónil♂/panilá♀?
Ich verstehe.	**Я понима́ю.** ja panimáju.
Ich habe verstanden.	**Я по́нял♂/поняла́♀.** ja pónil♂/panilá♀.
Entschuldigen Sie, ich habe das nicht verstanden.	**Извините, я э́то не по́нял♂/поняла́♀.** iswinítje, ja äta ni pónil♂/panilá♀.
Wiederholen Sie bitte!	**Повтори́те, пожа́луйста!** paftarítje, paschálußta!
Wie heißt das auf russisch?	**Как э́то бу́дет по-ру́сски?** kak äta búdit pa-rúski?
Was bedeutet …?	**Что зна́чит …?** schto snátschit …?
Buchstabieren Sie, bitte.	**Прочита́йте по бу́квам, пожа́луйста.** pratschitáitje pa búkwam, paschálußta.
Schreiben Sie es mir bitte auf.	**Напиши́те, пожа́луйста.** napischýtje, paschálußta.

WAS MEINEN SIE DAZU?

+

Es gefällt mir hier sehr gut.	**Мне здесь óчень нрáвится.** mnje sdjes ótschin nráwitza.
▶ Sehr gut!	**Отли́чно!** atlítschna!
Ich bin sehr zufrieden!	**Я óчень довóлен♂/довóльна♀!** ja ótschin dawólin♂/dawólna♀!
Prima!	**Превосхóдно!** priwaßchódna!
▶ Das gefällt mir.	**Э́то мне нрáвится.** ắta mnje nráwitza.
Sehr gerne.	**С удовóльствием.** ßudawólßtwijem.
▶ Einverstanden.	**Лáдно.** ládna.

+/–

Das ist mir egal.	**Мне всё равнó.** mnje fßjo rawnó.
Wie Sie möchten.	**Как Вы хоти́те.** kak wy chatítje.
▶ Ich weiß noch nicht.	**Я ещё не знáю.** ja jeschtschó ni snáju.
Vielleicht.	**Мóжет быть.** móschet byt.

–

Wie schade!	**Как жаль!** kak schal!
▶ Das geht nicht.	**Э́то невозмóжно.** ắta niwasmóschna.
Ich würde lieber …	**Я бы охóтнее …** ja by achótnije …
▶ Das gefällt mir nicht.	**Мне э́то не нрáвится.** mnje ắta ni nráwitza.
Nein.	**Нет.** njet.
Auf keinen Fall.	**Ни в кóем слу́чае.** ni fkójem slútschije.

FLOSKELN

Bitte – Danke

Könnten Sie mir bitte helfen?	**Вы не моглú бы мне помóчь?** wy ni maglí by mnje pamótsch?
Seien Sie bitte so nett, …	**Бýдьте добры́,** … bútje dabrý, …
Ja, bitte.	**Да, пожáлуйста.** da, paschálußta.

INFO

Пожáлуйста *bitte* verwendet man als:
- Ausdruck der Bitte,
- Antwort auf einen Dank,
- Aufforderung.

Nein, danke.	**Нет, спаси́бо.** njet, ßpaßíba.
Danke.	**Спаси́бо.** ßpaßíba.
Vielen Dank.	**Большо́е спаси́бо.** balschóje ßpaßíba.
Vielen Dank für Ihre *Mühe/Hilfe.*	**Спаси́бо за *Ва́ши хло́поты/Ва́шу по́мощь.*** ßpaßíba sa *wáschy chlópaty/wáschu pómaschtsch.*
Bitte sehr.	**Пожа́луйста.** paschálußta.
Gern geschehen.	**Не сто́ит.** ni ßtóit.
Darf ich?	**Мо́жно?** móschna?
Macht nichts.	**Ничего́.** nitschiwó.

INFO

Ничего́ wird oft in der Umgangssprache gebraucht und ist vieldeutig. Ungefähr entspricht es dem amerikanischen *„okay"*, es kann auch bedeuten: *„nichts"*, *„nicht schlecht"*, *„bitte"*, *„macht nichts"*, *„alles in Ordnung"*, *„so mittelmäßig"*.

Tut mir leid!

Entschuldigung!	**Извини́те!** iswinítje!
Das tut mir leid.	**Мне о́чень жаль.** mnje ótschin schal.
Das war ein Mißverständnis.	**Э́то бы́ло недоразуме́ние.** áta býla nidarasumjénije.

Alles Gute!

Herzlichen Glückwunsch (zum Geburtstag)!	**Серде́чно поздравля́ю (с днём рожде́ния)!** ßirdjétschna pasdrawljáju (sdnjom raschdjénija)!

Gute Reise! — **Счастли́вого пути́!** schtschißlíwawa putí!

Viel Spaß! — **Жела́ю хорошо́ повесели́ться!** schyláju charaschó pawißilítza!

Frohe Weihnachten! — **Весёлого Рождества́!** wißjólawa raschdißtwá!

Frohes Neues Jahr! — **С Но́вым го́дом!** ßnówym gódam!

FÜR BEHINDERTE

Ich höre schlecht. Sprechen Sie bitte lauter! — **Я пло́хо слы́шу. Говори́те, пожа́луйста, погро́мче!** ja plócha ßlýschu. gawarítje, paschálußta, pagrómtsche.

Schreiben Sie das bitte auf. — **Напиши́те э́то, пожа́луйста.** napischítje ăta, paschálußta.

Ich bin *körperbehindert/gehbehindert.* Können Sie mir bitte helfen? — ***Я инвали́д/У меня́ больны́е но́ги.*** **Не могли́ бы Вы мне помо́чь?** *ja inwalíd/u minjá balnýje nógi.* ni maglí by wy mnjé pamótsch?

Fassen Sie bitte hier an. — **Возьми́тесь вот здесь, пожа́луйста.** wasmítis wot sdjes, paschálußta.

Haben Sie einen Rollstuhl für mich? — **У Вас есть для меня́ кре́сло-коля́ска?** u was jeßt dlja minjá kréßla-kaljáska?

Können Sie mir das Gepäck *aufs Zimmer/zum Taxi* tragen? — **Вы не могли́ бы отнести́ мой бага́ж** ***в ко́мнату/к такси́?*** wy ni maglí by atnißtí moj bagásch *fkómnatu/ktakßí*?

Gibt es dort eine Rampe für Rollstuhlfahrer? — **Там есть накло́нный въезд для кре́сла-коля́ски?** tam jeßt naklóny wjésd dlja kréßla-kaljáski?

Wo ist der nächste Fahrstuhl? — **Где ближа́йший лифт?** gdje blischáischy lift?

Könnten Sie für mich wählen? Das Telefon hängt zu hoch.	**Вы не могли́ бы набра́ть за меня́ но́мер? Телефо́н виси́т о́чень высоко́.** wy ni maglí by nabrát sa minjá nómir? tilifón wißít ótschin wyßakó.
Ist es für Rollstuhlfahrer geeignet?	**Э́то приспосо́блено для челове́ка в кре́сле-коля́ске?** äta prißpaßóblina dlja tschilawjéka fkrjéßli-kaljáski?
Gibt es hier eine Behindertentoilette?	**Здесь есть туале́т для инвали́дов?** sdjes jeßt tualjét dlja inwalídaw?
Ich brauche jemanden, der mich begleitet.	**Мне ну́жен кто́-то, кто меня́ сопровожда́л бы.** mnje núschyn któ-ta, kto minjá ßaprawaschdál by.
Haben Sie einen Platz, wo ich meine Beine ausstrecken kann?	**У Вас есть тако́е ме́сто, где я могу́ вы́тянуть но́ги?** u was jeßt takóje mjéßta, gdje ja magú wýtinut nógi?

Zwischenmenschliches

Adresse	**а́дрес** ádris
allein	**оди́н** ***m*****, одна́** ***f*** adín, adná
alt	**ста́рый** ßtáry
ankommen	**прибы́ть** pribýt
aufschreiben	**записа́ть** sapißát
Beruf	**профе́ссия** prafjéßija
bitte	**пожа́луйста** poschálußta
Bruder	**брат** brat
danke	**спаси́бо** ßpaßíba
Diskothek	**дискоте́ка** diskatjéka
einladen	**пригласи́ть** priglaßít
essen gehen *(mittags)*	**обе́дать в рестора́не** abjédat wrißtaráni
-*(abends)*	**у́жинать в рестора́не** úschinat wrißtaráni
Foto	**фо́то** fóto

Frau *(Ehefrau)*	**жена́** schyná
Freund	**друг** drug
Freundin	**подру́га** padrúga
gefallen	**нра́виться** nráwitza
Geschwister	**брат и сестра́** brat y ßißtrá
ja	**да** da
kennenlernen	**познако́миться** pasnakómitza
Kind	**ребёнок** ribjónak
Kinder	**де́ти** djéti
Land	**страна́** ßtraná
Mann *(Ehemann)*	**муж** musch
Mutter	**мать** mat
nein	**нет** njet
Schule	**школа́** schkóla
Schwester	**сестра́** ßißtrá
Sohn	**сын** ßyn
Stadt	**го́род** górad
Student(in)	**студе́нт (ка)** ßtudjént(ka)
studieren	**учи́ться в ву́зе** utschítza w-wúsi
tanzen	**танцева́ть** tantzywát
Tochter	**дочь *f*** dotsch
treffen, sich	**встре́титься** fßtrjétitza
Urlaub	**о́тпуск** ótpusk
Vater	**оте́ц** atjétz
verabreden, sich	**договори́ться о встре́че** dagawaritza a fßtrétschi
verheiratet	**жена́т *m*, за́мужем *f*** schynát, sámuschem
verstehen	**поня́ть** panját
vielleicht	**мо́жет быть** móschet byt
vorhaben, etwas	**и́меть пла́ны** imét plány
warten	**ждать** schdat
wenig	**ма́ло** mála
wiederholen	**повтори́ть** pawtarít
zufrieden	**дово́льный** dawólny

GESCHÄFTSKONTAKTE

→ auch: *Verständigung* S. 25

Telefon

Hallo! — **Алло́!** alló!

Я слу́шаю. ja slúschaju. — Ich höre.

Hier ist … — **Говори́т** … gawarít …

Ich möchte … sprechen. — **Позови́те, пожа́луйста,** … pasawítje, pascháluẞta, …

Ли́ния за́нята. línija sánita. — Dort wird gerade gesprochen.

Его́ / Её **сего́дня нет.** *jiwó / jijó* ẞiwódnja njet. — *Er/Sie* ist heute nicht da.

Вы хоти́те ***ему́/ей*** **что́-нибудь переда́ть?** wy chatítje *jimú/jej* schtó-nibud piridát? — Möchten Sie *ihm/ihr* eine Nachricht hinterlassen?

Kann ich eine Nachricht für … hinterlassen? — **Вы не могли́ бы ко́е-что переда́ть …** *(+ Dat)?* wy ni maglí by koje-schtó piridát …?

Bitten Sie *ihn/sie*, mich morgen (um … Uhr) anzurufen. — **Попроси́те** ***его́/её*** **позвони́ть мне за́втра (в … часо́в).** papraßítje *jiwó/jijó* paswanít mnje sáftra (w … tschißów).

Хорошо́. Я переда́м. charaschó. ja piridám. — Gut. Ich werde es ausrichten.

Am Empfang

Ich möchte zu … — **Мне хоте́лось бы к …** *(+ Dat).* mnje chatjélas by k …

Wie komme ich zu …? — **Как попа́сть к …** *(+ Dat)*? kak papáßt k …

Mein Name ist … — **Моя́ фами́лия …** majá famílija …

Ich habe einen Termin mit … um … Uhr. — **Я договори́лся ♂/договори́лась ♀ встре́титься с …** *(+ Instr)* **в … часо́в.** ja dagawaríl߸ja ♂ / dagawarílas ♀ wßtrjétitza ß … w … tschißów.

Einen Moment bitte. — **Мину́точку, пожа́луйста.** minútatschku, paschálußta.

… ещё на совеща́нии. … jeschtschjó na ßawischtscháni. — … ist noch in einer Sitzung.

… ско́ро придёт. … skóra pridjót. — … kommt bald.

Подожди́те, пожа́луйста, одну́ мину́ту здесь. padaschdítje, paschálußta, adnú minútu sdjes. — Würden Sie bitte hier einen Moment warten.

Messe

▶ Ich suche den Stand der Firma …	**Я ищу́ стенд фи́рмы …** ja ischtschú ßtjend fírmy …
Halle …, Stand …	**Павильо́н …, стенд …** pawiljón …, ßtjend …
▶ Haben Sie Informationsmaterial über …?	**У Вас есть информацио́нный материа́л о …** *(+ Präp)*? u was jeßt infarmatzióny materiál a …?
Haben Sie Prospekte auf *deutsch / englisch*?	**У Вас есть проспе́кты на** ***неме́цком / англи́йском*** **языке́?** u was jeßt praßpjékty na *nimjétzkam / anglískam* jasykjé?
An wen kann ich mich wenden?	**К кому́ мне мо́жно обрати́ться?** k-kamú mnje móschna abratítza?
Wer ist Ihr Vertreter in Deutschland?	**Кто у Вас представи́тель в Герма́нии?** kto u was pridßtawítel wgirmáni?

Geschäftskontakte

Abteilung	**отде́л** ad-djél
Abteilungsleiter	**нача́льник отде́ла** natschálnik ad-djéla
Adresse	**а́дрес** ádris
anmelden, sich	**зарегистри́роваться** sarigißtrírawatza
Ausgang	**вы́ход** wýchad
benachrichtigen	**оповести́ть** apawißtít
Besprechung	**обсужде́ние** abßuschdjénije
Büro	**о́фис** ófis
Dolmetscher(in)	**перево́дчик** *m*, **перево́дчица** *f* piriwódtschik, piriwódtschitza
Drucker	**при́нтер** príntär
Eingang	**вход** wchod
Empfang	**приём** prijóm
Filzstift	**флома́стер** flamáßtir

Folienstift	**флома́стер для сла́йдов** flamáßtir dlja ßláidaw
Gebäude	**зда́ние** sdánije
Generalvertretung	**генера́льное представи́тельство** ginirálnaje pridßtawítilßtwa
Geschäftsführer	**комме́рческий дире́ктор** kamjértschiski dirjéktar
Geschäftsleitung	**руково́дство фи́рмы** rukawódßtwa fírmy
Halle	**павильо́н** pawiljón
Information	**информа́ция** infarmátzija
Informationsmaterial	**информацио́нный материа́л** informatzióny materiál
Informationsstand	**информацио́нный стенд** infarmatzióny ßtjend
Kabine	**каби́на** kabína
Katalog	**катало́г** katalóg
Konferenz	**конфере́нция** kanfirjéntzija
Konzern	**конце́рн** kantzärn
Kopie	**ко́пия** kópija
Kopierer	**копирова́льный аннара́т** kapirawálny aparát
Kunde	**клие́нт** klijént
Lizenz	**лице́нзия** litzänsija
Mikrofon	**микрофо́н** mikrofón
Muster	**образе́ц** abrasjétz
Nachricht	**изве́стие** iswjéßtije
Overheadprojektor	**прое́ктор** prajéktar
Preis	**цена́** tzyná
Preisliste	**прейскура́нт** prejskuránt
Prospekt	**проспе́кт** praßpjékt
Sekretariat	**секретариа́т** ßikritariát
Sekretär(in)	**секрета́рь (ша)** ßikritár(scha)
Sitzung	**заседа́ние** saßidánije
Stand	**стенд** ßtjend
Steckdose	**розе́тка** rasjétka

Telefax	**телефáкс** tilifáks
Telefon	**телефóн** tilifón
telefonieren	**позвони́ть по телефóну** paswanít pa tilifónu
Telex	**тéлекс** tjéliks
Termin	*(Frist)* **срок** srok ; *(Verabredung)* **встрéча** wßtrétscha
Tochtergesellschaft	**дочéрняя фи́рма** datschérnjaja firma
treffen	**встрéтирь** fßtrétit
Treffen	**встрéча** wßtrjétscha
Unterlagen	**докумéнты** dakumjénty
Verlängerungskabel	**удлини́тель** *m* udlinítel
Vertreter	**представи́тель m** pridßtawítjel
Vertrieb	**сбыт** sbyt
Videorekorder	**видеомагнитофóн** widiamagnitafón
Visitenkarte	**визи́тная кáрточка** wisítnaja kártatschka
Vortrag	**доклáд** daklád
Vorzimmer	**приёмная** prijómnaja

ГОСТИНИЦА УКРАИНА

INFORMATION

Können Sie mir ein *gutes/preiswertes* Hotel empfehlen?	**Вы мо́жете мне порекомендова́ть *хоро́шую/недорогу́ю* гости́ницу?** wy móschytje mnje parikamindawát *charóschuju/nidaragúju* gaßtínitzu?
▶ Ich suche eine Unterkunft in *zentraler/ruhiger* Lage.	**Я ищу́ ко́мнату *в це́нтре/в ти́хом райо́не.*** ja ischtschú kómnatu *ftzäntri/fticham rajóni.*
▶ Wieviel kostet es (ungefähr)?	**Ско́лько э́то сто́ит (приблизи́тельно)?** skólka äta ßtóit (priblisítjelna)?
Können Sie für mich dort reservieren?	**Вы не могли́ бы мне там заброни́ровать но́мер?** wy ni maglí by mnje tam sabranírawat nómir?

INFO

Die Hotels in Moskau zählen zu den teuersten der Welt, wobei der Hotel-Standard häufig keineswegs dem Preis entspricht. Mittelklassehotels sind sehr selten, stärker vertreten sind 4- und 5-Sterne-Hotels, die überwiegend von internationalen Unternehmen und Joint-ventures geführt werden.

▶ Gibt es hier einen Campingplatz?	**Где здесь ке́мпинг?** gdje sdjes kémping?
▶ Ist es weit von hier?	**Э́то далеко́ отсю́да?** äta dalikó atßjúda?
▶ Wie komme ich dorthin?	**Как мне туда́ добра́ться?** kak mnje tudá dabrátza?
▶ Können Sie mir den Weg aufzeichnen?	**Вы не могли́ бы нарисова́ть мне доро́гу туда́?** wy ni maglí by narißawát mnje darógu tudá?

HOTEL

Für mich ist bei Ihnen ein Zimmer reserviert. Mein Name ist …
Для меня́ у Вас заброни́рован но́мер. Моя́ фами́лия … dlja minjá u was sabranírawan nómir. majá família …

Hier ist meine Bestätigung.
Здесь моё подтвержде́ние. sdjes majó patwirschdjénije.

Haben Sie ein *Doppelzimmer/Einzelzimmer* frei …
У Вас есть но́мер на ***двои́х/одного́*** … u was jeßt nómir na *dwa-ích/adnawó* …

für einen *Tag/* … *Tage*?
на ***оди́н день/*** … ***дней*?** na *adín djen/* … *dnjej*?

mit *Bad/Dusche* und WC?
с ва́нной/с ду́шем **и туале́том?** *swánai/sdúschem* i tualjétam?

mit Balkon?
с балко́ном? sbalkónam?

mit Blick aufs Meer?
с ви́дом на мо́ре? swídam na mórje?

nach *hinten/vorne* heraus?
с о́кнами ***во двор/на у́лицу*?** ßóknami *wa dwor/na úlitzu*?

К сожале́нию, мест нет. kßaschaljénju, mjeßt njet.
Wir sind leider ausgebucht.

За́втра/Послеза́втра **освободи́тся оди́н но́мер.** *sáftra/poslisáftra* aswabadítza adín nómir.
Morgen/Übermorgen wird ein Zimmer frei.

Wieviel kostest es …
Ско́лько э́то сто́ит … skólka ăta ßtóit …

mit/ohne Frühstück?
***с за́втраком/без за́втрака*?** *s-sáwtrakam/bjes sáwtraka*?

mit Vollpension?
с по́лным пансио́ном? ßpólnym panßiónam?

Gibt es eine Ermäßigung für Kinder?
Есть ли ски́дка для дете́й? jeßt li skídka dlja ditjéj?

Kann ich mit dieser Kreditkarte bezahlen? **Мóжно заплатúть по э́той кредúтной кáрточке?** móschna saplatít pa ätai kridítnai kártatschki?

Kann ich mir das Zimmer ansehen? **Мóжно посмотрéть нóмер?** móschna paßmatrjét nómir?

Haben Sie ein anderes Zimmer? **У Вас есть другóй нóмер?** u was jeßt drugój nómir?

Haben Sie ein *billigeres/ruhigeres* Zimmer? **У Вас есть нóмер *подешéвле/потúше*?** u was jeßt nómir *padischéwlje/patísche*?

Es ist sehr schön. Ich nehme es. **Э́то мне нрáвится. Я берý э́то.** äta mnje nráwitza. ja birú äta.

У Вас есть багáж? u was jeßt bagásch? Haben Sie Gepäck?

Дáйте мне, пожáлуйста, Ваш пáспорт. dáitje mnje, paschálußta, wasch páßpart. Geben Sie mir bitte Ihren Paß.

Запóлните, пожáлуйста, листóк для приезжáющих. sapólnitje, paschálußta, lißtók dlja prijeschájuschtschich. Füllen Sie bitte den Anmeldeschein aus.

Könnten Sie mir das Gepäck aufs Zimmer bringen? **Вы не моглú бы отнестú багаж в нóмер?** wy ni maglí by atnißtí bagásch wnómir?

Können Sie ein *zusätzliches Bett/Kinderbett* aufstellen? **Вы не моглú бы постáвить *ещё однý кровáть/дéтскую кровáтку*?** wy ni maglí by paßtáwit *jeschtschó adnú krawát/djétzkuju krawátku*?

Wo kann ich meinen Wagen abstellen? **Где мóжно постáвить машúну?** gdje móschna paßtáwit maschýnu?

Wo sind die *Duschen/Toiletten*? **Где *душ/туалéт*?** gdje *dusch/tualjét*?

Wo und wann kann man hier frühstücken?	**Где и когда́ здесь мо́жно поза́втракать?** gdje i kagdá sdjes móschna pasáftrakat?
Kann ich auf dem Zimmer frühstücken?	**Могу́ ли я поза́втракать в но́мере?** magú li ja pasáftrakat wnómirje?

→ *Essen und Trinken* S. 92

Wo kann man zu *Mittag/Abend* essen?	**Где мо́жно *пообе́дать/поу́жинать*?** gdje móschna *pa-abjédat/pa-úschynat*?
▶ Wo ist …	**Где** … Gdje …
der Fahrstuhl?	**лифт?** lift?
das Servicebüro?	**бюро́ обслу́живания?** bjuró abßlúschywanja?
die Wechselstelle?	**обме́н валю́ты?** abmjén waljúty?

INFO

In jedem guten Hotel gibt es ein **бюро́ обслу́живания** bjuro obßlúschywanja *Servicebüro*, in dem man u. a. Inlandsflugtickets, Stadtrundfahrten und Theater- und Konzertkarten bestellen kann.
Die Bezahlung solcher Dienstleistungen erfolgt entweder in Valuta oder in Rubeln zum hoteleigenen Umtauschkurs, der oft ungünstiger ist als der offizielle.

▶ Bitte den Schlüssel für Zimmer …	**Пожа́луйста, ключ от но́мера** … paschálußta, kljutsch at nómira …
▶ Wecken Sie mich bitte (morgen) um … Uhr	**Разбуди́те меня́, пожа́луйста, (за́втра) в … часо́в.** rasbudítje minjá, paschálußta, (sáftra) w … tschißów.

Ваш но́мер на вто́ром этаже́. wasch nómir na ftaróm ätaschá.	Ihr Zimmer ist im 1. Stock.

INFO

Die russische Etagenzählung unterscheidet sich von der deutschen. Denn **пе́рвый этаж** pjérwy ätásch *(wörtl.: erste Etage)* bedeutet *Erdgeschoß*, **второ́й эта́ж** ftarój ätásch *(wörtl.: zweite Etage)* entspricht unserem *ersten Stock* usw.

▶ Kann man die Wertsachen zur Aufbewahrung geben?	**Мо́жно сдать на хране́ние це́нные ве́щи?** móschna sdat na chranjénije tzänyje wjéschtschi?
Ich möchte meine Wertsachen abholen.	**Я хоте́л(а ♀) бы забра́ть мои́ це́нные ве́щи.** ja chatjél(a ♀) by sabrát ma-í tzänyje wjéschtschi.
Könnten Sie das bitte …	**Вы не могли́ бы э́то …** wy ni maglí by äta …
bügeln?	**погла́дить?** pagládit?
reinigen?	**почи́стить?** patschíßtit?
waschen?	**постира́ть?** paßtirát?
▶ Kann ich (von meinem Zimmer) … telefonieren?	**Мо́жно мне позвони́ть (из моего́ но́мера) …?** móschna mnje paswanít (is majewó nómira) …?
nach Deutschland	**в Герма́нию** wgirmániju
nach Österreich	**в А́встрию** wáwßtriju
in die Schweiz	**в Швейца́рию** wschwejtzáriju
Ist *Post / eine Nachricht* für mich da?	***Пи́сьма / Изве́стие*** **для меня́ есть?** *pißma / iswjéßtije* dlja minjá jeßt?
Hat jemand nach mir gefragt?	**Спра́шивал ли меня́ кто-нибу́дь?** ßpráschywal li minjá kto-nibút?

INFO

Wenn Sie das Hotel verlassen und den Zimmerschlüssel abgeben, händigt man Ihnen Ihre Hotelkarte **визи́тка** wisítka aus. Sie kann Ihnen gute Dienste erweisen, wenn Sie sich einmal verlaufen sollten. Auch müssen Sie diese Karte beim Betreten des Hotels vorzeigen. In manchen Hotels erhalten Sie Ihren Zimmerschlüssel nicht an der zentralen Rezeption, sondern auf Ihrer Etage von der Etagenfrau.

Wir reisen morgen ab. — **Мы за́втра уезжа́ем.** my sáftra ujeschájim.

Machen Sie bitte die Rechnung fertig. — **Пригото́вьте, пожа́луйста, счёт.** prigatóftje, paschálußta, schtschot.

▶ Es war sehr schön hier.	**Здесь было очень хорошо.** sdjes býla ótschin charaschó.
Kann ich mein Gepäck noch bis … Uhr hierlassen?	**Можно мне оставить мой багаж до … часов?** móschna mnje aßtáwit moj bagásch da … tschißów?
Bitte rufen Sie ein Taxi.	**Вызовите, пожалуйста, такси.** wýsawitje, paschálußta, takßí.

„Meckerecke"

⟶ Zu Lob: *Was meinen Sie dazu?* S. 26

Geben Sie mir bitte noch …	**Дайте мне, пожалуйста, ещё…** dáitje mnje, paschálußta, jeschtschó …
eine Decke.	**одно одеяло.** adnó adijála.
ein Handtuch.	**одно полотенце.** adnó palatjéntzä.
ein paar Kleiderbügel.	**пару плечиков.** páru pljétschikaw.
ein Stück Seife.	**один кусочек мыла.** odín kußótschik mýla.
Meine Tür läßt sich nicht abschließen.	**Моя дверь не замыкается.** majá dwjer ni samykájitza.
Das Fenster geht nicht *auf/zu.*	**Окно не *открывается/ закрывается.*** aknó ni *atkrywájitza/ sakrywájitza.*
▶ … funktioniert nicht.	**… не работает.** ni rabótajit.
Die Dusche	**Душ** dusch
Der Fernseher	**Телевизор** tiliwísar
Die Heizung	**Отопление** atapljénije
▶ Es kommt kein (warmes) Wasser.	**Нет (тёплой) воды.** njet (tjóplai) wadý.

Der Wasserhahn tropft. **Из кра́на ка́пает вода́.** iß krána kápajit wadá.

In meinem Zimmer … **В моéй ко́мнате** … wmajéj kómnatje …

brennt kein Licht. **нет све́та.** njet ßwjéta.

ist die Toilette verstopft. **засори́лся туалéт.** saßarílßja tualjét.

Die Bettwäsche ist schmutzig. **Посте́льное бельё гря́зное.** paßtjélnaje biljó grjásnaje.

Hotel

Abendessen	**у́жин** úschyn
Abreise	**отъéзд** atjésd
Adapter	**адáптер** adáptär
Anmeldung	**регистрáция** rigißtrátzyja
Anmeldeschein	**листóк для приезжáющих** lißtók dlja prijeschájuschtschich
ansehen	**посмотрéть** paßmatrjét
Aschenbecher	**пéпельница** pjépilnitza
Aufzug	**лифт** lift
Bad	**вáнная** wánaja
Badewanne	**вáнна** wána
Balkon	**балкóн** balkón
Beanstandung	**претéнзии** ***Pl*** pritänsi
Bett	**кровáть** ***f*** krawát
-decke	**одея́ло** adijála
-laken	**простыня́** praßtynjá
-wäsche	**постéльное бельё** paßtjélnaje biljó
Decke *(Wolldecke)*	**одея́ло** adijála
Doppelzimmer	**нóмер на двои́х** nómir na dwa-ích
Dusche	**душ** dusch
Einzelzimmer	**нóмер на одногó** nómir na adnawó
Empfang	**приём** prijóm
Empfangshalle	**холл** chol
Erdgeschoß	**пéрвый этáж** pjérwy ätásch
Ermäßigung	**ски́дка** skídka
Etage	**этáж** ätásch
Fenster	**окнó** aknó
Fernseher	**телеви́зор** tiliwísar
Frühstück	**зáвтрак** sáftrak
Gepäck	**багáж** bagásch
Glas	**стакáн** ßtakán
Glühbirne	**лáмпочка** lámpatschka
Handtuch	**полотéнце** palatjéntzä
Heizung	**отоплéние** atapljénije

Hotel	**гости́ница** gaßtínitza
kaputt	**сло́ман** *m*, **сло́мана** *f*, **сло́мано** ßlóman, ßlómana, ßlómana
Kategorie	**катего́рия** katigórija
Kinderbett	**де́тская крова́тка** djétzkaja krawátka
Kleiderbügel	**плёчик** plétschik
Klimaanlage	**кондиционе́р** kanditzianjér
Kopfkissen	**поду́шка** padúschka
Kühlschrank	**холоди́льник** chaladílnik
Lampe	**ла́мпа** lámpa
Licht	**свет** ßwjet
Matratze	**матра́с** matrás
Minibar	**ми́ни-бар** míni-bar
Mittagessen	**обе́д** abjéd
Motel	**моте́ль** *m* matél
Nachttischlampe	**ночни́к** natschník
Nebenkosten	**накладны́е расхо́ды** nakladnýje raßchódy
Notausgang	**запасно́й вы́ход** sapaßnój wýchat
Papierkorb	**корзи́на для бума́г** karsína dlja bumág
Rechnung	**счёт** schtschot
reservieren	**заказа́ть** sakasát
Rezeption	**администра́тор** adminißtrátar
Safe	**сейф** ßejf
Schalter	**выключа́тель** *m* wykljutschátil
Schlüssel	**ключ** kljutsch
schmutzig	**гря́зный** grjásny
Schrank	**шкаф** schkaf
Schublade	**я́щик** jáschtschik
Sessel	**кре́сло** krjéßla
Sicherung	**предохрани́тель** *m* pridachranítjel
Sonnenschirm	**зо́нтик от со́лнца** sóntik at ßóntza
Spannung, elektrische	**электри́ческое напряже́ние** äliktrítschiskaje naprischénije
Spiegel	**зе́ркало** sjérkala
Steckdose	**розе́тка** rasjétka

ÜBERNACHTEN

Stecker	**штéпсель** ***m*** schtắpßil
Strom	**ток** tok
Stuhl	**стул** ßtul
Swimmingpool	**бассéйн** baßắjn
Tasse	**чáшка** tscháschka
Telefon	**телефóн** tilifón
Teller	**тарéлка** tarjélka
Terrasse	**терáсса** tiráßa
Tisch	**стол** ßtol
Toilette	**туалéт** tualjét
Toilettenpapier	**туалéтная бумáга** tualjétnaja bumága
Treppe	**лéстница** ljéßnitza
Trinkwasser	**питьевáя водá** pitjewája wadá
Tür	**дверь** dwjer
-klinke	**дверная рýчка** dwirnája rútschka
-schloß	**замóк в двери́** samók wdwirí
Übernachtung	**ночёвка** natschófka
Ventilator	**вентиля́тор** wintiljátar
verloren	**потéрян** ***m*****, потéряна** ***f*****, потéряно** ***n*** patjérin, patjérina, patjérina
Vollpension	**пóлный пансиóн** pólny panßión
Vorhang	**зáнавес** sánawjes
Waschbecken	**рáковина** rákowina
Wäsche trocknen	**суши́ть бельё** ßuschýt biljó
Wasser	**водá** wadá
-hahn	**водопровóдный кран** wadaprawódny kran
heißes -	**горя́чая водá** garjátschija wadá
kaltes -	**холóдная водá** chalódnaja wadá
-glas	**стакáн для воды́** ßtakán dlja wadý
wecken	**разбуди́ть** rasbudít
Zimmer *(im Hotel)*	**нóмер** nómir
Zimmermädchen	**гóрничная** górnitschnaja
Zwischenstecker	**соедини́тель** ***m*** ßajedinítel

CAMPING

Haben Sie noch Platz für …?	**У Вас есть ещё ме́сто для . . .?** u was jeßt jeschtscho mjéßta dlja …?
Wie hoch ist die Gebühr für …	**Кaкова́ пла́та за . . .** kakawá pláta sa …
2 Erwachsene und 2 Kinder?	**2 взро́слых и 2 детéй?** dwuch wsróßlych i dwuch ditjéj?
einen PKW mit Wohnwagen?	**легкову́ю маши́ну с жилы́м ваго́нчиком?** lichkawúju maschýnu s-schylým wagóntschikam?
ein Zelt?	**пала́тку?** palátku?
Vermieten Sie auch *Bungalows / Wohnwagen*?	**Вы сдаёте *бунгало́ / жило́й ваго́нчик*?** wy sdajótje *bungaló / schylój wagóntschik*?

Wir möchten einen (windgeschützten) Platz im Schatten.	**Мы хотéли бы (тúхое) мéсто в тенú.** my chatjéli by (tíchaje) mjéßta ftiní.
Wir möchten *einen Tag / ... Tage* bleiben.	**Мы остáнемся на *одúн день / . . . дней.*** my aßtánimßja na *adín den / ... dnej.*
▶ Wo können wir *unser Zelt / unseren Wohnwagen* aufstellen?	**Где мóжно постáвить *нáшу палáтку / наш вагóнчик*?** gdje móschna paßtáwit *náschu palátku / nasch wagóntschik*?
Wo sind die *Waschräume / Toiletten*?	**Где *умывáлка / туалéт*?** gdje *umywálka / tualjét*?
Wo kann ich Frischwasser nachfüllen?	**Где мóжно взять питьевýю вóду?** gdje móschna wsjat pitjewúju wódu?
Kosten die Warmwasserduschen extra?	**Нýжно дополнúтельно платúть за тёплую вóду в дýше?** núschna dapalnítilna platít sa tjópluju wódu wdúsche?
▶ Gibt es hier einen Stromanschluß?	**Здесь есть розéтка?** sdjes jeßt rasjétka?
Wo kann man hier seine Wäsche waschen?	**Где мóжно постирáть бельё?** gdje móschna paßtirát biljó?
Gibt es Schließfächer?	**Есть здесь сéйфы?** jeßt sdjes ßéjfy?
Können Sie mir bitte ... leihen?	**Вы мне не одóлжите . . .?** wy mnje ni adólschytje ...?
Bis wieviel Uhr abends ist Einlaß?	**До котóрого чáса вéчером впускáют на турбáзу?** da katórawa tschάßa wjétschiram fpuskájut na turbásu?
Wie kommt man am günstigsten ins Zentrum?	**Как лýчше всегó добрáться до цéнтра?** kak lútsche fßiwó dabrátza da tzǻntra?
Wo ist die nächste Bushaltestelle?	**Где ближáйшая остановка автóбуса?** gdje blischáischaja aßtanófka aftóbußa?

Gibt es hier ein Lebensmittelgeschäft?	**Здесь есть продово́льственный магази́н?** sdjes jeßt pradawólßtwiny magasín?
Kann ich hier Gasflaschen *ausleihen / umtauschen*?	**Мо́жно *взять напрока́т / обмени́ть* балло́н с га́зом?** móschna *wsjat naprakát / abminít* balón sgásam?

Camping

anmelden	**стать на учёт** ßtat na utschót
aufstellen	**поста́вить** poßtáwit
Benutzungsgebühr	**пла́та за по́льзование** pláta sa pólsawanije
bügeln	**погла́дить** pagládit
Bungalow	**бунгало́** bungaló
Campingplatz	**ке́мпинг** kémping
Dusche	**душ** dusch
duschen	**принима́ть душ** prinimát dusch
Eßgeschirr	**посу́да** paßúda
Gas	**газ** gas
-flasche	**балло́н с га́зом** balón sgásam
-kocher	**га́зовая пли́тка** gasawaja plítka
-lampe	**га́зовая ла́мпа** gásawaja lámpa
Geschirr	**посу́да** paßúda
Hammer	**молото́к** malatók
Hering	**ко́лышек для пала́тки** kólyschek dlja palátki
Isomatte	**и́зоматрас** ísamatras
Kerze	**свеча́** ßwitschá
kochen	**свари́ть** ßwarít
Kocher	**при́мус** prímus
Kochtopf	**кастрю́ля** kaßtrjúlja
leihen	**одолжи́ть** adalschýt
Leihgebühr	**пла́та за прока́т** pláta sa prakát
Luftmatratze	**надувно́й матра́с** naduwnój matrás
Müll	**му́сор** múßar

nachfüllen	**долить** dalít
parken	**ставить машину на стоянку** ßtáwit maschýnu na ßtajánku
Putzmittel	**стедство для чистки** ßrjétztwa dlja tschíßtki
Schlafsack	**спальный мешок** ßpálny mischók
Schließfach	**сейф** ßejf
Spielplatz	**детская площадка** djétzkaja plaschtschádka
Steckdose	**розетка** rasjétka
Stecker	**штепсель** schtjépßil
Stellplatz	**место сбора** mjéßta sbóra
Strom	**ток** tok
Toilette	**туалет** tualjét
Toilettenpapier	**туалетная бумага** tualjétnaja bumága
Trinkwasser	**питьевая вода** pitjewája wadá
Übernachtung	**ночёвка** natschófka
vermieten	**сдать** sdat
Voranmeldung	**предварительная заявка** pridwarítilnaja sajáfka
waschen	**стирать** ßtirát
Waschmaschine	**стиральная машина** ßtirálnaja maschýna
Waschpulver	**стиральный порошок** ßtirálny paraschók
Waschraum	**умывалка** umywálka
Wasser	**вода** wadá
-kanister	**канистра для воды** kaníßtra dlja wadý
Wohnwagen	**жилой вагончик** schylój wagóntschik
zelten	**жить в палатке** schyt fpalátki
Zelt	**палатка** palátka
Zwischenstecker	**соединитель** *m* ßajedinítjel

→ *Haushalt* S. 150

UNTERWEGS

FRAGEN NACH DEM WEG

▶ Entschuldigung, wo ist …?	**Извини́те, где нахо́дится …?** iswinítje, gdje nachóditza …?
▶ Wie komme ich nach?	**Как мне попа́сть *в* …** *(+ Akk)***?** kak mnje papáßt w …?
Wie komme ich am *schnellsten/billigsten* zum …	**Как мне *быстре́е/деше́вле* дое́хать до …** kak mnje *byßtréje/dischéwlje* dajéchat da …
Bahnhof?	**вокза́ла?** waksála?
Busbahnhof?	**автовокза́ла?** aftawaksála?
Flughafen?	**аэропо́рта?** a-ärapórta?

Там. tam.	Dort.
Наза́д. nasád.	Zurück.
Пря́мо. prjáma.	Geradeaus.
Напра́во. napráwa.	Nach rechts.
Нале́во. naljéwa.	Nach links.
Пе́рвая/втора́я* у́лица *нале́во/напра́во. *pjérwaja/ftarája* úlitza *naljéwa/napráwa.*	Die *erste/zweite* Straße *links/rechts.*
По́сле светофо́ра. póßli ßwitafóra.	Nach der Ampel.
По́сле перекрёстка. póßli pirikrjóßtka.	Nach der Kreuzung.
Перейди́те че́рез … pirijdítje tschéris …	Überqueren Sie …
мост! moßt!	die Brücke!
пло́щадь! plóschtschid!	den Platz!
у́лицу! úlitzu!	die Straße!
Пото́м ещё раз спроси́те. patóm jeschtschó ras ßpraßítje.	Dann fragen Sie noch einmal.

Поезжáйте на … pajeschaítje na … — Sie können … nehmen.

- **автóбусе.** aftóbußi. — den Bus
- **трамвáе.** tramwáje. — die Straßenbahn
- **электрúчке.** äliktrítschki. — den Vorortzug
- **метрó.** mitró. — die U-Bahn

Ist das die Straße nach …? — **Э́то дорóга в** … *(+Akk)*? äta daróga w …?

Wie weit ist es bis …? — **Как далекó до** … *(+Gen)*? kak dalikó da …?

Довóльно далекó. dawólna dalikó. — Ziemlich weit.

Недалекó. nidalikó. — Nicht weit.

Wie viele Minuten *zu Fuß/mit dem Auto*? — **Скóлько минýт *пешкóм/на машúне*?** skólka minút *pischkóm/na maschýni?*

Zeigen Sie mir das bitte auf der Karte. — **Покажúте э́то мне, пожáлуйста, на кáрте.** pakaschýtje äta mnje, paschálußta, na kárti.

UNTERWEGS

AN DER GRENZE

Paßkontrolle

Приготóвьте паспортá! prigatóftje paßpartá! — Halten Sie Ihre Pässe bereit!

Ваш пáспорт, пожáлуйста! wasch páßpart, paschálußta! — Ihren Paß, bitte.

Как дóлго Вы пробýдете здесь? kak dólga wy prabúditje sdjes? — Wie lange bleiben Sie hier?

У Вас есть вúза? u was jeßt wísa? — Haben Sie ein Visum?

Kann ich hier ein Visum bekommen? — **Здесь мóжно получúть вúзу?** sdjes móschna palutschít wísu?

Цель Вáшей поéздки? zäl wáschej pajésdki? — Was ist der Zweck Ihrer Reise?

Ich gehöre zur Reisegruppe … — **Я – член турúстской грýппы** … ja – tschljen turískai grúpy …

Zoll

Предъявúте Вáшу тамóженную декларáцию! pridjiwítje wáschu tamóschenuju diklarátzyju! — Zeigen Sie Ihre Zollerklärung!

Есть ли у Вас чтó-либо, подлежáщее пóшлине? jeßt li u was schtó-libo, padlischáschtschije póschlinje? — Haben Sie etwas zu verzollen?

Ввоз/Вывоз **э́тих товáров запрещён.** *w-wos*/wýwas ätich tawáraw saprischtschón. — Die *Einfuhr*/*Ausfuhr* dieser Waren ist verboten.

Чей э́то чемодáн? tschej äta tschimadán? — Wessen Koffer ist das?

Das ist *mein Koffer*/*meine Tasche*. — **Э́то *мой чемодáн*/*моя́ сýмка*.** äta *moj tschimadán*/*majá ßúmka*.

Ich habe eine *Einfuhrgenehmigung/Ausfuhrgenehmigung.* **У меня́ есть разреше́ние на *ввоз/вы́воз.*** u minjá jeßt rasrischénije na *w-wos/wýwas.*

Что Вы везёте? schto wy wisjótje? Was führen Sie mit?

Что в э́тих *чемода́нах/су́мках*? schto wätich *tschimadánach/ßúmkach*? Was ist in diesen *Koffern/Taschen*?

Ich habe nur *Sachen für meinen persönlichen Bedarf/Geschenke.* **У меня́ то́лько *ли́чные ве́щи/пода́рки.*** u minjá tólka *lítschnyje wjéschtschi/padárki.*

Откро́йте, пожа́луйста, *бага́жник/чемода́н.* atkrójtje, paschálußta, *bagáschnik/tschimadán.* Öffnen Sie bitte den *Kofferraum/Koffer.*

За э́то ну́жно плати́ть по́шлину. sa äta núschna platít póschlinu. Das müssen Sie verzollen.

Всё в поря́дке! fßjó fparjádki! Alles in Ordnung!

Счастли́вого пути́! schtschislíwawa putí! Gute Reise!

An der Grenze

Ausweis	**докуме́нт** dakumjént
Fahrzeugpapiere	**докуме́нты на маши́ну** dakumjénty na maschýnu
Führerschein	**води́тельские права́ *Pl*** wadítilskije prawá
internationaler -	**междунаро́дные води́тельские права́** mischdunaródnyje wadítilskije prawá
Grenze	**грани́ца** granítza
gültig	**действи́тельный** dißtwítilny
Nationalitätskennzeichen	**госуда́рственный знак** gaßudárßtwiny snak

Papiere	**докумéнты** dakumjénty
Paß	**пáспорт** páßpart
-kontrolle	**пáспортный контрóль** páßpartny kantról
Personalausweis	**удостоверéние ли́чности** udaßtawirjénije lítschnaßti
Rechnung	**счёт** schtschjót
Reise	**путешéствие** putischéßtwije
-gruppe	**туристи́ческая грýппа** turißtítschiskaja grúpa
Staatsangehörigkeit	**пóдданство** pód-danßtwa
ungültig	**недействи́тельный** nidißtwítilny
verlängern	**продли́ть** pradlít
Versicherungskarte, grüne	**зелёная страховáя кáрточка** siljónaja ßtrachawája kártatschka
verzollen	**облагáться пóшлиной** ablagátza póschlinai
Visum	**ви́за** wísa
Wohnort	**мéсто жи́тельства** mjéßta schýtilßtwa
Zertifikat	**сертификáт** ßirtifikát
Zoll	**(тамóженная) пóшлина** (tamóschynaja) póschlina
-amt	**тамóжня** tamóschnja
-erklärung	**тамóженная декларáция** tamóschynaja diklarátzyja

GEPÄCK

Ich möchte mein Gepäck *hierlassen / abholen.*

Я хотéл(а ♀) бы *сдать / забрáть* мой багáж. ja chatjél(a ♀) by *sdat / sabrát* moj bagasch.

Könnte ich meinen Rucksack *für 2 Stunden / bis* … bei Ihnen lassen?

Мóжно я остáвлю мой рюкзáк *на 2 часá / до* … у Вас? móschna ja aßtáwlju moj rjuksák *na dwa tschißá / da* … u was?

Mein Gepäck ist (noch) nicht angekommen.	**Моегó багажá (ещё) нет.** majewó bagaschá (jeschtschó) njet.
Wo ist mein Gepäck?	**Где мой багáж?** gdje moj bagásch?
Das sind nicht meine Sachen.	**Э́то не мои́ вéщи.** áta ni ma-í wjéschtschi.
Es fehlt ein Koffer.	**Не хватáет одногó чемодáна.** ni chwatájit adnawó tschimadána.
Mein Koffer ist beschädigt worden.	**Мой чемодáн повреждён.** moj tschimadán pawrischdjón.
An wen kann ich mich wenden?	**К комý я могу обрати́ться?** k-kamú ja magú abratítza?
Ich brauche eine Bescheinigung für meine Versicherung, daß mein Gepäck beschädigt worden ist.	**Мне нужнá спрáвка для моегó страховóго óбщества, что повреди́лся мой багáж.** mnje nuschná ßpráfka dlja majiwó ßtrachawówa óbschtschißtwa, schto powredílßja moj bagásch.

Gepäck

abholen	**забра́ть** sabrát
Gepäck	**бага́ж** bagásch
-annahme	**приём багажа́** prijóm bagaschá
-aufbewahrung	**ка́мера хране́ния** kámira chranjénija
-ausgabe	**вы́дача багажа́** wýdatscha bagaschá
-schein	**бага́жная квита́нция** bagáschnaja kwitántzyja
-träger	**носи́льщик** naßílschtschik
Handgepäck	**ручно́й бага́ж** rutschnój bagásch
Koffer	**чемода́н** tschimadán
-anhänger	**би́рка на чемода́не** bírka na tschimadáni
-gurt	**бага́жный реме́нь** bagáschny rimjén
-kuli	**бага́жная теле́жка** bagáschnaja tiljéschka
Reisetasche	**доро́жная су́мка** daróschnaja ßúmka
Rucksack	**рюкза́к** rjuksák
Schließfach	**автомати́ческая ка́мера хране́ния** aftamatítschiskaja kámira chranjénija
Tasche	**су́мка** ßúmka
Übergepäck	**ли́шний вес** lischni wjes

FLUGZEUG

Auskunft und Buchung

INFO

Flugtickets können Sie bei Intourtrans oder im **Бюро́ обслу́живания** *Dienstleistungsbüro* Ihres Hotels bestellen und kaufen.

Wo ist der Schalter der …?
Где око́шко … *(+ Gen)***?**
gdje akóschka …?

Wann fliegt die nächste Maschine nach …?	**Когда́ сле́дующий рейс в …** *(+ Akk)***?** kagdá ßljéduschtschi rejs w …?
Wann fliegt *heute*/*morgen* ein Flugzeug nach …?	**Когда́** ***сего́дня / за́втра*** **лети́т самолёт в …** *(+ Akk)***?** kagdá *ßiwódnja / sáftra* litít ßamaljót w …?
Wann sind wir in …?	**Когда́ мы бу́дем в …** *(+ Präp)***?** kagdá my búdim w …?
Wieviel kostet ein Flugticket nach … (und zurück)?	**Ско́лько сто́ит биле́т в …** *(+ Akk)* **(и обра́тно)?** skólka ßtó-it biljét w … (i abrátna)?
Bitte ein Flugticket nach …, …	**Пожа́луйста, оди́н биле́т в …** *(+ Akk)***, …** paschálußta, adín biljét w …, …
hin und zurück.	**туда́ и обра́тно.** tudá i abrátna.
Economy class.	**тури́стский класс.** turíßki klas.
Business class.	**би́знес класс.** bísnäß klas.
1. Klasse.	**пе́рвый класс.** pjérwy klas.
Nichtraucher	**некуря́щий** nikurjáschtschi
Raucher	**куря́щий** kurjáschtschi

На э́тот рейс, к сожале́нию, все биле́ты про́даны. na ätat rejs, kßaschaljéniju, fßje biljéty pródany.	Dieser Flug ist leider ausgebucht.

Ich hätte gerne einen *Fensterplatz / Platz am Gang.*	**Я хоте́л (а ♀) бы ме́сто у** ***окна́ / прохо́да.*** Ja chatjél (a ♀) by mjéßta u *akná / prachóda.*
Kann ich das als Handgepäck mitnehmen?	**Э́то мо́жно взять в каби́ну?** äta móschna wsjat fkabínu?
Wo ist der Ausgang B?	**Где вы́ход Б?** gdje wýchad bä?
Wieviel Verspätung hat die Maschine nach …?	**На ско́лько опа́здывает самолёт в …** *(+ Akk)***?** na skólka apásdywajit ßamaljót w …?

UNTERWEGS

Ich möchte diesen Flug …	**Я хоте́л (а♀) бы** … ja chatjél (a♀) by …
rückbestätigen lassen.	**подтверди́ть биле́т на э́тот рейс.** patwirdít biljét na ătat rejs.
stornieren.	**анули́ровать зака́з.** anulírawat sakás.
umbuchen.	**перенести́ полёт.** pirinißtí paljót.

Im Flugzeug

НЕ КУРИТЬ! Nicht rauchen!

ЗАСТЕГНИТЕ РЕМНИ! Bitte anschnallen!

Könnte ich bitte (noch) … bekommen?	**Да́йте мне, пожа́луйста, (ещё)** … dáitje mnje, paschálußta, (jeschtschó) …
Mir ist schlecht.	**Мне пло́хо.** mnje plócha.
Haben Sie ein Mittel gegen Luftkrankheit?	**У Вас есть сре́дство от ука́чивания?** u was jeßt ßrjédßtwa at ukátschiwanija?
Wann landen wir?	**Когда́ мы приземли́мся?** kagdá my prisimlímßja?

Flugzeug

Abflug	**вы́лет** wýlit
Ankunft	**прибы́тие** pribýtije
anschnallen, sich	**застегну́ть ремни́** saßtignút rimní
Ausgang	**вы́ход** wýchad
Bordkarte	**поса́дочный тало́н** paßádatschny talón
buchen	**заказа́ть** sakasát
Buchung	**зака́з** sakás

Charterflug	**чáртерный рейс** tschártärny rejs
Fensterplatz	**мéсто у окнá** mjéßta u akná
fliegen	**летéть** litjét
Flug	**полёт** paljót
-gesellschaft	**авиакомпáния** awiakampánija
-hafen	**аэропóрт** a-äraport
-zeit	**врéмя полёта** wrjémja paljóta
-zeug	**самолёт** ßamaljót
Handgepäck	**ручнóй багáж** rutschnój bagásch
Informationsschalter	**информáция** infarmátzija
Klasse	**класс** klas
landen	**приземли́ться** prisimlítza
Landung	**посáдка** paßádka
Linienflug	**рéйсовый полёт** réjßawy paljót
Luftkrankheit	**воздýшная болéзнь** wasdúschnaja baljésn
Nichtraucher	**некуря́щий** nikurjáschtschi
Notausgang	**запаснóй вы́ход** sapaßnój wýchod
Ortszeit	**мéстное врéмя** mjéßtnaje wrjémja
Raucher	**куря́щий** kurjáschtschi
rückbestätigen	**подтверди́ть** patwirdít
Rückflug	**обрáтный рейс** abrátny rejs
Schalter	**окóшко** akóschka
Schwimmweste	**спасáтельный жилéт** ßpaßátilny schyljét
Spucktüte	**гигиени́ческий пакéт** gigijinítschiski pakjét
Start	**старт** ßtart
Steward(eß)	**стю́ард(éсса)** ßtjúard(âßa)
stornieren	**аннули́ровать** anulírawat
Ticket	**билéт** biljét
Verspätung	**опоздáние** apasdánije
umbuchen	**перенести́** pirinißtí
Zwischenlandung	**промежýточная посáдка** pramischútatschnaja paßádka

UNTERWEGS

ZUG

Es gibt in Rußland folgende Zugtypen:	
Ско́рый по́езд skóry pójisd	D-Zug
Пассажи́рский по́езд paßaschýrski pójisd	Personenzug
При́городный по́езд prígaradny pójisd	Vorortzug
Электри́чка äliktrítschka	elektrifizierter Vorortzug
und folgende Wagenklassen:	
Плацка́ртный ваго́н platzkártny wagón	Schlafwagen mit nicht abgeschlossenen Abteilen
Купи́рованный ваго́н, Купе́йный ваго́н kupírawany wagón, kupéjny wagón	abgeschlossene Abteile mit je 4 Schlafplätzen
Мя́гкий ваго́н mjáchki wagón	Zweibettabteile der ersten Klasse
Ваго́н прямо́го сообще́ния, междунаро́дный ваго́н wagón primówo ßabschtschénija, mischdunaródny wagón	„Wagon lit“, komfortable Ein- und Zweibettabteile mit separater Toilette

INFO

Fahrkarten erhält man bei Intertrans oder direkt am Bahnhof. Ausländer müssen Zugkarten auch für Fahrten innerhalb Rußlands mit Valuta bezahlen.

Auskunft und Fahrkarten

Von welchem Bahnhof fahren die Züge nach …?
С како́го вокза́ла отправля́ются поезда́ в … *(+ Akk)*? skakówa waksála atprawljájutza pajisdá w …?

Wo ist die Auskunft?
Где спра́вочное бюро́? gdje ßpráwatschnaje bjuró?

Wo finde ich die *Gepäckaufbewahrung*/ *Schließfächer*?
Где *ка́мера хране́ния/ автомати́ческие ка́меы хране́ния*? gdje *kámira chranjénija/aftamatítschißkii kámiry chranjénija*?

Träger! Bitte zum Zug Nr. …, Wagen Nr. …
Носи́льщик! Пожа́луйста, по́езд № …**, вагон №** … naßílschtschik! paschálußta, pójisd nómir …, wagón nómir …

Wo ist der Zug nach …?
Где по́езд на … *(+ Akk)*? gdje pójisd na …?

Ist das der Zug nach …?
Э́то по́езд на … *(+ Akk)*? áta pójisd na …?

Hat der Zug aus … Verspätung?
По́езд из … *(+ Gen)* **опа́здывает?** Pójisd is … apásdywajit?

Wann fährt der Zug nach … ab?
Когда́ отправля́ется по́езд в … *(+ Akk)*? kagdá atprawljájitza pójisd w …?

Wann fährt der *nächste/letzte* Zug nach …?
Когда́ отправля́ется *сле́дующий/ после́дний* по́езд в … *(+ Akk)*? kagdá atprawljájitza *ßljéduschtschi/ paßljédni* pójisd w …?

Wann ist er in …?	**Когда́ он бу́дет в …** *(+ Präp)***?** kagdá on búdit w …?
Muß ich umsteigen?	**Мне ну́жно де́лать переса́дку?** mnje núschna djélat pirißádku?
Von welchem Gleis fährt der Zug nach … ab?	**С како́го пути́ отправля́ется по́езд в …** *(+ Akk)***?** skakówa putí atprawljájitza pójisd w …?

Расписание поездов „Москва–Воронеж“
Fahrplan der Züge „Moskau–Woronesch“

Из Москвы	**№ поезда**	**Время отправления**	**Цена билета**	**Время прибытия в Воронеж**
Aus Moskau	Zug Nr.	Abfahrts-zeit	Preis	Ankunft in Woronesch

Was kostet die Fahrt nach …?	**Ско́лько сто́ит биле́т до …** *(+ Gen)***?** skólka ßtó-it biljét da …?
Bitte *eine Karte / zwei Karten* nach …, …	**Пожа́луйста,** ***оди́н биле́т / два биле́та*** **до …** *(+ Gen)***, …** paschálußta, *adín biljét / dwa biljéta* da …, …
hin und zurück.	**туда́ и обра́тно.** tudá i abrátna.
erster / zweiter Klasse.	**в** ***мя́гком / купе́йном*** **ваго́не.** w*mjáchkam / kupéjnam* wagóni.
Zug Nr. …	**по́езд № …** pójisd nómir …
für Kinder.	**де́тский.** djétzki.
für Erwachsene.	**взро́слый.** wsrósly.
Gibt es im Zug einen Speisewagen?	**Есть в по́езде ваго́н-рестора́н?** jeßt fpójisdi wagón-rißtarán?

Hinweisschilder

АВТОМАТИЧЕСКИЕ КАМЕРЫ ХРАНЕНИЯ	Schließfächer
БИЛЕТНЫЕ КАССЫ	Fahrkartenschalter
ВЫДАЧА БАГАЖА	Gepäckausgabe
ВЫХОД	Ausgang
ВЫХОД В ГОРОД	Ausgang in die Stadt
ЗАЛ ОЖИДАНИЯ	Wartesaal
К ПОЕЗДАМ ДАЛЬНЕГО СЛЕДОВАНИЯ	Zu den Fernzügen
КАМЕРА ХРАНЕНИЯ	Gepäckaufbewahrung
ПИТЬЕВАЯ ВОДА	Trinkwasser
ПЛАТФОРМА №1	Bahnsteig 1
ПРИЁМ БАГАЖА	Gepäckannahme
ПУТЬ	Gleis
РЕСТОРАН	Bahnhofsgaststätte
СПРАВОЧНОЕ БЮРО	Auskunft
ТУАЛЕТ	Toiletten
УМЫВАЛЬНАЯ	Waschraum

Im Zug

Ist dieser Platz frei?
Э́то ме́сто свобо́дно?
ắta mjéßta ßwabódna?

Entschuldigen Sie, das ist mein Platz.
Извини́те, э́то моё ме́сто.
iswinítje, ắta majó mjéßta.

Können Sie mir bitte helfen?
Вы не могли́ бы мне помо́чь?
wy ni maglí by mnje pamótsch?

Darf ich das Fenster *öffnen/schließen?*
Мо́жно *откры́ть/закры́ть* окно́?
móschna *atkrýt/ sakrýt* aknó?

Ваш биле́т, пожа́луйста!
wasch biljét, paschálußta!
Ihre Fahrkarte, bitte!

Wie viele Stationen sind es noch bis ...?
Сколько ещё ста́нций до ... *(+ Gen)***?**
skólka jeschtschó ßtántzy da ...?

Wo ist der Speisewagen?
Где ваго́н-рестора́н?
gdje wagón-rißtarán?

Wann werden wir in ... eintreffen?
Когда́ мы прибу́дем в ... *(+ Akk)***?**
kagdá my pribúdim w ...?

INFO

In jedem Waggon fährt ein **проводни́к** prawadník *Schaffner, Zugbegleiter* mit. Er kontrolliert die Fahrkarten und ist zuständig für die Bettwäsche und die Sauberkeit im Waggon. Seine wichtigste Aufgabe: Er versorgt die Reisenden mit heißem Tee.

Чай бу́дете пить? tschaj búditje pit?
Möchten Sie Tee trinken?

Bitte zwei Gläser.
Пожа́луйста, два стака́на.
paschálußta, dwa ßtakána.

Kommt der Zug pünktlich in ... an?
То́чно ли прибу́дет по́езд в ... *(+ Akk)***?**
tótschna li pribúdjet pójisd w ...?

▶ Wie lange hält hier der Zug? — **Как до́лго здесь стои́т по́езд?** kak dólga sdjeß ßta-ít pójisd?

Erreiche ich den Zug nach … noch? — **Я ещё успе́ю на по́езд в …** *(+ Akk)***?** ja jeschtschó ußpéju na pójisd w …?

Zug

Abfahrt	**отправле́ние** atprawljénije
Abteil	**купе́** kupä
Ankunft	**прибы́тие** pribýtije
Aufenthalt	**стоя́нка** ßtajánka
Ausgang	**вы́ход** wýchad
aussteigen	**вы́йти** wýiti
Bahnhof	**вокза́л** waksál
Bahnsteig	**платфо́рма** platfórma
besetzt	**за́нят** sánit
Eingang	**вход** wchod
Fahrkarte	**биле́т** biljét
Fahrplan	**расписа́ние** raßpißánije
Fahrpreis	**цена́ биле́та** tziná biljéta
frei	**свобо́дный** ßwabódny
Gepäckwagen	**бага́жный ваго́н** bagáschny wagón
Gleis	**путь** ***m*** put
Klasse	**класс** klas
Kurswagen	**ваго́н прямо́го сообще́ния** wagón primówa ßa-abschtschénija
Notbremse	**стоп-кран** ßtop-kran
Platz	**ме́сто** mjéßta
reserviert	**за́нято** sánita
Schaffner	**проводни́к** prawadník
Speisewagen	**ваго́н-рестора́н** wagón-rißtarán
umsteigen	**пересе́сть** pirißjéßt
Waggon	**ваго́н** wagón
Zug	**по́езд** pójisd
zuschlagpflichtig	**с допла́той** ßdaplátai

SCHIFF

Auskunft und Buchung

Sagen Sie bitte, welche Dampfer fahren nach …?	**Скажи́те, пожа́луйста, каки́е парохо́ды сле́дуют до …** *(+ Gen)*? skaschýtje, paschálußta, kakíje parachódy ßljédujut da …?
Wann fährt *ein Schiff/die Fähre* nach … ab?	**Когда́ отхо́дит** ***кора́бль/паро́м*** **в …** *(+ Akk)*? kagdá atchódit *karábl/paróm* w …?
Wann läuft der Dampfer in … ein?	**Когда́ парохо́д прибыва́ет в …** *(+ Akk)*? kagdá parachód pribywájet w …?

Wie lange dauert die Überfahrt nach …?	**Ско́лько вре́мени дли́тся рейс до …** *(+ Gen)*? skólka wrjémini dlítza rejs da …?
Wann legen wir in … an?	**Когда́ мы прича́лим в …** *(+ Präp)*? kagdá my pritschálim w …?
Wann legen wir ab?	**Когда́ мы отча́лим?** kagdá my atschálim?
Wann müssen wir an Bord sein?	**Когда́ мы должны́ быть на борту́?** kagdá my dalschný byt na bartú?
Ich möchte eine Schiffskarte erster Klasse nach …	**Я хоте́л(а ♀) бы биле́т на кора́бль в пе́рвом кла́ссе до …** *(+ Gen)*. ja chatjél (a ♀) by biljét na karábl fpjérwam kláße da …
Ich möchte eine Karte für die Rundfahrt um … Uhr.	**Я хоте́л (а ♀) бы оди́н биле́т на экску́рсию в … часо́в.** ja chatjél (a ♀) by adín biljét na äkskúrßiju w … tschißów.
An welcher Anlegestelle liegt die …?	**У како́го прича́ла нахо́дится …?** u kakówa pritschála nachóditza …?

An Bord

Ich suche die Kabine Nr. …	**Я ищу́ каю́ту № …** ja ischtschú kajútu nómir …
Kann ich eine andere Kabine bekommen?	**Могу́ я получи́ть другу́ю каю́ту?** magú ja palutschít drugúju kajútu?
Haben Sie ein Mittel gegen Seekrankheit?	**Есть ли у Вас сре́дство от морско́й боле́зни?** jeßt li u was ßrjédßtwa at marskój baljésni?
Rufen Sie bitte den Schiffsarzt!	**Вы́зовите, пожа́луйста, судово́го врача́!** wýsawitje, paschálußta, ßudawówa wratschá!

UNTERWEGS

Schiff

anlegen	**причáлить** pritschálit
Anlegestelle	**причáл** pritschál
auslaufen	**отплы́ть** atplýt
Außenkabine	**внéшняя каю́та** wnjéschnija kajúta
Autofähre	**автомоби́льный парóм** aftamabílny paróm
Dampfer	**парохóд** parachód
Deck	**пáлуба** páluba
Duty-free-Shop	**магази́н беспóшлинной торгóвли** magasín bjeßpóschlinai targówli
Einzelkabine	**отдéльная каю́та** ad-djélnaja kajúta
Fähre	**парóм** paróm
Hafen	**гáвань *f*** gáwan
-gebühr	**портóвые сбóры** partówyje sbóry
Innenkabine	**вну́тренняя каю́та** wnútrinija kajúta
Insel	**óстров** óßtraw
Kabine	**каю́та** kajúta
Kai	**нáбережная** nábirischnaja
Kanal	**канáл** kanál
Kapitän	**капитáн** kapitán
Klimaanlage	**кондиционéр** kanditzyanjér
Kommandobrücke	**капитáнский мóстик** kapitánski móßtik
Kreuzfahrt	**круи́з** kruís
Küste	**поберéжье** pabirjéschje
Leuchtturm	**мая́к** maják
Liegestuhl	**шезлóнг** schyslóng
Luftkissenboot	**су́дно на возду́шной поду́шке** ßúdna na wasdúschnai padúschki
Meer	**мóре** mórje
Rettungsboot	**спасáтельная лóдка** ßpaßátilnaja lódka
Rettungsring	**спасáтельный круг** ßpaßátjelny krug
Rundfahrt	**экску́рсия** äkskúrßija
Schiff	**корáбль *m*** karábl
Schiffsagentur	**морскóе агéнство** marskóje agénßtwa

Schwimmweste	**спаса́тельный жиле́т** ßpaßátilny schiljét
Seegang	**волне́ние (мо́ря)** walnjénije (mórja)
Seekrankheit	**морска́я боле́знь** marskája baljésn
Sonnendeck	**ве́рхняя па́луба** wjérchnija páluba
Steward	**стю́ард** ßtjúard
Swimmingpool	**бассе́йн** baßäjn
Ufer	**бе́рег** bjérig
Vierbettkabine	**четырёхме́стная каю́та** tschityrjoch-mjéßnaja kajúta
Welle	**волна́** walná
Wolldecke	**шерстяно́е одея́ло** schirßtinóje adijála
Zweibettkabine	**двухме́стная каю́та** dwuchmjéßnaja kajúta

AUTO

INFO

Die zulässige Höchstgeschwindigkeit in Rußland:
- innerhalb geschlossener Ortschaften für alle Fahrzeuge 60 km/h
- außerhalb geschlossener Ortschaften für alle Fahrzeuge 90 km/h
- auf der Autobahn
  für PKW 110 km/h
  für Motorräder, Kleinbusse, Busse 90 km/h

Parken

Ist hier in der Nähe ein *Parkhaus/Parkplatz*?
Есть здесь побли́зости *многоэта́жный гара́ж/ автостоя́нка*?
jest sdjes pablísaßti *mnoga-ätáschny garásch/ aftaßtajánka*?

Ist der Parkplatz bewacht?
Э́та стоя́нка охраня́ется?
äta ßtajánka achranjájitza?

Ist das Parkhaus die ganze Nacht geöffnet? **Откры́т но́чью многоэта́жный гара́ж?** atkrýt nótschju mnoga-ätáschny garásch?

Kann ich hier parken? **Мо́жно мне здесь поста́вить маши́ну на стоя́нку?** móschna mnje sdjes paßtáwit maschíny na ßtajánku?

Tanken und Service

INFO

Beachten Sie beim Tanken folgende Besonderheiten:
- Jede Tanksäule ist nur für eine Kraftstoffsorte eingerichtet.
- Der Kunde muß vor dem Tanken die Menge wissen und angeben, denn dieses Volumen wird per Mengenvoreinstellung eingestellt. Ein vorzeitiges Stoppen des Tankvorgangs ist nicht möglich; die überflüssige Menge fließt im Notfall aus dem Tank ins Erdreich!

Der Tankvorgang läuft wie folgt ab:
- Der Kunde fährt an die Tanksäule, an der die gewünschte Kraftstoffsorte angezeigt ist.
- Das Fahrzeug wird dort abgestellt, und der Kunde geht zur Kasse.
- Dort nennt er die Nummer der Tanksäule und die gewünschte Kraftstoffmenge und bezahlt.
- Dann geht er zur Tanksäule zurück, während der Tankwart die Menge vorwählt.
- Erst dann kann der Kunde die gewünschte Menge an Kraftstoff tanken.

In Rußland gibt es außer Diesel Kraftstoffsorten mit unterschiedlicher Oktanzahl:

Benzin	AI 95
	AI 92
	AI 76
selten	AI 72.

Tanken sollte man nach Möglichkeit AI 95 bzw. AI 92.
Bleifreie Sorten sind sehr selten und nur an ausgewählten Valutatankstellen in einigen Großstädten zu bekommen. Es ist nicht möglich, sich auf ein durchgängiges Tanken von „bleifrei" zu orientieren.

Wo ist die nächste Tankstelle?
Где ближáйшая заправочная стáнция? gdje blischáischaja sapráwatschnaja ßtántzyja?

Wie weit ist die nächste Tankstelle?
Как далекó до ближáйшей запрáвочной стáнции? kak dalikó da blischáischej sapráwatschnai ßtántzyi?

Ich brauche *1 Liter/ 2 Liter* Öl.
Мне *нýжен 1 литр/нужны 2 лúтра* мáсла. mnje *núschyn adín litr/ nuschný 2 lítra* máßla.

Füllen Sie bitte Öl nach.
Долéйте, пожáлуйста, мáсла. daléjtje, paschálußta, máßla.

Machen Sie bitte einen Ölwechsel.
Смени́те, пожáлуйста, мáсло. sminítje, paschálußta, máßla.

Prüfen Sie bitte den *Ölstand/Reifendruck.*
Провéрьте, пожáлуйста, *ýровень мáсла/давлéние в шúнах.* prawjérte, paschálußta, *úrawin máßla/dawljénij fschýnach.*

Wechseln Sie bitte den Reifen.	**Смени́те, пожа́луйста, ши́ну.** ßminítje, paschálußta, schýnu.
Ich möchte tanken.	**Я хоте́л(а ♀) бы запра́виться.** ja chatjél (a ♀) by saprávitza.
Bitte für … Rubel …	**Пожа́луйста, на … рубле́й …** paschálußta, na … rubléj …
95er Benzin.	**девяно́сто пя́того.** diwinóßta pjátawa.
92er Benzin.	**девяно́сто второ́го.** diwinóßta ftarówa.
Super.	**высокоокта́нового бензи́на.** wyßoka-aktánawawa binsína.
Normalbenzin.	**бензи́на.** binsína.
Benzin bleifrei.	**неэтили́рованного бензи́на.** ni-ätilírawanawa binsína.
Diesel.	**ди́зельного то́плива.** dísilnawa tópliwa.
Zweitaktmischung.	**сме́си для двухта́ктного мото́ра.** ßmjéßi dlja dwuchtáktnawa matóra.
Bitte 30 Liter …	**Пожа́луйста, три́дцать ли́тров …** paschálußta, trítzat lítraw …
95er Benzin.	**девяно́сто пя́того.** diwinóßta pjátawa.
92er Benzin.	**девяно́сто второ́го.** diwinóßta ftarówa.
Kann ich mit dieser Kreditkarte bezahlen?	**Мо́жно заплати́ть по тако́й креди́тной ка́рточке?** móschna saplatít pa takój kridítnai kártatschki?
Ich brauche Schneeketten.	**Мне нужны́ це́пи противоскольже́ния.** mnje nuschný tzäpi pratiwaskalschénija.

Panne, Unfall

Rufen Sie bitte schnell …	**Пожа́луйста, вы́зовите сро́чно** … paschálußta, wýsawitje ßrótschna …
die Feuerwehr!	**пожа́рную маши́ну!** paschárnuju maschýnu!
einen Krankenwagen!	**маши́ну ско́рой по́мощи!** maschýnu skórai pómaschtschi!
die Polizei!	**мили́цию!** milítzyju!
Ich habe einen Unfall gehabt.	**Я попа́л (а ♀) в ава́рию.** ja papál (a ♀) wawáriju.
Kann ich bei Ihnen telefonieren?	**Мо́жно мне от Вас позвони́ть?** móschna mnje at was paswanít?
Es ist niemand verletzt.	**Никто́ не ра́нен.** niktó ni ránin.

… Personen sind (schwer) verletzt.	**… человéка (тяжелó) рáнены.** … tschilawjéka (tischyló) rániny.
▶ Bitte helfen Sie mir.	**Помогúте мне, пожáлуйста.** pamagítje mnje, paschálußta.
Ich brauche Verbandszeug.	**Мне нýжен перевя́зочный материáл.** mnje núschyn piriwjásatschny matiriál.
Ich habe kein Benzin mehr.	**У меня́ кóнчился бензúн.** u minjá kóntschilßja binsín.
Der Kühler kocht.	**Радиáтор перегрéлся.** radiátar pirigrjélßja.
Könnten Sie …	**Не моглú бы Вы** … ni maglí by wy …
mich ein Stück mitnehmen?	**меня́ немнóго подвезтú?** minjá nimnóga padwißtí?
meinen Wagen abschleppen?	**отбуксúровать мою́ машúну?** atbukßírawat majú maschýnu?
mir einen Abschleppwagen schicken?	**прислáть мне автомобúль для буксирóвки?** prißlát mnje aftamabíl dlja bukßirówki?
Es ist nicht meine Schuld.	**Э́то не моя́ винá.** ắta ni majá winá.
▶ Wir müssen die Polizei holen.	**Мы должны́ вы́звать милúцию.** my dalschný wýswat milítzyju.
Ich bin … km/h gefahren.	**Я éхал (а ♀) со скóростью … километров в час.** ja jéchal (a ♀) ßa skóraßtju … kilamjétraw ftschas.
Sie haben …	**Вы** … wy …
die Vorfahrt nicht beachtet.	**не уступúли дорóгу.** ni ußtupíli darógu.
die Kurve geschnitten.	**срéзали поворóт.** ßrjésali pawarót.

Sie sind … — **Вы** … wy …

zu dicht aufgefahren. — **подьéхали слúшком блúзко.** padjéchali ßlíschkam blíska.

zu schnell gefahren. — **éхали слúшком бы́стро.** jéchali ßlíschkam býßtra.

Sie haben … beschädigt. — **Вы нанеслú повреждéние** … wy nanislí pawrischdjénije …

→ Wortliste *Auto* S. 81

Können Sie eine Zeugenaussage machen? — **Вы мóжете дать свидéтельские показáния?** wy móschytje dat ßwidjétilskije pakasánija?

Пожáлуйста, Вáши докумéнты. paschálußta, wáschy dakumjénty. — Ihre Papiere bitte.

Hilf Dir selbst

Können Sie mir bitte … leihen? — **Вы не моглú бы мне одолжúть …?** wy ni maglí by mnje adalschít …?

einen Bohrer	**сверлó** ßwirló
Draht	**прóволоку** prówalaku
ein Kabel	**кáбель** ***m*** kábil
einen Kreuzschlüssel	**крестóвый ключ** krißtówy kljutsch
Schmirgelpapier	**наждáчную бумáгу** naschdátschnuju bumágu
einen Schraubenschlüssel (Größe)	**гáечный ключ (нóмер)** gájitschny kljutsch (nómir)
einen Schraubenzieher	**отвёртку** atwjórtku
einen Steckschlüssel (Größe)	**торцóвый ключ (нóмер)** tartzówy kljutsch (nómir)
einen Wagenheber	**домкрáт** damkrát
eine Zange	**щипцы́** schtschiptzý

In der Werkstatt

▶ Wo ist die nächste Werkstatt?	**Где ближа́йшая автомастерска́я?** gdje blischáischaja aftamaßtirskája?
▶ Mein Wagen steht (an der Straße nach) …	**Моя́ маши́на стои́т (на доро́ге в)** … *(+ Akk)* majá maschýna ßta-ít (na darógi w) …
Wir haben eine Motorpanne.	**У нас поло́мка дви́гателя.** u nas palómka dwígatilja.
Ich habe eine Reifenpanne.	**У меня́ проко́л ши́ны.** u minjá prakól schýny.
▶ Können Sie das Auto abschleppen?	**Вы не могли́ бы отбукси́ровать маши́ну?** wy ni maglí by atbukßírawat maschýnu?
Kommen Sie bitte mit mir mit!	**Пойдёмте, пожа́луйста, со мной!** paidjómtje, paschálußta, ßa mnoj!
Sehen Sie bitte nach!	**Посмотри́те, пожа́луйста!** pasmatrítje, paschálußta!
… funktioniert nicht.	… **не рабо́тает.** … ni rabótajit.
Mein Auto springt nicht an.	**Моя́ маши́на не заво́дится.** majá maschýna ni sawóditza.

Die Batterie ist leer.	**Аккумуля́тор сел.** akamulјátar ßjel.
Der Motor *klingt merkwürdig / zieht nicht.*	**Мото́р *стра́нно звучи́т / не тя́нет.*** matór *ßtrána swutschít / ni tjánit.*
Haben Sie (Original-) Ersatzteile für …?	**У Вас есть (заводски́е) запча́сти для …(+ *Gen*)?** u was jeßt (sawadskíje) saptschäßti dlja …?
Machen Sie bitte nur die nötigsten Reparaturen.	**Отремонти́руйте то́лько то, что необходи́мо.** atrimantírujtje tólka to, schto niabchadíma.
Kann ich damit noch fahren?	**Мне мо́жно на ней е́хать?** mnje móschna na njej jéchat?
Wann ist es fertig?	**Когда́ бу́дет гото́во?** kagdá búdit gatówa?

→ auch: *Tanken und Service* S. 74

Auto

Abblendlicht	**бли́жний свет** blíschni ßwet
abschleppen	**отбукси́ровать** atbukßírawat
Abschleppseil	**букциро́вочный трос** bukßirówatschny tros
Achse	**ось** *f* os
Anlasser	**стартёр** ßtartjór
Auffahrunfall	**наéзд** najésd
Auspuff	**выхлопна́я труба́** wychlapnája trubá
auswechseln	**смени́ть** sminít
Auto	**маши́на** maschýna
Autobahn	**автостра́да** aftaßtráda
Autonummer	**номерно́й знак** namirnój snak
Batterie	**аккумуля́тор** akamuljátar
Benzin	**бензи́н** binsín
Blechschaden	**поврежде́ние ку́зова** pawrischdjénije kúsawa

bleifrei	**неэтили́рованный** ***m*** niätilírawany
Blinklicht	**указа́тель поворо́та** ukasátil pawaróta
Bremse	**то́рмоз** tórmas
Bremsflüssigkeit	**тормозна́я жи́дкость** tarmasnája schýdkaßt
Bremslicht	**стоп-сигна́л** ßtop-ßignál
Dichtung	**прокла́дка** prakládka
Ersatzreifen	**запасно́е колесо́** sapaßnóje kalißó
Ersatzteil	**запча́сть** ***f*** saptschäßt
fahren	**е́хать** jéchat
Fernlicht	**да́льний свет** dálni ßwet
Feuerlöscher	**огнетуши́тель** ***m*** agnituschítel
Frostschutzmittel	**антифри́з** antifrís
Führerschein	**води́тельские права́** ***Pl*** wadítilskije prawá
Gang	**ско́рость** ***f*** skóraßt
- einlegen	**включи́ть ско́рость** wkljutschít skóraßt
Gas geben	**дать газ** dat gas
Getriebe	**коро́бка скоросте́й** karóbka skaraßtjéj
Getriebeöl	**трансмиссио́нное ма́сло** transmißiónaje másla
Glühbirne	**ла́мпочка** lámpatschka
Handbremse	**ручно́й то́рмоз** rutschnój tórmas
Heizung	**обогре́в** abagrjéw
Hupe	**гудо́к** gudók
kaputt	**сло́ман** ßlóman
Katalysator	**катализа́тор** katalisátar
Keilriemen	**клинаво́й реме́нь** klinawój rimjén
Kfz-Schein	**техни́ческий па́спорт** tichnítschiskij päßpart
Kilometer	**киломе́тр** kilamjétr
Kotflügel	**крыло́** kryló
Kühler	**радиа́тор** radiátar
Kühlwasser	**охлажда́ющая вода́** achlaschdájuschaja wadá

Kupplung	**сцепле́ние** ßtzypljénije
Kurve	**поворо́т** pawarót
Landstraße	**шоссе́** schaßä́
Leerlauf	**холосто́й ход** chalaßtój chod
Lenkung	**управле́ние** uprawljénije
Lichtmaschine	**генера́тор** ginirátar
Luftfilter	**возду́шный фи́льтр** wasdúschny fíltr
mieten	**взять напрока́т** wsjat naprakát
Motor	**дви́гатель** ***m*** dwígatil
-haube	**капо́т** kapót
Motoröl	**маши́нное ма́сло** maschýnaje máßla
Motorrad	**мотоци́кл** matatzýkl
Ölwechsel	**сме́на ма́сла** smjéna másla
Parkplatz	**автостоя́нка** aftaßtajánka
Parkverbot	**стоя́нка запрещена́** ßtajánka saprischtschiná
Rad	**колесо́** kalißó
-kappe	**колпа́к колеса́** kalpák kalißá
Raststätte	**автостоя́нка при автостра́де** aftaßtajánka pri aftaßtrádi
Reifen	**ши́на** schýna
-druck	**давле́ние в ши́нах** dawljénije fschýnach
-panne	**проко́л ши́ны** prakól schýny
Reparatur	**ремо́нт** rimónt
reparieren	**ремонти́ровать** rimantírawat
Reservekanister	**запасна́я кани́стра** sapasnája kaníßtra
Reservereifen	**запасно́е колесо́** sapasnóje kalißó
Schalter	**выключа́тель** ***m*** wykljutschátil
Scheibenwischer	**дво́рник** dwórnik
Scheibenwischerblätter	**рези́новые щётки дво́рника** risínawyje schtschótki dwórnika
Scheinwerfer	**фа́ра** fára
Schlußlicht	**за́дний свет** sádni ßwjet
Schneeketten	**цепь противоскольже́ния** tzäp pratiwaskalschénija

Sicherheitsgurt	**реме́нь безопа́сности** rimjén bisapáßnaßti
Sicherung	**предохрани́тель** ***m*** pridachranítil
Spiegel	**зе́ркало** sjérkala
Stoßdämpfer	**амортиза́тор** amartisátar
Stoßstange	**ба́мпер** bámpir
Tachometer	**спидо́метр** ßpidómitr
tanken	**запра́вить** sapráwit
Tankstelle	**запра́вочная ста́нция** sapráwatschnaja ßtántzyja
Thermostat	**термоста́т** tirmaßtát
Unfall	**ава́рия** awárija
-protokoll	**протоко́л ава́рии** pratakól awárii
Verbandskasten	**походная апте́чка** pachódnaja aptjétschka
Vergaser	**карбюра́тор** karbjurátar
verletzt	**ра́нен** ***m*,** **ра́нена** ***f*** ránin, ránina
Versicherung	**страхова́ние** ßtrachawánije
Versicherungskarte, grüne	**зелёная страхова́я ка́рточка** siljónaja ßtrachawája kártatschka
Vertragswerkstatt	**мастерска́я гаранти́йного ремо́нта** maßtirskaja garantíjnawa rimónta
Vorfahrt	**преиму́щество** priimúschtschißtwa
Warndreieck	**знак авари́йной остано́вки** snak awaríjnai aßtanówki
Wasser	**вода́** wadá
destilliertes ~	**дистиллиро́ванная вода́** dißtilirówanaja wadá
Werkstatt	**мастерска́я** maßtirskája
Zeuge	**свиде́тель** ***m*** swidjétil
Zündkabel	**про́вод зажига́ния** prówad saschygánija
Zündkerze	**свеча́ зажига́ния** switschá saschygánija
Zündung	**зажига́ние** saschygánije

BUS, BAHN, TAXI

Mit Bus und Bahn

INFO

Ein großes M ist das Symbol der Metro. Die Metro ist von 6 Uhr morgens bis 1 Uhr nachts in Betrieb, an einigen Feiertagen von 5 Uhr bis 2 Uhr nachts.

Es gibt bei der Metro einen Einheitsfahrpreis, unabhängig von der Länge der Strecke.
Statt einer Fahrkarte erhält man an der Kasse in der Eingangshalle einen Chip. Diesen Chip werfen Sie in einen Schlitz rechts neben der Sperre ein. Dann schaltet sich das Lämpchen an der Sperre von Rot auf Grün um, und Sie können hindurchgehen. Sollte jemand versuchen, die Sperre zu passieren, ohne einen Chip einzuwerfen, so schlägt vor ihm blitzschnell eine Schranke zu.

▶ Wo ist die nächste U-Bahn-Station?
Где ближáйшая стáнция метрó?
gdje blischáischaja ßtántzyja mitró?

Осторóжно, двéри закрывáются!
aßtaróschna, dwjéri sakrywájutza!
Achtung, die Türen werden geschlossen!

Слéдующая (стáнция) …
ßljéduschtschaja (ßtántzyja) …
Die nächste (Station) …

Пóезд слéдует до стáнции …
pójisd ßljédujit da ßtántzy …
Der Zug fährt bis zur Station …

ВХОД Eingang	**ВЫХОД** Ausgang
НЕТ ВХОДА Kein Eingang	**НЕТ ВЫХОДА** Kein Ausgang

▶ Wo hält *der Bus/die Straßenbahn* nach …?
Где останáвливается *автóбус/трамвáй* в … (+ *Akk*)? gdje aßtanáwliwajitza *aftóbus/tramwái* w …?

Welcher Bus/Welche Bahn fährt nach …?
Какóй *автóбус/трамвáй* идёт в … (+ *Akk*)? kakój *aftóbus/tramwái* idjót w …?

Нóмер … nómir …
Die Linie …

Wann fährt *der nächste Bus/die nächste Bahn* nach …?
Когдá ухóдит слéдующий *автóбус/трамвáй* в … (+ *Akk*)? kagdá uchódit ßljéduschtschy *aftóbus/tramwái* w …?

Wann fährt *der letzte Bus/die letzte Bahn* zurück?
Когдá возвращáется послéдний *автóбус/трамвáй*? kagdá waswraschtschájitza pasljédni *aftóbus/tramwái*?

Fährt *dieser Bus/diese Bahn* nach …?	**Этот *автóбус/трамвáй* идёт в …** *(+ Akk)*? ätat *aftóbus/tramwái* idjót w …?
Muß ich nach … umsteigen?	**Мне нýжно пересáживаться в …** *(+ Akk)*? mnje núschna pirißáschywatza w …?
Sagen Sie mir bitte, wann ich *aussteigen/umsteigen* muß.	**Скажи́те, пожáлуйста, когдá мне *вы́йти/пересéсть*.** skaschýtje, paschálußta, kagdá mnje wýjti/piribjéßt.

INFO

Gewöhnlich werden keine einzelnen Fahrscheine verkauft, sondern 10-Fahrten-Heftchen **абонемéнты** abanimjénty Sie werden beim Fahrer gekauft und mit einem Locher entwertet.

Haben Sie Mehrfahrtenkarten?	**У вас есть проездны́е билéты?** u was jeßt prajesdnýje biljéty?

Hallo, Taxi!

Wo ist der Taxistand?	**Где стоя́нка такси́?** gdje ßtajánka takßí?
Könnten Sie für mich für … Uhr ein Taxi bestellen?	**Не могли́ бы Вы заказа́ть мне такси́ на … часо́в?** ni maglí by wy sakasát mnje takßí na … tschißów?
Куда́ е́хать? kudá jéchat?	Wohin möchten Sie?
Bitte …	**Пожа́луйста, …** paschálußta, …
zum Bahnhof!	**на вокза́л!** na waksál!
zum Flughafen!	**в аэропо́рт!** wa-äraport!
zum Hotel …!	**в гости́ницу …!** wgaßtínitzu …!
in die Innenstadt!	**в центр!** ftzäntr!
in die … Straße!	**на у́лицу …!** na úlitzu …!
nach …!	**в …** *(+ Akk)***!** w …!
▶ Wieviel kostet es nach …?	**Ско́лько сто́ит до …** *(+ Gen)***?** skólka ßtó-it da …?
▶ Nein danke, das ist mir zu teuer.	**Нет, спаси́бо, э́то сли́шком до́рого.** njet, ßpaßíba, ăta ßlíschkam dóraga.
▶ Man hat mir (im Hotel) gesagt, daß es nur … Rubel kostet.	**Мне (в гости́нице) сказа́ли, что э́то сто́ит то́лько … рубле́й.** mnje (wgaßtínitzä) skasáli, schto ăta ßtó-it tólka … rubléj.
▶ Bitte schalten Sie den Taxameter *ein/auf Null*.	***Включи́те/Поста́вьте на ноль,*** **пожа́луйста, счётчик.** *wkljutschítje/paßtáwtje na nol,* paschálußta, schtschótschik.
Warten/Halten Sie hier bitte (einen Augenblick)!	***Подожди́те/Останови́тесь*** **здесь, пожа́луйста (на мину́тку)!** *padaschdítje/aßtanawítis* sdjes, paschálußta (na minútku)!

Bus, Bahn, Taxi

Abfahrt	**отправлéние** atprawljénije
aussteigen	**вы́йти** wýti
Bus	**автóбус** aftóbus
-bahnhof	**автовокзáл** aftawaksál
Endstation	**конéчная (останóвка)** kanjétschnaja (aßtanófka)
entwerten	**закомпости́ровать** sakampaßtírawat
Entwerter	**компóстер** kampóßtir
Fahrer	**води́тель** ***m*** wadítjel
Fahrkarte	**билéт** biljét
Fahrkartenautomat	**билéтная кácca-автомáт** biljétnaja káßa-aftamát
Fahrplan	**расписáние** raßpißánije
Fahrpreis	**стóимость** ***m*** **проéзда** ßtóimaßt prajésda
Haltestelle	**останóвка** aßtanófka

Quittung	**квита́нция** kwitántzyja
Richtung	**направле́ние** naprawljénije
Schaffner	**конду́ктор** kandúktar
Straßenbahn	**трамва́й** tramwái
Taxi	**такси́** takßí
-stand	**стоя́нка такси́** ßtajánka takßí
U-Bahn	**метро́** mitró
umsteigen	**пересе́сть** piribjéßt
Vorortszug	**электри́чка** äliktrítschka
Wochenkarte	**проездно́й биле́т на неде́лю** prajesnój biljét na nedjélju
Zeitkarte	**проездно́й биле́т** prajesnój biljét

PER ANHALTER

INFO

Beachten Sie, wenn Sie einen Privatwagen anhalten, daß der Fahrer, ähnlich wie beim Taxi, eine Bezahlung erwartet.

Ich möchte nach … — **Мне в** … *(+ Akk)* mnje w …

Wohin fahren Sie? — **Вы куда́ е́дете?** wy kudá jéditje?

▶ Können Sie mich (ein Stück) mitnehmen? — **Вы меня́ не подвезёте?** wy minjá ni padwisjóti?

Где Вы хоти́те вы́йти? gdje wy chatítje wýti? — Wo wollen Sie aussteigen?

Halten Sie bitte, ich muß hier aussteigen. — **Останови́тесь, пожа́луйста, мне здесь выходить.** aßtanawítis, paschálußta, mnje sdjes wychadít.

▶ Vielen Dank fürs Mitnehmen. — **Спаси́бо, что подвезли́.** ßpaßíba, schto padwislí.

КОНЬЯК

INFO

In Rußland gibt es außer Restaurants **РЕСТОРА́Н** rißtarán noch einfache Speisegaststätten **СТОЛО́ВАЯ** ßtalówaja und Cafés **КАФЕ́** kafä́. **Кафе́** ist ein sehr weiter Begriff: Es kann sich um ein Beinahe-Restaurant handeln oder auch um einen Schnellimbiß mit einigen Tischen oder sogar nur mit Stehplätzen.

Außerdem gibt es noch kleine Imbißstuben, die **БУФЕ́Т** bufjét, **ЗАКУ́СОЧНАЯ** sakúßatschnaja oder **КАФЕТЕ́РИЙ** kafitjéri heißen.

Auch in vielen Hotels gibt es ein **буфе́т**, in dem man frühstücken oder einen Imbiß einnehmen kann.

Speisekarte Imbiß und Café

бу́лочки búlatschki	Brötchen
- с варе́ньем swarénijem	- gefüllt mit Marmelade
бутербро́д butärbród	belegtes Brot
- с ветчино́й ßwitschinój	- mit Schinken
- с икро́й ßykrój	- mit Kaviar
- с колбасо́й skalbaßój	- mit Wurst
- с ры́бой ßrýboj	- mit Fisch
- с сы́ром ß-ßýram	- mit Käse
Моро́женое maróschenaje	Eis
- с изю́мом ßysjúmam	- mit Rosinen
- со взби́тыми сли́вками и фру́ктами ßa wsbítymi ßlíwkami i frúktami	- mit Schlagsahne und Früchten
клубни́чное - klubnítschnaje	Erdbeer-
фрукто́вое - fruktówaje	Frucht-
пе́рсиковое - pjérßikawaje -	Pfirsich-

вани́льное - wanílnaje -	Vanille-
сли́вочное - ßlíwatschnaje	Sahne-
эскимó äskimó	Eis am Stiel
Пирожки́ piraschkí	Pasteten
- с мя́сом smjáßam	- mit Fleisch
- с капу́стой skapúßtoj	- mit Kraut
- с пови́длом ßpawídlam	- mit Marmelade
- с ри́сом ßrißam	- mit Reis
Пирóжное piróschnaje	Törtchen
Соси́ски ßaßíski	Würstchen
Сы́рники со смета́ной ßýrniki ßa ßmitánai	Quarkkeulchen mit saurer Sahne
Творóг со смета́ной и са́харом twaróg ßa ßmitánai i ßácharam	Quark mit saurer Sahne und Zucker
Торт tort	Torte
бискви́тный - biskwítny -	Biskuit-
фруктóвый - fruktówy -	Obst-
ва́фельный - wáfilny -	Waffel-
Яйцó jitzó	Ei
- всмя́тку fßmjátku	weich gekochtes -
- вкруту́ю fkrutúju	hart gekochtes -
- фарширóванное farschyrówanaje	gefülltes -
я́ичница jítschnitza	Rührei
Напи́тки napítki	Getränke
Кака́о kaká-o	Kakao
Кефи́р kifír	Kefir
Кóфе-гляссэ́ kófje-glißä́	Eiskaffee
Молокó malakó	Milch
Молóчный коктéйль malótschny kaktä́il	Milchshake

→ *Für weitere Getränke: Getränkekarte* S. 99

ESSEN UND TRINKEN

INFO

Traditionell essen die Russen dreimal am Tage, abgesehen vom „Teetrinken“ (was sich oft in eine üppige Mahlzeit verwandelt). Zeitlich sieht das ungefähr so aus:
за́втрак sáftrak *Frühstück*
von 7 bis 10 Uhr morgens,
обе́д abjéd *Mittagessen*
von 13 bis 15 Uhr,
у́жин úschyn *Abendessen*
von 19 bis 21 Uhr.
Das Mittagessen besteht in der Regel aus folgenden Gängen:
заку́ска sakúska *Vorspeise*,
пе́рвое блю́до pjérwaje bljúda *erster Gang* – meist Suppen
второ́е блю́до ftaróje bljúda *zweiter Gang* – Fleisch oder Fisch mit Beilage,
десе́рт dißjért *Nachspeise* – Kompott, Kaltschale oder Eis.
Beilagen sind meist Kartoffeln, Reis, Nudeln, aber kein Gemüse.

Speisekarte Restaurant

Холо́дные заку́ски	*Kalte Vorspeisen*
Ассорти́ мясно́е aßartí mißnóje	Fleischplatte
Ассорти́ ры́бное aßartí rýbnaje	Fischplatte
Ассорти́ из овоще́й aßartí is awaschtschéj	Gemüseteller
Варёный о́корок warjóny ókarak	Kochschinken
Икра́ ikrá	Kaviar
зерни́стая - sirníßtaja	körniger -
ке́товая - kjétawaja	roter -
чёрная - tschórnaja	schwarzer -

Салáт ßalát	Salat
- из свéжих огурцóв is ßwjéschych agurtzów	Gurkensalat
- из помидóров iß pamidóraw	Tomatensalat
- с сéльдью ß-ßjéldju	Heringssalat
Винегрéт winigrjét	Salat Vinaigrette
Сёмга с лимóном ßjómga ßlimónam	Salm mit Zitrone
Лосóсина с лимóном laßóßina ßlimónam	Lachs mit Zitrone
Осетрúна заливнáя под майонéзом, с гарнúром aßitrína saliwnája pad majinäsam, ßgarníram	Stör in Aspik, mit Mayonnaise und Beilage
Язы́к заливнóй jisýk saliwnój	Zunge in Aspik
Сéльдь с картóфелем ßjeld skartófiljem	Hering mit Kartoffeln
Сéльдь по-рýсски ßjeld pa-rúski	Hering auf russische Art
Шпрóты в мáсле schpróty wmäßli	Sprotten in Öl
Я́йца под майонéзом jájtza pad majinäsam	Eier mit Mayonnaise

Горя́чие закýски *Warme Vorspeisen*

Пéрец фарширóванный pjéritz farschyrówany	gefüllte Paprikaschoten
Грибы́ запечёные gribý sapitschónyje	überbackene Pilze
Пельмéни по-рýсски pilmjéni pa-rúski	Pelmeni auf russische Art
Пельмéни запечёные pilmjéni sapitschónyje	überbackene Pelmeni
Осетрúна по-рýсски aßitrína pa-rúski	Stör auf russische Art
Яúчница с ветчинóй jíjschnitza ßwitschinój	Rührei mit Schinken

Пéрвые блю́да *Erster Gang*

Борщ украи́нский borschtsch ukraínski	ukrainischer Borschtsch

Бульо́н из ку́рицы buljón is kúritzy	Hühnerbrühe
Бульо́н с яйцо́м buljón ßjitzóm	Brühe mit Ei
Бульо́н с пирожко́м buljón ßpiraschkóm	Brühe mit Pastete
Окро́шка akróschka	Kwaßsuppe
Соля́нка мясна́я ßaljánka mißnája	Soljanka mit Fleisch
Соля́нка ры́бная ßaljánka rýbnaja	Fischsoljanka
Суп ßup	Suppe
грибно́й - gribnój	Pilzsuppe
Уха́ uchá	Fischsuppe
Щи ***Pl*** schtschi	Kohlsuppe

Вторы́е блю́да *Hauptgerichte*

Мясны́е блю́да mjißnýje bljúda	**Fleischgerichte**
Антреко́т antrikót	Entrecote
Бара́нина жа́реная baránina schárinaja	Hammelbraten
Бефстро́ганов bif-ßtróganow	Bœuf Stroganoff
Бифште́кс bifschtäks	Beefsteak
Говя́дина по-монасты́рски в горшо́чке gawjádina pa-manaßtýrski wgarschótschki	Rindfleisch auf Klosterart im Topf
Говя́дина тушёная gawjádina tuschónaja	Schmorbraten
Гуля́ш guljásch	Gulasch
Жарко́е из свини́ны scharkóje is ßwininy	Schweinebraten
Жюлье́н из пти́цы schjuljén is ptítzy	Würzfleisch vom Huhn
Котле́ты по-ки́евски katljéty pa-kíjewski	Fleischkloß nach Kiewer Art
Ку́рица жа́реная kúritza schárinaja	Brathähnchen
Лангет langjét	Lendenbraten
Печёнка свинна́я pitschónka ßwinája	Schweineleber
Ромште́кс ramschtäks	Rumpsteak
Свинна́я отбивна́я ßwinája atbiwnája	Kotelett
Теля́тина в горшо́чке tiljátina wgarschótschki	Kalbfleisch im Topf

Филе́ с гарни́ром filjé ßgarníram	Filet mit Beilage
Шашлы́к schaschlýk	Schaschlik
Эскало́п äskalóp	Medaillon
Ры́бные блю́да rýbnyje bljúda	**Fischgerichte**
Карп отварно́й karp atwarnój	gekochter Karpfen
Осетри́на под бе́лым со́усом aßitrína pad bjélym ßóußam	Stör in heller Soße
Осетри́на запечёная в конве́рте aßitrína sapitschónaja fkonwjérti	eingebackener Stör
Суда́к по-ру́сски в бе́лом вине́ ßudák pa-rúski wbjélam winjé	Zander russisch in Weißwein
Треска́ отварна́я triská atwarnája	gekochter Kabeljau
Форе́ль жа́реная faräl schárinaja	gebratene Forelle

Гарни́р	*Beilagen*
Карто́фель *m Sing* kartófil	Kartoffeln
- жа́реный schárinу	Bratkartoffeln
- отварно́й atwarnój	Salzkartoffeln
- фри fri	Pommes frites
Карто́фельное пюре́ kartófilnaje pjurä	Kartoffelpüree
Рис отварно́й riß atwarnój	gekochter Reis
Макаро́ны отварны́е makaróny atwarnýje	gekochte Makkaroni

Мучны́е блю́да	*Mehlspeisen*
Бли́нчики с творо́гом blíntschiki ßtwarógam	Plinsen mit Quark
Блины́ с варе́ньем bliný swarjénjem	Bliny mit Marmelade
Блины́ со смета́ной bliný ßa ßmitánai	Bliny mit saurer Sahne
Сы́рники со смета́ной ßýrniki ßa ßmitánai	Quarkkäulchen mit saurer Sahne
Пельме́ни pilmjéni	gekochte Teigtaschen mit Fleischfüllung
- со сметано́й ßa ßmitánai	- mit saurer Sahne
- с у́ксусом ß úkßußam	- mit Essig

Десéрт	*Nachspeise*
Кисéль *m* kißjél	Kaltschale
Компóт kampót	Kompott
Кóфе-гляссé kófje-glißä́	Eiskaffee
Морóженое maróschenaje	Eis
орéховое - arjéchawaje	Nußeis
- с варéньем swarjénjem	- mit Konfitüre
сли́вочное - ßlíwatschnaje	Sahneeis
- со взби́тыми сли́вками ßa wsbítymi ßlíwkami	mit Schlagsahne
шоколáдное - schykaládnaje	Schokoladeneis

→ Für Gemüse und Obst: *Wortliste Lebensmittel* S. 135

INFO In einigen Restaurants gibt es eine separate Getränkekarte. Meistens stehen die Getränke aber in der Speisekarte.

Getränkekarte

Алкого́льные напи́тки	*Alkoholische Getränke*
Пи́во píwa	Bier
све́тлое - ßwétlaje	helles -
тёмное - tjómnaje	dunkles -
и́мпортное - ímpartnaje	importiertes -
Вино́ winó	Wein
бе́лое - bjélaje	Weißwein
кра́сное - krásnaje	Rotwein
десе́ртное - dißjértnaje	Dessertwein
столо́вое - ßtalówaje	Tischwein
креплёное - kripljónaje	durch Zugabe von Alkohol verstärkter Wein (ca. 16% bis 18%)
Шампа́нское schampánskaje	Sekt
брют brjut	brut
сухо́е ßuchóje	trocken
полусухо́е palußuchóje	halbtrocken
полусла́дкое palußládkaje	halbsüß
сла́дкое ßládkaje	süß
Ви́ски wíski	Whisky
Во́дка wódka	Wodka
перцо́вая - pirtzówaja	Pfefferwodka
пшени́чная - pschinítschnaja	- aus Weizen
Конья́к kanják	Kognak, Weinbrand
армя́нский - armjánski -	armenischer -
грузи́нский - grusínski -	grusinischer -
4 звёздочки tschitýri swjósdatschki	4-Sterne-Weinbrand
5 звёздочек pjat swjósdatschik	5-Sterne-Weinbrand

Ликёр likjór	Likör
вишнёвый - wischnjówy	Kirschlikör
чёрносморо́диновый - tschórna-ßmaródinawy	- aus schwarzen Johannisbeeren
Безалкого́льные напи́тки	*Nichtalkoholische Getränke*
Ко́фе ***m unv*** kófje	Kaffee
чёрный - tschórny	schwarzer -
чёрный - с лимо́ном tschórny ßlimónam	schwarzer - mit Zitrone
- со сли́вками ßa ßlífkami	- mit Sahne
- с са́харом ß-ßácharam	- mit Zucker
- без са́хара bis ßáchara	- ohne Zucker
Чай tschai	Tee
- с лимо́ном ßlimónam	- mit Zitrone
- с варе́ньем swarjénjem	- mit Konfitüre
Лимона́д limanád	Limonade
Минера́льная вода́ minirálnaja wadá	Mineralwasser
Сок ßok	Saft
апельси́новый - apilßínawy -	Apfelsinensaft
абрико́совый - abrikóßawy -	Aprikosensaft
виногра́дный - winagrádny -	Traubensaft
вишнёвый - wischnjówy -	Kirschsaft
гре́йпфрутовый - gréjpfrutawy -	Pampelmusensaft
сливо́вый - ßliwówy -	Pflaumensaft
тома́тный - tamátny -	Tomatensaft
я́блочный - jáblatschny -	Apfelsaft
фрукто́вый - fruktówy -	Fruchtsaft

INFORMATION

Wo gibt es hier …	**Где нахóдится** … gdje nachóditzą …
ein Café?	**кафé?** kafä?
einen Schnellimbiß?	**закýсочная?** sakúßatschnaja?
ein *gutes/preiswertes* Restaurant?	***хорóший/недорогóй* ресторáн?** *charóschy/nidaragój* rißtarán?
ein typisch russisches Restaurant?	**типúчный рýсский ресторáн?** tipítschny rúski rißtarán?
Einen Tisch für … Personen, bitte.	**Одúн стóлик на … персóн, пожáлуйста.** adín ßtólik na … pirßón, paschálußta.
Ich möchte einen Tisch für … Personen um … Uhr reservieren.	**Я хотéл (а ♀) бы заказáть стóлик на … персóн на … часóв.** ja chatjél (a ♀) by sakasát ßtólik na pirßón na … tschißów.
Wir haben einen Tisch für … Personen reserviert (auf den Namen …).	**Мы заказáли стóлик на … персóн (на úмя …).** my sakasáli ßtólik na … pirßón (na ímja …).
Ist dieser Platz noch frei?	**Э́то мéсто ещё свобóдно?** äta mjéßta jeschtschó ßwabódna?
Entschuldigung, wo sind hier die Toiletten?	**Извинúте, где здесь туалéт?** iswinítje, gdje sdjes tualjét?

Вон там. won tam. — Hier entlang.

Wie kommt man in die Bar? — **Как пройти́ в бар?** kak praití wbar?

HERR OBER!

Die Karte bitte. — **Меню́, пожа́луйста.** minjú, paschálußta.

Ich möchte gerne etwas essen. — **Я хоте́л (а ♀) бы немно́го поку́шать.** ja chatjél (a ♀) by nimnóga pakúschat.

Ich möchte nur eine Kleinigkeit essen. — **Я хоте́л (а ♀) бы немно́го перекуси́ть.** ja chatjél (a ♀) by nimnóga pirikußít.

Gibt es jetzt noch etwas Warmes zu essen? — **Есть ещё горя́чие блю́да?** jeßt jeschtschó garjátschije bljúda?

Ich möchte nur etwas trinken. — **Я хоте́л (а ♀) бы то́лько немно́го попи́ть.** ja chatjél (a ♀) by tólka nimnóga papít.

Wir haben leider nicht viel Zeit. — **К сожале́нию, у нас ма́ло вре́мени.** kßaschaljénju, u nas mála wrjémini.

Что бу́дете пить? schto búditje pit? — Was möchten Sie trinken?

Ich möchte … — **Я хоте́л (а ♀) бы** … ja chatjél (a ♀) by …

- ein Glas Rotwein. — **бока́л кра́сного вина́.** bakál kráßnawa winá.
- eine Flasche Weißwein. — **буты́лку бе́лого вина́.** butýlku bjélawa winá.
- eine Tasse Kaffee. — **ча́шку ко́фе.** tscháschku kófje.

Что бу́дете ку́шать? schto búditje kúschat? — Was möchten Sie essen?

Ich möchte eine Portion … — **Я хоте́л (а ♀) бы одну́ по́рцию** … ja chatjél (a ♀) by adnú pórtzyju …

Haben Sie …?	**У Вас есть …?** u waß jeßt …?
Was empfehlen Sie mir?	**Что Вы мне посове́туете?** schto wy mnje paßawjétuitje?

Сове́тую Вам ßawjétuju wam … — Ich empfehle Ihnen …

Was sind die Spezialitäten aus der Region?	**Каки́е блю́да типи́чны для э́того регио́на?** kakíje bljúda tipítschny dlja ätawa rigióna?
Haben Sie …	**У Вас есть …** u was jeßt …
diabetische Kost?	**блю́да для диабе́тиков?** bljúda dlja diabjétikaw?
Diätkost?	**диети́ческие блю́да?** dijetítschiskije bljúda?
vegetarische Gerichte?	**вегетариа́нские блю́да?** wigitariánskije bljúda?
Haben Sie Kinderteller?	**У Вас есть де́тские по́рции?** u was jeßt djétskije pórtzi?
Kann man eine Kinderportion bestellen?	**Мо́жно заказа́ть де́тскую по́рцию?** móschna sakasát djétskuju pórtzyju?
Ist … in dem Gericht? Ich darf das nicht essen.	**Есть в блю́де …? Мне нельзя́ есть э́то.** jeßt wbljúdje …? mnje nilsjá jeßt äta.

Что возьмёте *из заку́сок / на десе́рт*? schto wasmjótje *is sakúßak / na dißjért*? — Was nehmen Sie als *Vorspeise / Nachtisch*?

Danke, ich nehme *keine Vorspeise / keinen Nachtisch*.	**Спаси́бо, я не бу́ду брать *заку́ску / десе́рт*.** ßpaßíba, ja ni búdu brat *sakúsku / dißjért*.
Könnte ich … statt … haben?	**Мо́жно … вме́сто …?** móschnó … wmjéßta …?
Bitte bringen Sie mir noch …	**Пожа́луйста, принеси́те ещё …** paschálußta, prinißítje jeschtschó …

„MECKERECKE"

Das habe ich nicht bestellt. Ich wollte …	**Я э́то не зака́зывал (а ♀). Я хоте́л (а ♀)** … ja ǟta ni sakásywal (a ♀). ja chatjél (a ♀) …
Hier *fehlt / fehlen* noch …	**Здесь не хвата́ет ещё** … sdjes ni chwatájit jeschtschó …
Das Essen ist …	**Еда́** … jidá …
zu kalt.	**холо́дная.** chalódnaja.
versalzen.	**пересолёная.** pirißaljónaja.
nicht mehr frisch.	**несве́жая.** nißwjéschaja.
Das Fleisch ist nicht lang genug gebraten.	**Мя́со не прожа́рено.** mjáßa ni praschárina.
Bitte nehmen Sie es zurück.	**Унеси́те э́то, пожа́луйста.** unißítje ǟta, paschálußta.

DIE RECHNUNG BITTE!

INFO

Gewöhnlich wird nur eine gemeinsame Rechnung erstellt. Wenn Sie getrennt zahlen möchten, sollten Sie den Kellner vorher darauf hinweisen.

Ich möchte bitte zahlen.	**Получи́те с меня́, пожа́луйста.** palutschítje ßminjá, paschálußta.
Die Rechnung bitte.	**Счёт, пожа́луйста!** schtschot, paschálußta.
Wieviel macht es?	**Ско́лько с меня́?** ßkólka sminjá?
Wir möchten getrennt bezahlen.	**Счёт, пожа́луйста, отде́льно.** schtschot, paschálußta, ad-djélna.
Bitte alles zusammen.	**Пожа́луйста, оди́н счёт.** paschálußta, adín schtschot.
Darf ich *Sie/dich* einladen?	**Мо́жно *Вас/тебя́* пригласи́ть?** móschna *was/tibjá* priglaßít?
Sie sind/Du bist heute mein Gast.	***Вы/Ты* сего́дня мой гость.** *wy/ty* ßiwódnja moj goßt.

Бы́ло вку́сно? býla fkúßna? — Hat es Ihnen geschmeckt?

Danke, sehr gut.	**Спаси́бо, бы́ло о́чень вку́сно.** ßpaßíba, býla ótschin fkúßna.
Ich glaube, hier stimmt etwas nicht.	**Мне ка́жется, тут оши́бка.** mnje káschytza, tut aschýbka.
Bitte rechnen Sie es noch einmal.	**Пересчита́йте, пожа́луйста.** pirischtschitáitje, paschálußta.
Das hatten wir nicht bestellt.	**Э́то мы не зака́зывали.** äta my ni sakásywali.

ESSEN UND TRINKEN

Es stimmt so.	**Сда́чи не на́до.** sdátschi ni náda.
Vielen Dank.	**Большо́е спаси́бо.** balschóje ßpaßíba.

INFO

Zehn Prozent Bedienungszuschlag werden automatisch zum Rechnungsbetrag addiert. Es ist üblich, ungefähr fünf bis zehn Prozent Trinkgeld zu geben.

MIT FREUNDEN ESSEN

Guten Appetit!	**Прия́тного аппети́та!** prijátnawa apitíta!
Danke, gleichfalls!	**Спаси́бо. Вам то́же!** ßpaßíba. wam tósche.
Zum Wohl!	**На здоро́вье!** na sdarówje!
Worauf trinken wir?	**За что мы пьём?** sa schto my pjom?
Ich schlage einen Trinkspruch auf die schönen Frauen vor.	**Я предлага́ю тост за прекра́сных дам.** ja pridlagáju toßt sa prikräßnych dam.

Auf Ihr Wohl!	**За Ваше здоровье!** sa wásche sdarówje!
Auf den Erfolg!	**За успех!** sa ußpjéch!
Schmeckt es *Ihnen/dir*?	***Вам/Тебé*** **вкусно?** *wam/tibjé* fkúßna?
Danke, sehr gut.	**Спасибо, очень вкусно.** ßpaßíba, ótschin fkúßna.
Das ist ganz besonders gut.	**Это прекрасно.** ăta prikráßna!
Вы хотите/Ты хочешь **из этого?** *wy chatítje/ty chótschisch* is ătawa?	*Möchten Sie/Möchtest du* hiervon?
Ещё немного ...? jeschtschó nimnóga ...?	Noch etwas ...?
Ja, gerne.	**Да, с удовольствием.** da, ßudawólßtwijem.
Danke, im Moment nicht.	**Спасибо, пока не хочется.** ßpaßíba, paká ni chótschitza.
Danke, ich bin satt.	**Спасибо, я сыт (á ♀).** ßpaßíba, ja ßyt (á ♀).
Würden Sie/Würdest du mir bitte ... reichen?	***Передайте/Передай*** **мне ..., пожалуйста.** *piridáitje/piridái* mnje ..., paschálußta.
Ich *möchte/darf* keinen Alkohol trinken.	**Мне** ***не хочется/нельзя*** **пить спиртное.** mnje *ni chótschitza/nilsjá* pit ßpirtnóje.
Stört es *Sie/dich*, wenn ich rauche?	***Вы/Ты*** **не против, если я закурю?** *wy/ty* ni prótiw, jésli ja sakurjú?
Danke für die Einladung.	**Спасибо за приглашение.** ßpaßíba sa priglaschénije.
Es war ausgezeichnet.	**Было отлично.** býla atlítschna.

→ auch: *Bitte – Danke* S. 27

ESSEN UND TRINKEN

Essen und Trinken

Abendessen	**у́жин** úschyn
Alkohol	**алкого́ль *m*** alkagól
alkoholfrei	**безалкого́льный** bisalkagólny
Aperitiv	**аперити́в** apiritíw
Aschenbecher	**пе́пельница** pjépilnitza
ausgezeichnet	**отли́чно** atlítschna
Bedienung *(Service)*	**обслу́живание** abßlúschywanje
Besteck	**прибо́р** pribór
bestellen	**заказа́ть** sakasát
Bestellung	**зака́з** sakás
bezahlen	**заплати́ть** saplatít
Bier	**пи́во** píwa
-lokal	**пивно́й бар** piwnój bar
bringen	**принести́** prinißtí
Brot	**хлеб** chljeb
belegtes -	**бутербро́д** butärbród
Brötchen	**бу́лочка** búlatschka
Butter	**ма́сло** máßla
Café	**кафе́** kafä́
Diabetiker	**диабе́тик** diabjétik
diabetisch	**дуабети́ческий** diabetítschiski
Diät	**дие́та** dijéta
durstig sein	**хоте́ть пить** chatjét pit
Ei	**яйцо** jitzó
hartgekochtes -	**яйцо́ вкруту́ю** jijtzó fkrutúju
weichgekochtes -	**яйцо́ всмя́тку** jijtzó fßmjátku
einladen	**пригласи́ть** priglaßít
Eiswürfel	**ку́бики льда** kúbiki lda
empfehlen	**посове́товать** paßawjétawat
essen	**есть** jeßt
Essen	**еда́** jidá
Essig	**у́ксус** úkßuß
Fett	**жир** schyr
fett	**жи́рный** schýrny
Fisch	**ры́ба** rýba

Fleisch	**мя́со** mjáßa
frei	**свобо́дный** ßwabódny
frisch	**све́жий** ßwjéschy
Frühstück	**за́втрак** sáftrak
Füllung	**начи́нка** natschínka
Flasche	**буты́лка** butýlka
Flaschenöffner	**открыва́лка** atkrywálka
Gabel	**ви́лка** wílka
Gang	**блю́до** bljúda
erster -	**пе́рвое блю́да** pjérwaje bljúda
zweiter -	**второ́е блю́до** ftarόje bljúda
dritter -	**тре́тье блю́до** trjétje bljúda
Gast	**гость *m*** goßt
Gebäck	**пече́нье** pitschénje
Gedeck	**ко́мплексный обед** kómplikßny abjed
Gemüse	**о́вощи *Pl*** ówaschtschi
Gericht	**блю́до** bljúda
Getränk	**напи́ток** napítak
getrennt	**отде́льно** ad-djélna
Gewürz	**пря́ность *f*** prjánaßt
gewürzt	**припра́вленный спе́циями** pripráwljeny ßpjétzyjami
Glas	**стака́н** ßtakán
Gräte	**кость *f*** koßt
hart	**твёрдый** twjórdy
hausgemacht	**дома́шний** damáschni
heiß	**горя́чий** garjátschi
Honig	**мёд** mjod
hungrig	**голо́ден *m*, голо́дна *f*** galódin, galódna
Kaffee	**ко́фе *m unv*** kófje
koffeinfreier -	**ко́фе без кофеина** kófje bjeß kafi-ína
schwarzer -	**чёрный ко́фе** tschorny kófje
- mit Milch	**ко́фе с молоко́м** kófje ßmalakóm
- mit Zucker	**ко́фе с са́харом** kófje ß-ßácharam

ESSEN UND TRINKEN

Kakao	**какáо** kakáo
kalt	**холóдный** chalódny
Kamillentee	**ромáшковый чай** ramáschkawy tschai
Karaffe	**графи́н** grafín
Käse	**сыр** ßyr
Kellner(in)	**официáнт (ка)** afitzyánt(ka)
Ketchup	**кéтчуп** kjétschup
Kinderteller	**дéтская пóрция** djétzkaja pórtzyja
Knäckebrot	**хрустя́щие хлебцы́** ***Pl*** chrußtjáschtschije chljebtzý
Knoblauch	**чеснóк** tschisnók
Korkenzieher	**штóпор** schtópar
Kräuter	**трáвы** tráwy
Kuchen	**пирóг** piróg
Löffel	**лóжка** lóschka
mager	**нежи́рный** nischýrny
Margarine	**маргари́н** margarín
Marmelade	**пови́дло** pawídla
Mayonnaise	**майонéз** majinás
Menü	**кóмплексный обéд** kómplikßny abjéd
Messer	**нож** nosch
Milch	**молокó** malakó
Mineralwasser	**минерáльная водá** minirálnaja wadá
- mit Kohlensäure	**газирóваная водá** gasirówanaja wadá
Mittagessen	**обéд** abjéd
Nachtisch	**десéрт** dißjért
Obst	**фрýкты** ***Pl*** frúkty
Öl	**мáсло** máßla
Olivenöl	**оли́вковое мáсло** alíwkawaje máßla
Pfeffer	**пéрец** pjéritz
Pilze	**грибы́** gribý
Piroggen	**пирожки́** piraschkí
Pizza	**пи́цца** pítza

Platz	**ме́сто** mjéßta
Portion	**по́рция** pórtzyja
probieren	**попро́бовать** papróbawat
Quark	**творо́г** twaróg
reservieren	**заказа́ть** sakasát
Restaurant	**рестора́н** rißtarán
roh	**сыро́й** syrój
Rohkost	**сала́ты** ***Pl*** ßaláty
Rührei	**я́ичница-болту́нья** jíjschnitza-baltúnja
Sahne	**сли́вки** ***Pl*** ßlífki
saure Sahne	**смета́на** ßmitána
Salat	**сала́т** ßalát
Salz	**соль** ***f*** ßol
satt	**сыт** ***m*****, сыта́** ***f*** ßyt, ßytá
sauer	**ки́слый** kíßly
scharf	**о́стрый** óßtry
Scheibe	**ло́мтик** lómtik
Schinken	**ветчина́** witschiná
Schlagsahne	**взби́тые сли́вки** ***Pl*** wsbítyje ßlífki
schmecken	**нра́виться на вкус** nrawitza na fkus
Schwarzbrot	**чёрный хлеб** tschórny chljeb
Senf	**горчи́ца** gartschítza
Serviette	**салфе́тка** ßalfjétka
Sonnenblumenöl	**подсо́лнечное ма́сло** padßólnitschnaje máßla
Soße	**со́ус** ßóus
Speisekarte	**меню́** minjú
Spezialität	**фи́рменное блю́до** fírminaje bljúda
Spiegelei	**я́ичница-глазу́нья** jíjschnitza-glasúnja
Strohhalm	**соло́минка** ßalóminka
Stück	**кусо́к** kußók
Suppe	**суп** ßup
süß	**сла́дкий** ßládki
Tasse	**ча́шка** tscháschka
Tee	**чай** tschai
schwarzer -	**чёрный чай** tschórny tschai

ESSEN UND TRINKEN

Teelöffel	**чайная ло́жка** tscháinaja lóschka
Teller	**таре́лка** tarjélka
flacher -	**ме́лкая таре́лка** mjélkaja tarjélka
tiefer -	**глубо́кая таре́лка** glubókaja tarjélka
Tisch	**стол** ßtol
Toast	**тост** toßt
Toilette	**туале́т** tualjét
Torte	**торт** tort
Törtchen	**пиро́жное** piróschnaje
trinken	**пить** pit
Trinkgeld	**чаевы́е *Pl*** tschijewýje
Trinkspruch	**тост** toßt
vegetarisch	**вегетариа́нский** wigitariánski
Vorspeise	**заку́ска** sakúska
warm	**тёплый** tjóply
Wasser	**вода́** wadá
weich	**мя́гкий** mjáchki
Wein	**вино́** winó
Weißbrot	**бе́лый хлеб** bjély chleb
Wurst	**колбаса́** kalbaßá
zahlen	**заплати́ть** saplatít
Zahnstocher	**зубочи́стка** subatschíßtka
Zucker	**са́хар** ßáchar
zusammen	**вме́сте** wmjéßtje
Zwieback	**сухари́ *Pl*** ßucharí
Zwiebel	**лук** luk

⟶ auch: *Wortliste Lebensmittel* S. 135

TOURISTENINFORMATION

Ich möchte …	**Я хотéл (а ♀) бы** … ja chatjél (a ♀) by …
einen Stadtplan.	**план гóрода.** plan góroda.
einen U-Bahn-Plan.	**схéму лíний метрополитéна.** chjému línij mjetrapalitäna.
einen Veranstaltungskalender.	**календáрь мероприя́тий.** kalindár miraprijátij.

→ zu Hotelreservierung: *Information* S. 38

Gibt es *Stadtrundfahrten/Stadtführungen*?	**Провóдятся *автóбусные/пешехóдные* экскýрсии по гóроду?** prawódjatza *aftóbusnyje/pischechódnyje* äkskúrßi pa góradu?
Was kostet die Stadtrundfahrt?	**Скóлько стóит экскýрсия по гóроду?** ßkólka ßtó-it äkskúrßija pa góradu?
Wie lange dauert die *Stadtrundfahrt*?	**Скóлько врéмени длíтся экскýрсия по гóроду?** ßkólka wrjémini dlítza äkskúrßija pa góradu?
Bitte *eine Karte/zwei Karten* für die Stadtrundfahrt.	**Пожáлуйста, *одúн билéт/два билéта* на экскýрсию по гóроду.** paschálußta, *adin biljet/dwa biljéta* na äkskúrßiju pa góradu.
Welche Sehenswürdigkeiten gibt es hier?	**Какúе здесь есть достопримечáтельности?** kakíje sdjes jeßt daßtaprimitschátilnaßti?
Wann ist … geöffnet?	**Когдá откры́т …?** kagdá atkrýt …?
Bitte für den Ausflug morgen nach … *einen Platz/zwei Plätze.*	**Пожáлуйста, на зáвтра *однó мéсто/два мéста* на экскýрсию в …** *(+ Akk)* paschálußta, na sáftra *adnó mjéßta/dwa mjéßta* na äkskúrßiju w …

Wann / Wo treffen wir uns?	***Когда́ / Где*** **мы встре́тимся?** *kagdá / gdje* my fßtrjétimßja?
Besichtigen wir auch ...?	**Осмо́трим ли мы та́кже ...?** aßmótrim li my táksche ...?
Wann geht es los?	**Когда́ нача́ло?** kagdá natschála?
Wann kommen wir zurück?	**Когда́ мы вернёмся?** kagdá my wirnjómßja?

→ auch: *Fragen nach dem Weg* S. 54, *Bus, Bahn, Taxi* S. 85

BESICHTIGUNGEN, AUSFLÜGE

Wann ist … geöffnet?	**Когда́ откры́т** …? Kagdá atkrýt …?
→ *Die Zeit* S. 216	
Wieviel kostet der *Eintritt / die Führung*?	**Ско́лько сто́ит *биле́т / экску́рсия с экскурсово́дом*?** skólka ßtó-it *biljét / äkskúrßija ßäkskurßawódam*?
Gibt es eine Ermäßigung für …	**Есть ли ски́дка для** … jeßt li skítka dlja …
Gruppen?	**групп?** grup?
Kinder?	**детей?** ditjéj?
Studenten?	**студе́нтов?** ßtudjéntaw?
У вас есть удостовере́ние? u was jeßt udaßtawirjénije?	Haben Sie einen Ausweis dabei?
▶ Gibt es auch Führungen auf deutsch?	**Прово́дятся ли экску́рсии на неме́цком языке́?** prawódjatza li äkskúrßii na nimjétzkam jasykje?
Wann beginnt die Führung?	**Когда́ начина́ется экску́рсия?** kagdá natschinájitzka äkskúrßija?
Eine Karte / Zwei Karten bitte.	***Оди́н биле́т / Два биле́та,* пожа́луйста.** adín *biljét / dwa biljéta,* paschálußta.
Zwei Erwachsene, zwei Kinder bitte.	**Два взро́слых, два де́тских, пожа́луйста.** dwa wsróßlych, dwa djétzkich, paschálußta.
▶ Darf man *fotografieren / filmen*?	**Мо́жно *фотографи́ровать / снима́ть кинока́мерой*?** móschna *fatagrafírawat / ßnimát kinakámirai*?
Wer hat … gebaut?	**Кто постро́ил** …? kto paßtróil?

Was für ein *Gebäude/Denkmal* ist das?	**Что это за** ***здáние/пáмятник*****?** schto ătа sa *sdánije/pámjatnik*?
Wann wurde … gebaut?	**Когдá постро́или …?** kagdá paßtróili …?
Von wem stammt *dieses Bild/diese Statue*?	**Кто автор э́той карти́ны/ скульпту́ры?** kto áftar ătai *kartíny/skulptúry*?
▶ Haben Sie einen *Katalog/Führer*?	**У вас есть** ***катало́г/путеводи́тель*****?** u was jeßt *katalóg/putiwadítjel*?
▶ Haben Sie das Bild als *Dia/Postkarte*?	**У вас есть** ***диапазити́в/откры́тка*** **с э́той карти́ной?** u was jeßt *diapasitíw/atkrýtka* ßătai kartínai?

SEHENSWERTES

Besichtigungen, Ausflüge

abstrakt	**абстра́ктный**	abßtráktny
altgläubig	**старове́рческий**	ßtarowjértschiski
altrussisch	**древнеру́сский**	drjewnirúßki
altslawisch	**старославянский**	ßtaraßlawjánski
Altstadt	**ста́рая часть го́рода**	ßtáraja tschaßt górada
Aquarell	**акваре́ль** ***f***	akwarjél
Architekt	**архите́ктор**	architjéktar
Architektur	**архитекту́ра**	architiktúra
Ausflug	**экску́рсия**	äkskúrßija
Ausgrabungen	**раско́пки**	raskópki
Aussicht	**вид**	wid
Ausstellung	**вы́ставка**	wýßtafka
barock	**в сти́ле баро́кко**	fßtílje baróka
Basilika	**бази́лика**	basílika
Besichtigung	**осмо́тр**	aßmótr
Bibliothek	**библиоте́ка**	bibliatjéka
Bild	**карти́на**	kartína
Bildhauer	**ску́льптор**	skúlptar
Bojar	**боя́рин**	bajárin
Bojarin	**боя́рыня**	bajárynja
Blütezeit	**расцве́т**	raßtzwjét
Botanischer Garten	**ботани́ческий сад**	batanítschiski ßad
Bronze	**бро́нза**	brónsa
Brücke	**мост**	moßt
Brunnen	**коло́дец**	kalóditz
Büste	**бюст**	bjußt
byzantinisch	**византи́йский**	wisantíjski
Chor	**хор**	chor
Decke	**потоло́к**	patalók
Denkmal	**па́мятник**	pámitnik
-schutz	**охра́на па́мятников**	achrána pámitnikaw
Dom	**собо́р**	ßabór

Einfluß	**влия́ние** wlijánije
Eintritt	**вход** wchod
Epoche	**эпо́ха** äpócha
Expressionismus	**экспрессиони́зм** äkßprjeßianísm
Fassade	**фаса́д** faßád
Fenster	**окно́** aknó
Festung	**кре́пость** ***f*** krjépaßt
filmen	**снима́ть кинока́мерой** ßnimát kinakámirai
Fluß	**река́** riká
Fotografie	**фотогра́фия** fatagráfija
fotografieren	**фотографи́ровать** fatagrafírawat
Freilichtmuseum	**музе́й под откры́тым не́бом** muséj pad atkrýtym njébam
Fremdenführer	**гид** gid
Fresko	**фре́ска** frjéska
Friedhof	**кла́дбище** kládbischtsche
Frühwerk	**ра́ннее произведе́ние** ránije pra-iswidjénije
Funde	**нахо́дки** nachódki
Fußgängerzone	**пешехо́дная зо́на** pischechódnaja sóna
Fürst	**князь** ***m*** knjas
Fürstin	**княги́ня** knigínja
Galerie	**галере́я** galirjéja
Garten	**сад** ßad
Gebäude	**зда́ние** sdánije
Gebirge	**го́ры** ***Pl*** góry
Gedenkstätte	**мемориа́льный па́мятник** mimariálny pámitnik
Gemälde	**карти́на** kartína
-sammlung	**колле́кция карти́н** kaljéktzyja kartín
geöffnet	**откры́т** atkrýt
Geschichte	**исто́рия** ißtórija
geschlossen	**закры́т** sakrýt
Glocke	**ко́локол** kólakal
Glockenturm	**колоко́льня** kalakólnja

SEHENSWERTES

Gottesdienst	**богослужéние** bogaßluschénije
Grab	**моги́ла** magíla
Großfürst	**вели́кий князь** wilíki knjas
Hafen	**гáвань** *f* gáwan
Hof	**двор** dwor
Höhle	**пещéра** pischtschéra
Höhlenkloster	**пѐщéрный монасты́рь** pischtschérny manaßtýr
Holzschnitt	**гравю́ра на дéреве** grawjúra na djériwje
Ikone	**икóна** ikóna
Ikonostase	**иконостáс** ikonaßtás
Impressionismus	**импрессиони́зм** imprißianísm
Innenstadt	**центр гóрода** tzäntr górada
Inschrift	**нáдпись** *f* nádpis
Jahrhundert	**столéтие** ßtaljétije
Jugendstil	**стиль** *m* **модéрн** ßtil madärn
Kaiser	**императóр** impirátar

Kaiserin	**императри́ца** impiratrítza
Kathedrale	**кафедра́льный собо́р** kafidrálny ßabór
Keramik	**кера́мика** kirámika
Kirche	**це́рковь** ***f*** tzärkaw
kirchenslawisch	**церковнославя́нский** tzyrkownaßlawjánski
Klassizismus	**классици́зм** klasitzýsm
Kloster	**монасты́рь** ***m*** manaßtýr
König	**коро́ль** ***m*** karól
Königin	**короле́ва** karaljéwa
Kopie	**ко́пия** kópija
Kreuz	**крест** krjeßt
Kunst	**иску́сство** iskúßtwa
Künstler	**худо́жник** chudóschnik
Kuppel	**ку́пол** kúpal
Landschaft	**ландша́фт** landscháft
Leibeigener	**крепостно́й** kripasnój
Maler	**худо́жник** chudóschnik
Malerei	**жи́вопись** ***f*** schýwapis
Markt	**ры́нок** rýnak
Marmor	**мра́мор** mrámar
Mauer	**стена́** ßtiná
Mausoleum	**мавзоле́й** mawsaljéj
Mittelalter	**сре́дние века́** ***Pl*** srjédnije wiká
Modell	**моде́ль** ***f*** madél
modern	**совреме́нный** ßawrimjény
Mönch	**мона́х** manách
Mongolen	**монго́лы** mangóly
Mosaik	**моза́ика** masáika
Moschee	**мече́ть** ***f*** mitschjét
Museum	**музе́й** musjéj
Naturschutzgebiet	**запове́дник** sapawjédnik
Ölmalerei	**жи́вопись** ***f*** **ма́слом** schýwapis máßlam
Opernhaus	**о́перный теа́тр** ópirny tiátr
Orden	**о́рден** órdin
Orgel	**орга́н** argán

Original	**оригинáл** aríginál
orthodox	**правослáвный** prawaßláwny
Palast	**дворéц** dwarjétz
Park	**парк** park
Plakat	**плакáт** plakát
Plan	**план** plan
Planetarium	**планетáрий** planitárij
Plastik	**скульптýра** skulptúra
Platz	**плóщадь** *f* plóschtschid
Portal	**портáл** partál
Portrait	**портрéт** partrjét
Postkarte	**почтóвая откры́тка** patschtówaja atkrýtka
Radierung	**офóрт** afórt
Realismus	**реали́зм** rialísm
sozialistischer -	**социалисти́ческий реали́зм** ßatzyalißtítschiski rialísm
rekonstruieren	**реконструи́ровать** rikanßtruírawat
Relief	**рельéф** riljéf
Religion	**рели́гия** rilígija
Renaissance	**ренессáнс** rinißáns
restaurieren	**реставри́ровать** rißtawrírawat
romanisch	**в ромáнском сти́ле** wramánskam ßtílje
romantisch	**романти́ческий** ramantítschiski
Ruine	**руи́на** ruína
russisch	**рýсский** rúski
Rußland	**Росси́я** raßíja
Rüstkammer	**оружéйная палáта** aruschéjnaja paláta
Saal	**зал** sal
Sand	**песóк** pißók
-stein	**песчáник** pischtschánik
Säule	**колóнна** kalóna
Schatzkammer	**сокрóвищница** ßakrówischtschnitza
Schloß	**зáмок** zámak
Schlucht	**прóпасть** *f* própaßt
Schnitzerei	**резьбá** risbá

See	**óзеро** ósira
Sehenswürdigkeit	**достопримечáтельность** ***f*** daßtaprimitschátilnaßt
Skulptur	**скульптýра** skulptúra
slawisch	**славя́нский** ßlawjánski
sowjetisch	**совéтский** ßawjétzki
sozialistisch	**социалисти́ческий** ßatzyalißtítschiski
Spätwerk	**пóзднее произведéние** pósnije praiswidjénije
Stadion	**стадиóн** ßtadión
Stadt	**гóрод** górad
-führung	**экскýрсия по гóроду** äkskúrßija pa góradu
-mauer	**городскáя стенá** garadskája ßtiná
-plan	**план гóрода** plan górada
-tor	**городски́е ворóта** ***Pl*** garadskíje waróta
-zentrum	**центр гóрода** tzäntr górada

Statue	**ста́туя** ßtátuja
Staudamm	**плоти́на** platína
Stausee	**водохрани́лище** wadachranílischtschje
Sternwarte	**обсервато́рия** abßirwatórija
Stil	**стиль** ***m*** ßtil
Surrealismus	**сюрреали́зм** ßjurialísm
Symbolismus	**символи́зм** ßimwalísm
Synagoge	**синаго́га** ßinagóga
Taiga	**тайга́** taigá
Tal	**доли́на** dalína
Tataren	**тата́ры** tatáry
Terrakotta	**террако́та** tirakóta
Theater	**теа́тр** tiátr
Töpferei	**гонча́рное ремесло́** gantschárnaje rimißló
Tor	**воро́та** ***Pl*** waróta
Touristeninformation	**информа́ция для тури́стов** infarmátzija dlja turíßtaw
Triumphbogen	**триумфа́льная а́рка** triumfálnaja árka
Tropfsteinhöhle	**сталакти́товая пеще́ра** ßtalaktítawaja pischtschéra
Turm	**ба́шня** báschnja
Überreste	**оста́нки** aßtánki
Umgebung	**окре́сности** ***Pl*** akrjéßnaßti
Universität	**университе́т** uniwirßitjét
Vase	**ва́за** wása
vergoldet	**позоло́чен** pasalótschin
Wachablösung	**сме́на карау́ла** smjéna kara-úla
Wald	**лес** ljes
Wandmalerei	**насте́нная жи́вопись** naßtjénaja schýwapis
Wappen	**герб** gjerb
Zar	**царь** ***m*** tzar
Zarin	**цари́ца** tzarítza
Zeichnung	**рису́нок** rißúnak
Zoo	**зоопарк** saapárk

Tiere

Säugetiere

Bär	**медведь** ***m*** midwjéd
Eichörnchen	**бéлка** bjélka
Eisbär	**бéлый медвéдь** bjély midwjéd
Fuchs	**лисá** lißá
Hase	**зáяц** sájitz
Hund	**собáка** ßabáka
Igel	**ёж** josch
Kater	**кот** kot
Katze	**кóшка** kóschka
Kuh	**корóва** karówa
Maus	**мышь** ***f*** mysch
Pferd	**лóшадь** ***f*** łóschad
Schaf	**овцá** aftzá
Schwein	**свиньá** ßwinjá
Tiger	**тигр** tigr
Wolf	**волк** wolk
Ziege	**козá** kosá

Fische

Forelle	**форéль** *f* farä́l
Hecht	**щýка** schtschúka
Hering	**сельдь** *f* ßjeld
Lachs	**лосóсь** *f* laßós
Stör	**осётр** aßjótr
Wal	**кит** kit
Zander	**судáк** ßudák

Vögel

Adler	**орёл** arjól
Elster	**сорóка** ßaróka
Ente	**ýтка** útka
Gans	**гусь** *m* gus
Hahn	**петýх** pitúch
Huhn	**кýрица** kúritza
Krähe	**ворóна** waróna
Kuckuck	**кукýшка** kukúschka
Möwe	**чáйка** tscháika
Nachtigal	**соловéй** ßalawjéj
Schwalbe	**лáсточка** láßtatschka
Spatz	**воробéй** warabjej

Bäume

Ahorn	**клён** kljon
Birke	**берёза** birjósa
Eberesche	**рябúна** ribína
Eiche	**дуб** dub
Kastanie	**каштáн** kaschtán
Kiefer	**соснá** ßaßná
Linde	**лúпа** lípa
Pappel	**тóполь** *m* tópal
Tanne	**ель** *f* jel
Weide	**úва** íwa

ANTIQUES

ALLGEMEINES

МАГАЗИН №. 55 **„ПОДАРКИ“** **часы работы:** **с 10.00 до 20.00 ч.** **перерыв: с 13.00 до 15.00 ч.** **выходной день:** **понедельник**	Geschäft Nr. 55 „Geschenke“ Öffnungszeiten von 10.00 bis 20.00 h Pause: von 13.00 bis 15.00 h arbeitsfreier Tag: Montag

INFO

Das Einkaufen in russischen Geschäften geht folgendermaßen vor sich: Man sucht zuerst die Ware aus und erkundigt sich nach dem Preis. Dann bezahlt man an der Kasse diesen Betrag. Mit dem Kassenbon **чек** tschek geht man zurück in die entsprechende Abteilung, gibt ihn der Verkäuferin und erhält von ihr die Ware.

▶ Wo bekomme ich …? — **Где я могу́ купи́ть …?** gdje ja magú kupít …?

Пожа́луйста! paschálußta! — Bitte schön!

Вам помо́чь? wam pamótsch? — Kann ich Ihnen helfen?

▶ Danke, ich sehe mich nur um. — **Спаси́бо, я хочу́ то́лько посмотре́ть.** ßpaßíba, ja chatschú tólka paßmatrjét.

▶ Ich hätte gerne … — **Я хоте́л (а ♀) бы …** ja chatjél (a ♀) by …

Geben Sie mir bitte … — **Да́йте мне, пожа́луйста, …** dáitje mnje, paschálußta, …

eine Dose … — **ба́нку …** bánku …
eine Flasche … — **буты́лку …** butýlku …
ein Glas … — **стака́н …** ßtakán …

einen Meter …	**метр** … mjetr …
eine Packung …	**пáчку** … pátschku …
eine Tube …	**тю́бик** … tjubik …

К сожалéнию, … у нас бóльше нет. kßaschaljénju, … u nas bólsche njet. — Es tut mir leid, wir haben keine(e) … mehr.

Was *kostet/kosten* …?	**Скóлько *стóит/стóят* …?** skólka *ßtó-it/ßtójat* …?
Zeigen Sie mir bitte …	**Покажи́те мне, пожáлуйста** … pakaschýtje mnje, paschálußta …
Das gefällt mir nicht so gut.	**Э́то мне не óчень нрáвится.** ắta mnje ni ótschin nráwitza.
Können Sie mir noch etwas anderes zeigen?	**Вы не могли́ бы показáть мне чтó-нибудь другóе?** wy ni maglí by pakasát mnje schtó-nibud drugóje?
Ich hätte gerne etwas Billigeres.	**Я хотéл (а♀) бы немнóго подешéвле.** ja chatjél (a♀) by nimnóga padischéwle.
Ich muß mir das nochmal überlegen.	**Я подýмаю.** ja padúmaju.
Das gefällt mir. Ich nehme es.	**Э́то мне нрáвится. Я берý э́то.** ắta mnje nráwitza. ja birú ắta.
Danke, das ist alles.	**Спаси́бо, э́то всё.** ßpaßiba, ắta fßjo.
Kann ich mit *dieser Kreditkarte/Euroscheck* zahlen?	**Мóжно я заплачý *э́той креди́тной кáрточкой/еврочéком*?** móschna ja saplatschú *ắtai kridítnai kártatschkai/jewratschékam*?
Können Sie mir das nach Deutschland schicken?	**Вы не могли́ бы отослáть э́то в Гермáнию?** wy ni maglí by ataßlát ắta wgirmániju?

SHOPPING

Bitte geben Sie mir eine Quittung (über …).	**Дáйте мне, пожáлуйста, квитáнцию (на …).** Dáitje mnje paschálußta, kwitántzyju (na …).
Das ist kaputt. Können Sie es reparieren?	**Э́то слóмано. Вы э́то мóжете отремонти́ровать?** ätа ßlómana. wy äta móschytje atrimantírawat?
Wann ist es fertig?	**Когдá э́то бýдет готóво?** kagdá äta búdit gatówa?
Ich möchte das *umtauschen/zurückgeben.*	**Я хотéл (а ♀) бы это *обмени́ть/вернýть.*** ja chatjél (a ♀) by äta *abminít/wirnút.*
Ich möchte mein Geld zurück.	**Я хотéл (а ♀) бы получи́ть дéньги назáд.** ja chatjél (a ♀) by palutschít djéngi nasád.
Sie haben mir … zu wenig gegeben.	**Вы мне не додáли …** wy mnje ni dadáli …

Allgemeines

Ausverkauf	**распродáжа** raßpradáscha
bedienen	**обслужúть** abßluschýt
besser	**лýчше** lútsche
billiger	**дешéвле** dischéwlje
Dose	**бáнка** bánka
(zu) dunkel	**(слúшком) тёмный** (ßlíschkam) tjómny
einpacken	**завернýть** sawirnút
Euroscheck	**еврочéк** jewratschék
Flasche	**буты́лка** butýlka
geben	**дать** dat
Geld	**дéньги** djéngi
Geschenk	**подáрок** padárok
Glas	**стакáн** ßtakán
(zu) groß	**(слúшком) большóй** (ßlíschkam) balschój
größer	**бóльше** bólsche
(zu) hart	**(слúшком) твёрдый** (ßlíschkam) twjórdy
(zu) hell	**(слúшком) свéтлый** (ßlischkam) ßwjétly
kaufen	**купúть** kupít
(zu) klein	**(слúшком) мáленький** (ßlíschkam) málinki
kleiner	**мéньше** mjénsche
Kreditkarte	**кредúтная кáрточка** kridítnaja kártatschka
(zu) leicht	**(слúшком) лёгкий** (ßlíschkam) ljóchki
(zu) modern	**(слúшкам) мóдный** (ßlíschkam) módny
oval	**овáльный** awálny
Packung	**пáчка** pátschka
Quittung	**квитáнция** kwitántzyja
rund	**крýглый** krúgly
Schaufenster	**витрúна** witrína
Scheck	**чек** tschek

(zu) schwer	**(сли́шком) тяжёлый** (ßlíschkam) tischóly
Selbstbedienung	**самообслу́живание** ßama-abßlúschywanje
(zu) teuer	**(сли́шком) до́рого** (ßlíschkam) dóraga
teurer	**доро́же** darósche
Tube	**тю́бик** tjúbik
Tüte	**кулёк** kuljók
umtauschen	**обмени́ть** abminít
viereckig	**четырёхуго́льный** tschityrjóch-ugólny
(zu) weich	**(сли́шком) мя́гкий** (ßlíschkam) mjáchki

Farben und Muster

beige	**бе́жевый** bjéschewy
blau	**си́ний** ßíni
hell-, himmelblau	**голубо́й** galubój
braun	**кори́чневый** karítschniwy
bunt	**пёстрый** pjóßtry
dunkel	**тёмный** tjómny
einfarbig	**одното́нный** adnatóny
gelb	**жёлтый** schólty
gemustert	**с узо́ром** ßusóram
gestreift	**в поло́ску** fpalósku
golden	**золоти́стый** salatíßty
grau	**се́рый** ßjéry
grün	**зелёный** siljóny
hell	**све́тлый** ßwjétly
kariert	**клётчатый** kljétschaty
lila	**лило́вый** lilówy
rosa	**ро́зовый** rósawy
rot	**кра́сный** krásny
schwarz	**чёрный** tschórny
silbern	**серебри́стый** ßiribríßty
türkis	**бирюзо́вый** birjusówy
weiß	**бе́лый** bjély

Geschäfte

Antiquitätengeschäft	**антиква́рный магази́н** antikwárny magasín
Bäckerei	**бу́лочная** búlatschnaja
Blumengeschäft	**цвето́чный магази́н** tzwitótschny magasín
Buchhandlung	**кни́жный магази́н** kníschny magasín
Boutique	**сало́н мод** ßalón mod
Elektrohandlung	**магази́н электротова́ров** magasín äliktratawáraw
Feinkostgeschäft	**гастроно́м** gaßtranóm
Fischgeschäft	**ры́бный магази́н** rýbny magasín
Fleischerei	**мясно́й магази́н** misnój magasín
Fotogeschäft	**магази́н фототова́ров** magasín fatatawáraw

Friseur	**парикма́херская** parikmáchirskaja
Gemüseladen	**овощно́й магази́н** awaschtschnój magasín
Haushaltswarenladen	**хозя́йственный магази́н** chasjáißtwiny magasín
Juwelier	**ювели́рный магази́н** juwilírny magasín
Kaufhaus	**универма́г** uniwirmág
Kiosk	**кио́ск** kiósk
Kunstgewerbehandlung	**худо́жественный магазин** chudóschißtwina magasín
Lebensmittelgeschäft	**продово́льственный магази́н** pradawólßtwiny magasín
Parfümerie	**парфюме́рия** parfjumjérija
Reinigung	**химчи́стка** chimtschíßtka
Schallplattengeschäft	**магази́н грампласти́нок** magasín gramplaßtínak
Schuhgeschäft	**о́бувный магази́н** óbuwny magasín
Schuhmacher	**сапо́жник** ßapóschnik
Sportgeschäft	**магази́н спорти́вных това́ров** magasín ßpartíwnych tawáraw
Supermarkt	**су́пермаркет** ßúpirmarkit
Süßwarenladen	**магази́н конди́терских изде́лий** magasín kandítirskich isdjéli
Uhrmacher	**часовщи́к** tschißafschtschík

LEBENSMITTEL

Was ist das?	**Что э́то?** schto ăta?
Bitte geben Sie mir …	**Да́йте мне, пожа́луйста …** dáitje mnje, paschálußta …
100 Gramm …	**100 грамм …** ßto gram …
1 Kilo …	**1 килогра́мм …** adín kilagrám
1 Pfund …	**полкило́ …** polkiló …
1 Liter …	**1 литр …** adín litr …
1 Scheibe …	**1 кусо́к …** adín kußók …
1 Stück …	**1 шту́ку …** adnú schtúku …

А éсли бóльше …? a jésli bólsche …? — Darf es etwas mehr sein?

Etwas weniger, bitte. — **Немнóжко мéньше, пожáлуйста.** nimnóschka mjénsche, paschálußta.

Etwas mehr, bitte. — **Побóльше, пожáлуйста.** pabólsche, paschálußta.

Lebensmittel

Ananas — **ананáс** ananás
Apfel — **я́блоко** jáblaka
-saft — **я́блочный сок** jáblatschny ßok
Aprikose — **абрикóс** abrikós
Aubergine — **баклажáн** baklaschán
Babynahrung — **дéтское питáние** djétzkaje pitánije
Banane — **банáн** banán
Bier — **пи́во** píwa
alkoholfreies - — **безалкогóльное пи́во** bjesalkagólnaje píwa
Birne — **грýша** grúscha

Blumenkohl	**цветная капуста** tzwitznája kapúßta
Bohnen	**фасоль** *f Sing* faßól
grüne -	**стручковая фасоль** ßtrutschkówaja faßól
Brot	**хлеб** chljeb
Brötchen	**булочка** búlatschka
Butter	**масло** máßla
Dill	**укроп** ukróp
Ei	**яйцо** jijtzó
Erbsen	**горох** *Sing* garóch
Erdbeeren	**клубника** *Sing* klubníka
Essig	**уксус** úkßus
Fisch	**рыба** rýba
Fleisch	**мясо** mjáßa
Geflügel	**домашняя птица** damáschnija ptítza
Gemüse	**овощи** *Pl* ówaschtschi
Gewürz	**пряность** *f* prjánaßt
Graubrot	**серый хлеб** ßjéry chljeb
Gurken	**огурцы** agurtzý
eingelegte -	**маринованные огурцы** marinówanyje agurtzý
Hackfleisch	**фарш** farsch
Haferflocken	**овсяные хлопья** afßjányje chlópja
Hähnen *(Grill-)*	**бройлер** brójlir
Hammelfleisch	**баранина** baránina
Himbeeren	**малина** *Sing* malína
Honig	**мёд** mjod
-melone	**дыня** dýnja
Johannisbeeren	**смородина** *Sing* ßmaródina
Kaffee	**кофе** *m unv* kófje
Kakao	**какао** kakáo
Kalbfleisch	**телятина** tiljátina
Kartoffeln	**картофель** *Sing* kartófil
Käse	**сыр** ßyr
Hart-	**твёрдый сыр** twjórdy ßyr
Schafs-	**брынза** brýnsa

Kaviar	**икрá** ikrá
Kefir	**кефи́р** kifír
Kekse	**печéнье** ***Sing*** pitschénje
Ketchup	**кéтчуп** kjétschup
Kirschen	**ви́шня** ***Sing*** wíschnja
Knoblauch	**чеснóк** tschißnók
eingelegter -	**маринóваный чеснóк** marinówany tschißnók
Kohl	**капýста** kapúßta
Konserven	**консéрвы** kanßjérwy
Kotelette	**котлéта натурáльная** katljéta naturálnaja
Kuchen	**пирóг** piróg
Lauch	**зелёный лук** siljóny luk
Leberpastete	**паштéт из пéчени** paschtjét iß pjétschini
Limonade	**лимонáд** limanád
Makkaroni	**макарóны** makaróny
Margarine	**маргари́н** margarín
Marmelade	**пови́дло** pawídla
Mayonnaise	**майонéз** majinấs
Milch	**молокó** malakó
fettarme -	**нежи́рное молокó** nischýrnaje malakó
Mineralwasser	**минерáльная водá** minirálnaja wadá
Möhren	**моркóвь** ***f Sing*** marków
Nudeln	**лапшá** lapschá
Nüsse	**орéхи** arjéchi
Obst	**фрýкты** ***Pl*** frúkty
Öl	**мáсло** máßla
Sonnenblumenöl	**мáсло подсóлнечное** máßla padßólnitschnaje
Orange	**апельси́н** apilßín
Orangensaft	**апельси́новый сок** apilßínawy ßok
Paprika	**слáдкий пéрец** ßládki pjéritz
-schote	**болгáрский пéрец** balgárski pjéritz
Petersilie	**петрýшка** pitrúschka

SHOPPING

Pfeffer	**пе́рец** pjéritz
Pfirsich	**пе́рсик** pjérßik
Pflaumen	**сли́вы** ßlíwy
Pilze	**грибы́** gribý
Birkenpilz	**подберёзовик** padbirjósawik
Butterpilz	**маслёнок** maßljónak
Steinpilz	**бе́лый гриб** bjély grib
Pralinen	**шокола́дные конфе́ты** schykaládnyje kanfjéty
Quark	**творо́г** twaróg
Radieschen	**реди́ска** ridíska
Reis	**рис** ris
Rindfleisch	**говя́дина** gawjádina
Rotwein	**кра́сное вино́** krásnaje winó
Rote Beete, rote Rübe	**свёкла** ßwjókla
Saft	**сок** ßok
Sahne	**сли́вки** *Pl* ßlífki
saure -	**смета́на** ßmitána
Schlag-	**взби́тые сли́вки** wsbítyje ßlífki
Salat	**сала́т** ßalát
Salz	**соль** *f* ßol
Schinken	**ветчина́** witschiná
roher -	**ветчина́ сыро́го копче́ния** witschiná ßyrówa kaptschénija
gekochter -	**варёный о́корок** warjóny ókarak
Schnittlauch	**зелёный лук** siljóny luk
Schnitzel	**шни́цель** schnítzil
Schokolade	**шокола́д** schykalád
Schwarzbrot	**чёрный хлеб** tschórny chljeb
Schweinefleisch	**свини́на** ßwinína
Senf	**горчи́ца** gartschítza
Tee	**чай** tschai
-beutel	**бума́жный паке́тик с ча́ем** bumáschny pakjétik ßtschájem
Thunfisch	**туне́ц** tunjétz
Tomaten	**помидо́ры** pamidóry

Wassermelone	**арбу́з** arbús
Wein	**вино́** winó
Weintrauben	**виногра́д** ***Sing*** winagrád
Weißbrot	**бе́лый хлеб** bjély chljeb
Weißkohl	**капу́ста** kapúßta
Weißwein	**бе́лое вино́** bjélaje winó
Wurst	**колбаса́** kalbaßá
geräucherte -	**копчёная колбаса́** kaptschjónaja kalbaßá
Würstchen	**соси́ски** ßaßíski
Zitrone	**лимо́н** limón
Zucchini	**кабачо́к** kabatschók
Zucker	**са́хар** ßáchar
Zwieback	**сухари́** ßucharí
Zwiebel	**лук** luk

SOUVENIRS, SOUVENIRS

Ich möchte ein russisches Souvenir kaufen. — **Я хоте́л (а ♀) бы купи́ть ру́сский сувени́р.** ja chatjél (a ♀) by kupít rúski ßuwinír.

Was gibt es Typisches von dieser Gegend? — **Что типи́чно для э́той ме́стности?** schto tipítschna dlja ắtai mjéßnaßti?

▶ Ist das Handarbeit? — **Э́то ручна́я рабо́та?** ắta rutschnája rabóta?

INFO

In einigen Geschäften kann man jetzt echte Ikonen und andere Kunstgegenstände kaufen, deren Ausfuhr allerdings streng verboten ist. Aus diesem Grunde findet man in vielen Geschäften folgenden Aushang:
Това́рный чек не явля́ется разреше́нием на вы́воз. *Der Kassenzettel ist keine Ausfuhrgenehmigung.*

▶ Darf das ausgeführt werden? — **Э́то разрешено́ вывози́ть за грани́цу?** ắta rasrischynó wywasít sa granítzu?

Souvenirs, Souvenirs

Andenken	**сувени́р** ßuwinír
Balalaika	**балала́йка** balaláika
Becher	**бока́л** bakál
Bernstein	**янта́рь** ***m*** jantár
echt	**настоя́щий** naßtajáschtschi
Gürtel	**реме́нь** ***m*** *(für Hosen),* rimjén **по́яс** *(für Kleider)* pójis
Handarbeit	**ручна́я рабо́та** rutschnája rabóta
handgeknüpft	**вы́тканный вручну́ю** wýtkany wrutschnúju
handgemalt	**ручно́й ро́списи** rutschnój róßpißi

handgeschnitzt	**ручнóй резьбы́** rutschnój risbý
handgestrickt	**ручной вя́зки** rutschnój wjáski
Handtasche	**сýмка** ßúmka
Holzlöffel	**деревя́нная лóжка** diriwjánaja lóschka
Keramik	**керáмика** kirámika
Leder	**кóжа** kóscha
Matrjoschka (*Puppe in der Puppe)*	**матрёшка** matrjóschka
Pelzmütze	**меховáя шáпка** michawája schápka
Samowar	**самовáр** ßamawár
Schatulle	**шкатýлка** schkatúlka
Schmuck	**украшéние** ukraschénije
Tablett	**поднóс** padnós
Teekanne	**чáйник** tscháinik
Teegläser	**чáйные стакáны** tscháinyje ßtakány
Tischdecke	**скáтерть** *f* skátirt
Tuch	**платóк** platók
typisch	**типи́чный** tipítschny
Zertifikat	**сертификáт** ßirtifikát

KLEIDUNG UND REINIGUNG

INFO

In einem Warenhaus schreibt die Verkäuferin für die ausgesuchte Ware einen Zettel aus, den man beim Bezahlen an der Kasse vorzeigt. Die Kassiererin stempelt Kassenzettel und Kassenbon ab und gibt dem Kunden beides zurück. Man reicht beides der Verkäuferin und erhält seine Ware

▶ Ich suche …	**Я ищу́** … ja ischtschú …
Како́й у Вас разме́р? kakój u was rasmjér?	Welche Größe haben Sie?
Ich habe (die deutsche) Größe …	**У меня́** … *(Ordnungszahl)* **(неме́цкий) разме́р.** u minjá … (nimjétzki)rasmjér.
▶ Kann ich das anprobieren?	**Мо́жно э́то поме́рить?** móschna äta pamjérit?

INFO

Da sich die russischen Größen stark von den deutschen unterscheiden, ist es ratsam, Kleidung vor dem Kauf anzuprobieren.

▶ Haben Sie einen Spiegel?	**У Вас есть зе́ркало?** u was jeßt sjérkala?
▶ Welches Material ist das?	**Како́й э́то материа́л?** Kakój áta materjál?
Das paßt gut.	**Э́то впо́ру.** áta fpóru.
Das ist mir zu *groß/klein.*	**Э́то мне *велико́/мало́.*** áta mnje *wilikó/maló.*

→ auch: *Allgemeines* S. 131

Haben Sie das noch in einer anderen *Größe/Farbe*?	**У вас есть э́то друго́го *разме́ра/цве́та*?** u was jeßt ăta drugówa *rasmjéra/tzwjéta*?

→ auch: *Farben und Muster* S. 132

Ich möchte das reinigen lassen.	**Я хочу́ отда́ть э́то в химчи́стку.** ja chatschú ad-dát ăta fchimtschíßtku.
Können Sie diesen Fleck entfernen?	**Мо́жно удали́ть э́то пятно́?** móschna udalít ăta pitnó?

Kleidung und Reinigung

anprobieren	**поме́рить** pamjérit
Anzug	**костю́м** kaßtjúm
Ärmel, kurze	**коро́ткие рука́ва** karótkije rukáwa
Ärmel, lange	**дли́нные рукава́** dlínyje rukawá
ausgefallen	**необы́чный** niabýtschny
Bademantel	**купа́льный хала́т** kupálny chalát
Baumwolle	**хло́пок** chlópak
Blazer	**бле́йзер** bléjser
Bluse	**блу́зка** blúska
bügelfrei	**немну́щийся** nimnúschtschißja
bügeln	**гла́дить** gládit
Druckknopf	**кно́пка** knópka
elegant	**элега́нтный** äligántny
Farbe	**цвет** tzwjet
Fleck	**пятно́** pitnó
gefüttert	**на подкла́дке** na padkládki
Größe	**разме́р** rasmjér
Gürtel	**реме́нь** ***m*** *(für Hosen)* rimjen
	по́яс *(für Kleider)* pójis
Handschuhe	**перча́тки** pirtschátki
Hemd	**руба́шка** rubáschka
Hose	**брю́ки** ***Pl*** brjúki
imprägnieren	**пропита́ть** prapitát

SHOPPING

Jacke	**ко́фта** kófta
Jeans	**джи́нсы** ***Pl*** dschýnßy
Jogginganzug	**спорти́вный костю́м** ßpartíwny kaßtjúm
Kleid	**пла́тье** plátje
Knopf	**пу́говица** púgawitza
Kostüm	**костю́м** kaßtjúm
Kragen	**воротни́к** waratník
Krawatte	**га́лстук** gálßtuk
kurz	**коро́ткий** karótki
lang	**дли́нный** dlíny
Leder	**ко́жа** kóscha
Leinen	**лён** ljon
Mantel	**пальто́** ***unv.*** paltó
Mütze	**ша́пка** schápka
passen	**подойти́** padaití
Pullover	**пуло́вер** pulówir
Regenmantel	**плащ** plaschtsch
reinigen	**чи́стить** tschíßtit
Reißverschluß	**мо́лния** mólnija
Rock	**ю́бка** jubka
Sakko	**пиджа́к** pidschák
Schal	**шарф** scharf
Schlafanzug	**пижа́ма** pischáma
Seide	**шёлк** scholk
Shorts	**шо́рты** schórty
Slip	**тру́сики** ***Pl*** trúßiki
Socken	**носки́** naski
Sonnenhut	**шля́па от со́лнца** schljápa at ßóntza
Strümpfe	**чулки́** tschulkí
Strumpfhose	**колго́тки** ***Pl*** kalgótki
Synthetik	**синте́тика** ßintätika
T-Shirt	**футбо́лка** futbólka
Unterhemd	**ни́жняя соро́чка** nischnija ßarótschka
Unterhose	**кальсо́ны** ***Pl*** kalßóny
Wolle	**шерсть** ***f*** scherßt

SCHUHE

Ich möchte ein Paar … kaufen.	**Я хочу́ купи́ть па́ру** … ja chatschú kupít páru …
Како́й у Вас разме́р о́буви? kakój u was rasmjér óbuwi?	Welche Schuhgröße haben Sie?
Ich habe Schuhgröße …	**У меня́** … *(Ordnungszahl)* **разме́р.** u minjá … rasmjér.
Der Absatz ist mir zu *hoch/niedrig.*	**Каблу́к о́чень *высо́кий/ни́зкий.*** kablúk ótschin *wyßóki/níski.*
Sie sind zu *groß/klein.*	**Они́ *велики́/малы́.*** aní *wilikí/malý.*
Sie drücken hier.	**Они́ здесь да́вят.** aní sdjes dáwjat.
Bitter erneuern Sie die *Absätze/Sohlen.*	**Почини́те, пожа́луйста, *каблуки́/подо́шву.*** patschiníti, paschálußta, *kablukí/padóschwu.*

Schuhe

Absatz	**каблу́к** kablúk
Badeschuhe	**пля́жные та́почки** pljáschnyje tápatschki
eng	**у́зкий** úski
Größe	**разме́р** rasmjér
Gummisohle	**рези́новая подо́шва** risínawaja padóschwa
Gummistiefel	**рези́новые сапоги́** risínawyje ßapagí
Halbschuhe	**полуботи́нки** palubatínki
Hausschuhe	**дома́шние та́почки** damáschnije tápatschki
Leder	**ко́жа** kóscha
Ledersohle	**ко́жаная подо́шва** kóschanaja padóschwa
Pumps	**да́мские ту́фли** dámskije túfli
Sandalen	**санда́ли** ßandáli

Sandaletten	**босоно́жки** baßanóschki
Schuhcreme	**крем для о́буви** krjem dlja óbuwi
Schuhe	**ту́фли** túfli
offene -	**откры́тые ту́фли** akrýtyje túfli
Schnürsenkel	**шнурки́** schnurkí
Stiefel	**сапоги́** ßapagí

UHREN UND SCHMUCK

Meine Uhr geht *vor/nach.*
Мои́ часы́ *спеша́т/отстаю́т.*
Ma-í tschißý *ßpischát/atßtajút.*

Ich suche ein hübsches *Andenken/Geschenk.*
Я ищу́ краси́вый *сувени́р/пода́рок.*
ja ischtschú kraßíwy *ßuwinír/padárak.*

Woraus ist das?
Из чего́ э́то сде́лано?
is tschiwó ẳta sdjélana?

Wie hoch ist der *Silberanteil/Goldanteil*?
Кака́я э́то *сере́бряная/ золота́я* про́ба? kakája ẳta *ßirjébrinaja/salatája* próba?

Uhren und Schmuck

Anhänger	**подвéска** padwjéßka
Armband	**браслéт** braßljét
Batterie	**батарéйка** batarjéjka
Bernstein	**янтáрь** *m* jantár
-kette	**янтáрные бýсы** *Pl.* jantárnyje búßy
Brosche	**брошь** *f* brosch
Gold	**зóлото** sólata
Karat	**карáт** karát
Kette	**цепóчка** tzypótschka
Messing	**латýнь** *f* latún
Ohrklipse	**клúпсы** klípßy
Ohrringe	**сéрьги** ßjérgi
Perle	**жемчýжина** schymtschúschyna
Platin	**плáтина** plátina
Ring	**кольцó** kaltzó
Silber	**серебрó** ßiribró
Uhr	**часы́** *Pl* tschißý
Uhrenarmband	**браслéт для часóв** brasljét dlja tschißów
vergoldet	**позалóчен** pasalótschin
versilbert	**посеребрён** paßiribrjón

VON AFTERSHAVE BIS ZAHNSTOCHER

Körperpflege

Aftershave	**лосьён пóсле бритья́** laßjón póßle britjá
Babyflasche	**дéтская буты́лочка** djétzkaja butýlatschka
Binden *(Damenbinden)*	**гигиени́ческие проклáдки** gigijenítschiskije praklátki
Bürste	**щётка** schtschótka
Deo	**дезодорáнт** disadaránt

SHOPPING

Einweghandtücher	**полоте́нца однора́зовые** palatjéntzä adnarásawyje
Fleckentferner	**пятновыводи́тель** ***m*** pjatna-wywadítil
Haarklemme	**зако́лка для воло́с** sakólka dlja walós
Haartrockner	**фен** fjen
Handcreme	**крем для рук** krjem dlja ruk
Hautcreme	**крем для ко́жи** krjem dlja kóschy
- für trockene Haut	**крем для сухо́й ко́жи** krjem dlja ßuchój kóschy
- für fettige Haut	**крем для жи́рной ко́жи** krjem dlja schýrnai kóschy
- für normale Haut	**крем для норма́льной ко́жи** krjem dlja normálnai kóschy
Kamm	**расчёска** raschtschóska
Kondome	**презервати́вы** prisirwatíwy
Körperlotion	**лосьён** laßjón
Lätzchen	**де́тский нагру́дник** djétzki nagrúdnik
Lidschatten	**те́ни** ***Pl*** **для век** tjéni dlja wjek
Lippenpflegestift	**гигиени́ческая пома́да** gigijenítschiskaja pamáda
Lippenstift	**губна́я пома́да** gubnája pamáda
Lockenwickler	**бигуди́** ***Pl*** bigudí
Nachtcreme	**ночно́й крем** natschnój krjem
Nagelbürste	**щётка для ногте́й** schtschótka dlja nachtéj
Nagelfeile	**пи́лочка** pílatschka
Nagellack	**лак для ногте́й** lak dlja nachtéj
Nagellackentferner	**жи́дкость** ***f*** **для сня́тия ла́ка** schýdkaßt dlja ßnjátija láka
Nagelschere	**но́жницы** ***Pl*** **для ногте́й** nóschnitzy dlja nachtéj
Parfüm	**духи́** ***Pl*** duchí
Pflaster	**пла́стырь** ***m*** pláßtyr
Pinzette	**пинце́т** pintzät
Puder	**пу́дра** púdra
Rasierapparat	**электробри́тва** äljektrabrítwa

Rasiercreme	**крем для бритья́** krjem dlja britjá
Rasierklinge	**ле́звие** ljeswije
Rasierschaum	**пе́на для бритья́** pjéna dlja britjá
Reinigungsmilch	**космети́ческое молочко́** kaßmitítschiskaje malatschkó
Rouge	**румя́на** rumjána
Sauger *(für Babyflaschen)*	**со́ска на буты́лочку** ßóska na butýlatschku
Schaumbad	**шампу́нь *m* для ва́нны** schampún dlja wány
Schnuller	**пусты́шка** pußtýschka
Seife	**мы́ло** mýla
Shampoo	**шампу́нь *m*** schampún
- für fettiges Haar	**шампу́нь для жи́рных воло́с** schampún dlja schýrnych walós
- für normales Haar	**шампу́нь для норма́льных воло́с** schampún dlja normálnych walós
- gegen Schuppen	**шампу́нь от пе́рхоти** schampún at pjérchati
Sonnencreme	**крем от со́лнца** krjem at ßóntza
Spiegel	**зе́ркало** sjérkala
Tagescreme	**дневно́й крем** dniwnój krjem
Tampons	**тампо́ны гигиени́ческие** tampóny gigijenítschiskije
Taschentücher	**носовы́е платки́** naßawýje platkí
Toilettenpapier	**туале́тная бума́га** tualjétnaja bumága
UV-Filter	**ультрафиоле́товый светофи́льтр** ultrafialjétawy ßwjetafíltr
Watte	**ва́та** wáta
-bausch	**ва́тный ша́рик** wátny schárik
Wimperntusche	**тушь *f* для ресни́ц** tusch dlja risnítz
Windeln	**пелёнки** piljónki
Zahnbürste	**зубна́я щётка** subnája schtschótka
Zahnpasta	**зубна́я па́ста** subnája páßta
Zahnstocher	**зубочи́стка** subatschíßtka

Haushalt

Adapter	**ада́птер** adáptär
Alufolie	**алюми́ниевая фольга́** aljuminiwaja falgá
Batterie	**батаре́йка** bataréjka
Besen	**ве́ник** wjénik
Bindfaden	**верёвка** wirjófka
Brennspiritus	**денатури́рованный спирт** dinaturírawany ßpirt
Dosenöffner	**консе́рвный нож** kanßjérwny nosch
Eimer	**ведро́** widró
Feuerzeug	**зажига́лка** saschygálka
Flaschenöffner	**открыва́лка** atkrywálka
Gabel	**ви́лка** wílka
Glas	**стака́н** ßtakán
Glühlampe	**ла́мпочка** lámpatschka

Grill	**гриль** *m* gril
-anzünder	**зажигáлка для грúля** saschygálka dlja grílja
-kohle	**древéсный ýголь** driwjésny úgal
Handfeger	**вéничек** wjénitschik
Insektenspray	**дезодорáнт от насекóмых** disadaránt at naßikómych
Kaffeefilter	**кофéйный филтр** kaféjny filtr
Kerzen	**свéчи** ßwjétschi
Korkenzieher	**штóпор** schtópar
Kühltasche	**сýмка-холодúльник** ßúmka-chaladílnik
Löffel	**лóжка** lóschka
Messer	**нож** nosch
Nähgarn	**нúтки** ***Pl*** nítki
Nähnadel	**игóлка** igólka
Pfanne	**сковородá** skawaradá
Plastikbecher	**пластмáссовый стакáнчик** plaßtmáßawy ßtakántschik
Plastikbeutel	**мешóк** mischók
Plastikteller	**пластмáссовая тарéлка** plaßtmáßawaja tarjélka
Reinigungsmittel	**мóющее срéдство** mójuschtschije ßrjédßtwa
Schere	**нóжницы** ***Pl*** nóschnitzy
Schrubber	**швáбра** schwábra
Servietten	**салфéтки** ßalfjétki
Sicherheitsnadel	**английская булáвка** anglískaja buláfka
Sieb	**сúто** ßíta
Spülbürste	**щётка для мытья́ посýды** schtschótka dlja mytjá paßúdy
Spülmittel	**срéдство для мытья́ посýды** ßrjédßtwa dlja mytjá paßúdy
Streichhölzer	**спúчки** ßpítschki
Taschenlampe	**кармáнный фонáрик** karmány fanárik
Taschenmesser	**складнóй нож** skladnój nosch

SHOPPING

Tasse	**ча́шка** tscháschka
Tauchsieder	**кипяти́льник** kipitílnik
Teller	**таре́лка** tarjélka
Topf	**кастрю́ля** kaßtrjúlja
Verlängerungsschnur	**удлинни́тель** ***m*** udlinítil
Wäscheklammern	**прище́пки** prischtschépki
Wäscheleine	**верёвка для белья́** wirjofka dlja biljá
Waschpulver	**стира́льный порошо́к** ßtirálny paraschók
Wecker	**буди́льник** budílnik
Wischlappen	**тря́пка** trjapka

BEIM FRISEUR

Что Вы хоти́те? schtó wy chatítje? — Was wird bei Ihnen gemacht?

Ich möchte … — **Я хоте́л (а ♀) бы** … ja chatjél (a ♀) by …

eine Dauerwelle. — **сде́лать хими́ческую зави́вку.** sdjélat chimítschiskuju sawífku.

eine Tönung. — **подкра́сить во́лосы.** padkráßit wólaßy.

Bitte nur schneiden. — **Пожа́луйста, то́лько постриги́те.** paschálußta, tólka paßtrigíti.

▶ Schneiden, waschen und fönen, bitte. — **Постриги́те, помо́йте и вы́сушите фе́ном.** paßtrigítje, pamójtje i wýßuschitje fjénam.

Каку́ю стри́жку Вы хоти́те? kakuju ßtríschku wy chatítje? — Wie hätten Sie's denn gern?

▶ Nicht zu kurz, bitte. — **Не о́чень ко́ротко, пожа́луйста.** ni ótschin kóratka, paschálußta.

Etwas kürzer, bitte.	**Покоро́че, пожа́луйста.** pakarótschje, paschálußta.
Ganz kurz, bitte.	**Совсе́м ко́ротко, пожа́луйста.** ßafßjém kóratka, paschálußta.
Bitte nehmen Sie … etwas weg.	**Пожа́луйста, подстреги́те немно́го …** paschálußta, padßtrigítje nimnóga …
hinten	**сза́ди.** sádi.
vorne	**спе́реди.** ßpjéridi.
an den Seiten	**по бока́м.** pa bakám.
oben	**на маку́шке.** na makúschki.
Lassen Sie hier bitte lang.	**Здесь оста́вьте дли́нные во́лосы.** sdjes aßtáftje dlínyje wóloßy.
Den Scheitel bitte *links / rechts*.	**Пробо́р пожа́луйста, *сле́ва / спра́ва*.** prabór, paschálußta, *ßljéwa / ßpráwa*.
Bitte schneiden Sie mir den Bart.	**Подстреги́те, пожа́луйста, бо́роду.** padßtrigítje, paschálußta, bóradu.
Rasieren, bitte.	**Побре́йте, пожа́луйста.** pabréjtje, paschálußta.
Vielen Dank, so ist es gut.	**Спаси́бо, так хорошо́.** ßpaßíba, tak charaschó.

Beim Friseur

Bart	**борода́** baradá
blond	**светловоло́сый** ßwjetlawalóßy
braun	**кашта́новый** kaschtánawy
Dauerwelle	**хими́ческая зави́вка** chimítschiskaja sawífka
färben	**покра́сить** pakráßit
fönen	**вы́сушить фе́ном** wýßuschit fjénam
Friseur	**причёска** pritschjóska
grau	**седо́й** ßidój

Haar	**во́лосы** ***Pl*** wólaßy
trockenes -	**сухи́е во́лосы** ßuchíje wólaßy
fettiges -	**жи́рные во́лосы** schyrnyje wólaßy
Messerschnitt	**стрижка под бри́тву́** ßtríschka pad brítwu
Pony	**чёлка** tschólka
rasieren	**побри́ть** pabrít
rötlich	**рыжева́тый** ryschywáty
Schuppen	**пе́рхоть** ***f*** pjérchat
schwarz	**чёрный** tschórny
tönen	**подкра́сить** padkráßit
waschen	**помы́ть** pamýt

BILD UND TON

Ich hätte gern …	**Я хоте́л (а ♀) бы** … ja chatjél (a ♀) by …
einen Film für diesen Apparat.	**плёнку для э́того фотоаппара́та.** pljónku dlja ätawa fata-aparáta.
einen Farb-*negativfilm* / *Schwarzweißfilm.*	***цветну́ю негати́вную / чёрно-бе́лую*** **плёнку.** *tzwitnúju nigatíwnuju / tschornabjéluju* pljónku.
einen Diafilm.	**диапозити́вную плёнку.** diapasitíwnuju pljónku.
einen Film mit *24/36* Aufnahmen.	**плёнку с** ***24/36*** **ка́драми.** pljónku ß *dwatzatjú tschityrmjá / tridzatjú schyßtjú* kádrami.
einen Film mit … ASA.	**плёнку светочувстви́тельностью … ASA.** pljónku ßwjetatschußtwítilnaßju … asa.
eine Videocassette VHS.	**видиокассе́ту VHS.** vidiakassjétu fau-cha-äß.
Läuft diese Cassette auch auf deutschen Recordern?	**Э́та кассе́та подхо́дит к неме́цкому видеокассе́тнику?** äta kaßjéta padchódit knimjétzkamu widiakaßjétniku?

Ich hätte gerne Batterien für diesen Apparat.	**Мне нужны́ батаре́йки к э́тому аппара́ту.** mnje nuschný batarjéjki kätamu aparátu.
Können Sie mir bitte den Film einlegen?	**Вы не могли́ бы запра́вить плёнку?** wy ni maglí by saprávit pljónku?
Ich möchte diesen Film entwickeln lassen.	**Прояви́те, пожа́луйста, э́ти плёнку.** prajiwítje, paschálußta, ätu pljónku.
Bitte nur Negative.	**Пожа́луйста, то́лько негати́вы.** paschálußta, tólka nigatíwy.
Von jedem Negativ bitte einen Abzug im Format ... mal ...	**С ка́ждого негати́ва сни́мок форма́том ... на ...** ßkáschdawa nigatíwa ßnímak farmátam ... na ...
Wann sind die Bilder fertig?	**Когда́ бу́дут гото́вы сни́мки?** kagdá búdut gatówy ßnímki?
Können Sie meinen Fotoapparat reparieren?	**Вы не могли́ бы отремонти́ровать мой фотоаппара́т?** wy ni maglí by atrimantírawat moj fata-aparát?
Er transportiert nicht.	**Он не перекру́чивает плёнку.** on ni pirikrútschiwajit pljónku.
Der Auslöser/Das Blitzlicht funktioniert nicht.	***Спуск/Вспы́шка* не рабо́тает.** *ßpusk/wßpýschka* ni rabótajit.
Ich möchte gerne Paßbilder machen lassen.	**Мне нужны́ фотогра́фии для па́спорта.** mnje nuschný fatagráfi dlja páßparta.
Haben Sie ... von ...?	**У вас есть ... ...** *(+ Gen)*? u was jeßt ... ...?
Cassetten	**кассе́ты** kaßjéty
CDs	**компа́ктные ди́ски** kampáktnyje díski
Schallplatten	**пласти́нки** plaßtínki

SHOPPING

Ich möchte die neueste Cassette von …	**Я хоте́л (а ♀) бы са́мую но́вую кассе́ту** … *(+Gen)* ja chatjél (a ♀) by ßámuju nówuju kaßjétu …
Ich interessiere mich für Volksmusik. Können Sie mir etwas empfehlen?	**Я интересу́юсь наро́дной му́зыкой. Вы не могли́ бы мне что́-нибудь посове́товать?** ja intirißújus naródnai músykai. wy ni maglí by mnje schtó-ni-but paßawjétawat?

Bild und Ton

Auslöser	**спуск** ßpusk
Batterie	**батаре́йка** bataréjka
belichten	**экспони́ровать** äkßpanírawat
Belichtungsmesser	**экспоно́метр** äkßpanómitr
Bild	**кадр** kadr
Blitz	**вспы́шка** wßpýschka
Camcorder	**видеока́мера** widiakámira
CD	**компа́кт-дуск** kompákt-disk
Dia	**диапозити́в** diapasitíw
Diafilm	**диапозити́вная плёнка** diapasitíwnaja pljónka
Empfindlichkeit	**светочувстви́тельность** *f* ßwjetatschußtwítilnaßt
entwickeln	**прояви́ть** prajiwít
Farbfilm	**цветно́й фильм** tzwitnój film
Farbfilter	**цветно́й светофи́льтр** tzwitnój ßwjetafíltr
filmen	**снима́ть кинока́мерой** ßnimát kinakámiraj
Filmkamera	**кинока́мера** kinakámira
Fotoapparat	**фотоаппара́т** fata-aparát
Musik	**му́зыка** músyka
Negativ	**негати́в** nigatíw
Objektiv	**обьекти́в** abjektíw
Radio	**ра́дио** rádio

Schwarzweißfilm	**чёрно-бéлая плёнка** tschjórna-bjélaja pljónka
Selbstauslöser	**автоспýск** aftaßpúsk
Teleobjektiv	**телеобьектúв** tjele-abjektíf
UV-Filter	**ультрафиолéтовый светофúльтр** ultrafialjétawy ßwjetafiltr
Walkman	**плéйер** pléjer
Weitwinkelobjektiv	**широкоугóльный обьектúв** schiraka-ugólny abjektíw

INFO

LESEN UND SCHREIBEN

Seit einigen Jahren werden die Zeitungen in Rußland nicht mehr an Zeitungskiosken, sondern an privaten Ständen in der Metro und auf der Straße verkauft. Es gibt keine festen Preise mehr. Auf vielen Zeitungen steht:
Ценá договóрная. *Der Preis wird vereinbart.*

Ich hätte gerne …	**Я хотéл (а ♀) бы** … ja chatjél (a ♀) by …
eine deutsche / englische Zeitung.	***немéцкую / англúйскую*** **газéту.** *nimjétzkuju / anglískuju* gasjétu.
eine deutsche / englische Zeitschrift.	***немéцкий / англúйский*** **журнáл.** *nimjétzki / anglíski* schurnál.
eine Karte der Umgebung.	**кáрту окрéсностей.** kártu akrjésnaßtjej.
einen Stadtplan.	**план гóрода.** plan górada.
Haben Sie auch eine neuere Zeitung?	**У Вас есть бóлее свéжая газéта?** u was jeßt bólije ßwjéschaja gasjéta?
Haben Sie *deutsche / englische* Bücher?	**У Вас есть кнúги на** ***немéцком / анлúйском*** **языкé?** u was jeßt knígi na *nimjétzkam / angliskam* jasykjé?
Haben Sie Briefmarken?	**У Вас есть почтóвые мáрки?** u was jeßt patschtówyje márki?

Lesen und Schreiben

Ansichtskarte	**откры́тка с ви́дом** atkrýtka ßwídam
Bleistift	**каранда́ш** karandásch
-spitzer	**точи́лка для карандаша́** tatschílka dlja karandaschá
Bilderbuch	**кни́га с карти́нкаму** kníga skartínkami
Briefmarke	**почто́вая ма́рка** patschtówaja márka
Briefpapier	**почто́вый набо́р** patschtówy nabór
- für Luftpost	**почто́вый набо́р для авиапи́сем** patschtówy nabór dlja awiapíßjem
Briefumschlag	**конве́рт** kanwjért
Buch	**кни́га** kníga
Farbstift	**цветно́й каранда́ш** tzwitnój karandásch
Illustrierte	**журна́л** schurnál
Klebstoff	**клей** klej
Klebeband	**кле́йкая ле́нта** kléjkaja ljénta
Kochbuch	**пова́ренная кни́га** pawárinaja kníga
Krimi	**кримина́льный рома́н** kriminálny ramán
Kugelschreiber	**ша́риковая ру́чка** schárikawaja rútschka
Malbuch	**кни́га для раскра́шивания карти́нок** kníga dlja raskráschywanja kartínak
Notizblock	**записна́я кни́жка** sapißnája knischka
Papier	**бума́га** bumága
Radiergummi	**рези́нка** risínka
Reiseführer	**путеводи́тель** *m* putiwadítjel
Roman	**рома́н** ramán
Spielkarten	**ка́рты игра́льные** kárty igrálnyje
Stadtplan	**план го́рода** plan górada
Straßenkarte	**ка́рта автомоби́льных доро́г** kárta aftamabilnych daróg
Wörterbuch	**слова́рь** *m* ßlawár
Zeitschrift	**журна́л** schurnál
Zeitung	**газе́та** gasjéta

SHOPPING

BLUMEN

Ich hätte gerne einen Strauß für … Rubel.	**Я хотéл (а ♀) бы букéт на … рублéй.** ja chatjel (a ♀) by bukjét na … rubléj.
Bitte nehmen Sie auch ein paar von diesen Blumen.	**Пожáлуйста, нéсколько э́тих цветóв тóже.** paschálußta, njeśkalka ắtich tzwitów tósche.
Diese Blumen gefallen mir nicht so gut.	**Э́ти цветы́ мне не óчень нрáвятся.** äti tzwitý mnje ni ótschin nráwjatza.
Ich hätte gerne eine Zimmerpflanze.	**Я хотéл (а ♀) вы кóмнатное растéние.** ja chatjél (a ♀) by kómnatnaje raßtjénije.

TABAKWAREN

▶	Eine Schachtel Zigaretten *mit/ohne Filter,* bitte.	**Пáчку сигарéт *с фи́льтром/без фи́льтра*, пожáлуйста.** pátschku ßigarjét *sfiltram/bjes filtra*, paschálußta.
	Eine Schachtel/Eine Stange … , bitte.	***Пáчку/Блок* … , пожáлуйста.** *pátschku/blok* … , paschálußta.
	Ein Päckchen *Pfeifentabak/Zigarettentabak*, bitte.	**Пáчку *трýбочного/сигарéтного* табакá, пожáлуйста.** pátschku *trúbatschnawa/ßigarjétnawa* tabaká, paschálußta.
▶	*Streichhölzer/Ein Feuerzeug*, bitte.	**Пожáлуйста, *спи́чки/зажигáлку*.** paschálußta, *ßpítschki/saschygálku.*

„PACK DIE BADEHOSE EIN“

Am Strand

Gibt es in der Nähe einen *Sandstrand*/*Kiesstrand*?	**Есть здесь поблúзости *песчáный пляж*/*пляж с гáлькой*?** jeßt sdjes pablísaßti *pischtschány pljasch*/*pljasch sgálkai*?
▶ Wo geht es zum Strand?	**Как пройтú к плЯжу?** kak praití kpljáschu?
▶ Kann man dort etwas zu essen und zu trinken bekommen?	**Там мóжно гдé-нибудь поéсть и попúть?** tam móschna gdjé-nibud pajéßt i papít?
Darf man hier baden?	**Мóжно здесь купáться?** móschna sdjes kupátza?
Wie *tief*/*warm* ist das Wasser?	**Какáя *глубинá*/*температýра* воды́?** kakája *glubiná*/*timpiratúra* wadý?
Wie weit darf man hinausschwimmen?	**Как далекó мóжно заплывáть?** kak dalikó móschna zaplywát?
Gibt es hier Strömungen?	**Здесь есть течéния?** sdjes jeßt titschénija?
Wann ist *Ebbe*/*Flut*?	**Когдá бывáет *прилúв*/*отлúв*?** kagdá bywájet *priliw*/*atlíw*?
▶ Ist es hier für Kinder gefährlich?	**Здесь опáсно для детéй?** sdjes apáßna dlja ditjéj?
Gibt es hier Quallen?	**Здесь есть медýзы?** sdjes jeßt midúsy?
Wo kann man … ausleihen?	**Где мóжно получúть … напрокáт?** gdje móschna palutschít … naprakát?
▶ Ich möchte einen *Liegestuhl*/*Sonnenschirm* ausleihen.	**Я хотéл (а ♀) бы получúть напрокáт *шезлóнг*/*зонт от сóлнца*.** ja chatjél (a ♀) by palutschít naprakát *schyslóng*/*sont at ßóntza*.

Ich möchte Wasserski fahren.	**Я хоте́л (а ♀) бы поката́ться на во́дных лы́жах.** ja chatjél (a ♀) by pakatátza na wódnych lýschach.
Ich möchte einen *Tauchkurs/Windsurfkurs* machen.	**Я хоте́л (а ♀) бы посеща́ть *ку́рсы аквалангі́стов/виндсёрфинга.*** ja chatjél (a ♀) by paßischtschát *kúrßy akwalangíßtaw/windßjorfinga.*
Ich möchte zum Hochseefischen hinausfahren.	**Я хоте́л (а ♀) бы полови́ть ры́бу в откры́том мо́ре.** ja chatjél (a ♀) by palawít rýbu watkrýtam móri.
Kann man mit einem Fischerboot mitfahren?	**Мо́жно вы́ехать в мо́ре на рыба́чей ло́дке?** móschna wýjechat wmórje na rybátschej lódki?
Wieviel kostet es für *eine Stunde/einen Tag*?	**Ско́лько э́то сто́ит *в час/в день*?** skólka ăta ßtóit *ftschas/wdjen*?
Würden Sie bitte kurz auf meine Sachen aufpassen?	**Посмотри́те, пожа́луйста, мину́точку за мои́ми веща́ми.** paßmatrítje, paschálußta, minútatschku sa ma-ími wischtschámi.

Im Schwimmbad

Wieviel kostet der Eintritt?	**Ско́лько сто́ит вход в бассе́йн?** skólka ßtóit fchod wbaßăjn?
Wann ist die Schwimmhalle geöffnet?	**Когда́ откры́т бассе́йн?** kagdá atkrýt baßéjn?
Gibt es dort auch eine Sauna?	**Там есть са́уна?** tam jeßt ßáuna?
Muß man eine Badekappe tragen?	**Нужна́ ли купа́льная ша́почка?** nuschná li kupálnaja schápatschka?

Ich möchte *eine Badekappe/ein Handtuch* kaufen. — **Я хотéл (а♀) бы купи́ть *купа́льную ша́почку/ полотéнце.*** ja chatjél (a♀) by kupít *kupálnuju schápatschku/ palatjéntzy.*

Gibt es Schwimmunterricht für Kinder? — **У́чат ли детéй пла́вать?** útschat li ditjéj pláwat?

Wo ist der *Bademeister/die Sanitätsstelle?* — **Где *дежу́рный по бассéйну/ медпу́нкт*?** gdje *dischúrny pa baßéjnu/midpúnkt?*

→ auch: *Noch mehr Sport und Spiel* S. 167

„Pack die Badehose ein“

Badeanzug	**купа́льник** kupálnik
Badehose	**пла́вки *Pl*** pláfki
Badekappe	**купа́льная ша́почка** kupálnaja schápatschka
Bademeister	**дежу́рный по бассéйну** dischúrny pa baßéjnu

Badeschuhe	**пля́жные та́почки** pljáschnyje tápatschki
Badetuch	**махро́вая простыня́** machrówaja praßtynjá
baden	**купа́ться** kupátza
Bikini	**бики́ни** bikíni
Boje	**буй** buj
Boot	**ло́дка** lódka
Bootsverleih	**прока́т ло́док** prakát lódak
Bucht	**бу́хта** búchta
Dusche	**душ** dusch
Ebbe	**прили́в** prilíw
fischen	**лови́ть ры́бу** lawít rýbu
Fischerboot	**рыба́чья ло́дка** rybátschja lódka
FKK-Strand	**го́лый пляж** góly pljásch
Flut	**прили́в** prilíw
Handtuch	**полоте́нце** palatjéntzä
Liegestuhl	**шезло́нг** schyslóng
Luftmatraze	**надувно́й матра́с** naduwnój matrás
Motorboot	**мото́рная ло́дка** matórnaja lódka
Muscheln	**раку́шки** rakúschki
Nichtschwimmer	**не уме́ющий пла́вать** ni umjéjuschtschi pláwat
Qualle	**меду́за** midúsa
Rettungsring	**спаса́тельный круг** ßpaßátilny krug
Ruderboot	**ло́дка на вёслах** lódka na wjóslach
salzig	**солёный** ßaljóny
Sand	**песо́к** pißók
-strand	**песча́ный пляж** pischtschány pljasch
Sauna	**са́уна** ßáuna
Schatten	**тень** *f* tjen
Schlauchboot	**надувна́я ло́дка** naduwnája lódka
Schnorchel	**дыха́тельная тру́бка** dychátilnaja trúbka
Schwimmbad	**бассе́йн** baßéjn

Schwimmbrille	**очки́ для пла́вания *Pl*** atschkí dlja pláwanja
schwimmen	**пла́вать** pláwat
Schwimmflossen	**ла́сты** láßty
Schwimmweste	**спаса́тельный жиле́т** ßpaßátilny schyljét
Seeigel	**морско́й ёж** marskój josch
Segelboot	**па́русная ло́дка** párußnaja lódka
segeln	**пла́вать на па́русной ло́дке** pláwat na párußnai lódkje
Sonne	**со́лнце** ßóntzä
Sonnenbrille	**очки́ *Pl* от со́лнца** atschkí at ßóntza
Sonnencreme	**крем от зага́ра** krjem at sagára
Sonnenschirm	**зонт от со́лнца** sont at ßóntza
Sprungturm	**вы́шка для прыжко́в в во́ду** wýschka dlja pryschków w-wódu
Strand	**пляж** pljasch
-korb	**плетёное кре́сло** plitjónaje krjéßla
Strömung	**тече́ние** titschjénije
Sturm	**шторм** schtorm
-warnung	**предупрежде́ние о што́рме** priduprischdjénije a schtórmi
Surfanzug	**костю́м для сёрфинга** kaßtjúm dlja ßjórfinga
Surfbrett	**доска́ для сёрфинга** daská dlja ßjórfinga
surfen	**ката́ться на прибо́е** katátza na pribóje
tauchen	**ныря́ть** nyrját
Taucheranzug	**костю́м акваланги́ста** kaßtjúm akwalangíßta
Taucherausrüstung	**снаряже́ние акваланги́ста** ßnarischénije akwalangíßta
Tauchermaske	**ма́ска для подво́дного пла́вания** máska dlja padwódnawa pláwanija
tief	**глубо́кий** glubóki
Tretboot	**во́дный велосипе́д** wódny wilaßipjéd
Umkleidekabine	**раздева́лка** rasdiwálka

Wasser	**водá** wadá
-ball	**вóдное пóло** wódnaje póla
-ski	**вóдные лы́жи** wódnyje lýschy
-tiefe	**глубинá** glubiná
Welle	**волнá** walná
Wellenreiten	**сёрфинг** ßjórfing
Windsurfen	**катáться на доскé по волнáм прибóя** katátza na daskjé pa wolnám pribója

„ZWEI SPUREN IM SCHNEE ...“

Ich möchte ... ausleihen.	**Я хотéл (а ♀) бы взять напрокáт** ... ja chatjél (a ♀) by wsját naprakát ...
Abfahrtsskier (und Stöcke)	**лы́жи для скоростнóго спýска (и пáлки).** lýschy dlja skaraßnówa ßpúska (i pálki).
Langlaufskier (und Stöcke)	**лы́жи для гóнок (и пáлки).** lýschy dlja gónak (i pálki).
Langlaufschuhe Größe ...	**лы́жные ботúнки для гóнок** ... *(Ordnungszahl)* **размéра.** lýschnyje batínki dlja gónak ... rasmjéra.
einen Schlitten	**сáнки.** ßánki.
Schlittschuhe Größe ...	**конькú с ботúнками** ... *(Ordnungszahl)* **размéра.** kankí ßbatínkami ... *(Ordnungszahl)* rasmjéra.
Skischuhe Größe ...	**лы́жные ботúнки** ... *(Ordnungszahl)* **размéра.** lýschnyje batínki ... rasmjéra.
einen Sturzhelm für Kinder	**дéтский защúтный шлем.** djétski saschtschítny schljem.
Ab/Bis wieviel Uhr gehen die Lifte?	***С/До* котóрого чáса рабóтают лúфты?** *ß/da* katórawa tschäßa rabótajut lífty?
Ist die Loipe gespurt?	**Хорошó пролóжена лыжня́?** charaschó pralóschyna lyschnjá?

„Zwei Spuren im Schnee“

Bindung	**крепле́ние** kripljénije
Eis	**лёд** ljod
~laufen	**ката́ться на конька́х** katátza na kankách
~hockey(spiel)	**хокке́й на льду** chakjéj na ldu
gesperrt	**закры́т** sakrýt
Langlauf	**лыжная го́нка** lýschnaja gónka
Lift	**лифт** lift
Loipe	**лыжня́** lyschnjá
Rodelbahn	**го́рка для ката́ния на са́нках** górka dlja katánija na ßánkach
rodeln	**ката́ться на са́нках** katátza na ßánkach
Schnee	**снег** ßnjeg
Ski	**лы́жи** lyschy
-anzug	**лы́жный костю́м** lýschny kaßtjúm
-schuhe	**лы́жные боти́нки** lyschnyje batínki
-stöcke	**лы́жные па́лки** lýschnyje pálki
-strümpfe	**лы́жные носки́** lýschnyje naskí
-wachs	**лы́жная мазь** lýschnaja mas
vereist	**обледене́л** ablidinjél
verharscht	**покры́т ко́ркой** pakrýt kórkai

NOCH MEHR SPORT UND SPIEL

Haben Sie *Spielkarten / Gesellschaftsspiele*?	**У Вас есть *ка́рты / и́гры*?** u was jeßt *kárty / ígry*?
Welchen Sport treiben Sie?	**Каки́м ви́дом спо́рта Вы занима́етесь?** kakím wídam ßpórta wy sanimájitjes?
Spielen Sie Schach?	**Вы игра́ете в ша́хматы?** wy igrájitje fschächmaty?
Ich spiele …	**Я игра́ю в** … *(+ Akk)* ja igráju w …
Ich mache …	**Я занима́юсь** … *(+ Instr)* ja sanimájus …
Ich bin ein Fan von …	**Я люби́тель** … *(+ Gen)* ja ljubítil …
Welche Sportmöglichkeiten gibt es hier?	**Каки́ми ви́дами спо́рта здесь мо́жно занима́ться?** kakími wídami ßpórta sdjes móschna sanimátza?
Darf ich mitspielen?	**Мо́жно мне с Ва́ми поигра́ть?** móschna mnje ßwámi pa-igrát?
Gibt es hier …	**Здесь есть** … sdjes jeßt …
einen Golfplatz?	**площа́дка для го́льфа?** plaschtschádka dlja gólfa?
einen Minigolfplatz?	**площа́дка для ми́ни-го́лфа?** plaschtschádka dlja míni-gólfa?
eine Kegelbahn?	**кегельба́н?** kegelbán?
Wir hätten gern einen Tennisplatz für *eine / eine halbe* Stunde.	**Мы хоте́ли бы поигра́ть *час / по́лчаса* на те́ннисной площа́дке.** my chatjéli by pa-igrát *tschas / póltschißa* na tänisnai plaschtschádki.
Ich möchte … ausleihen.	**Я хоте́л (а ♀) бы получи́ть напрока́т** … ja chatjél (a ♀) by palutschít naprakát …

Sport, Spiel

Aerobic	**аэро́бика** a-äróbika
Angel	**у́дочка** údatschka
-haken	**рыболо́вный крючо́к** rybalówny krjutschók
angeln	**лови́ть ры́бу** lawít rýbu
Badminton	**бадминто́н** badmintón
Ball	**мяч** mjatsch
Basketball	**баскетбо́л** baskitból
Ergebnis	**результа́т** risultát
Fallschirmspringen	**прыжки́ с парашю́том** pryschkí ßparaschútam
Fahrrad	**велосипе́д** wilaßipjéd
fechten	**фехтова́ть** fichtawát
Federball	**вола́н** walán
-schläger	**бадминто́нная раке́тка** badmintónaja rakjétka

Fußball	**футбóл** futból
-fan	**болéльщик футбóла** baljélschtschik futbóla
-mannschaft	**футбóльная комáнда** futbólnaja kamánda
-platz	**футбóльное пóле** futbólnaje pólje
-spiel	**футбóльный матч** futbólny matsch
gewinnen	**вы́играть** wýigrat
Golf	**гольф** golf
-platz	**площáдка для гóльфа** plaschtschádka dlja gólfa
Gymnastik	**гимнáстика** gimnáßtika
Halbzeit	**пéрвый периóд** pjérwy piríad
Handball	**ручнóй мяч** rutschnój mjatsch
joggen	**бéгать трусцóй** bjégat trußtzój
Kajak	**байдáрка** baidárka
Kanu	**канóэ** kanóä
Kartenspiel	**игрá в кáрты** igrá fkárty
Kegelbahn	**кегельбáн** kegelbán
kegeln	**игрáть в кéгли** igrát fkjégli
Köder	**нажи́вка** naschýfka
Kurs	**курс** kurs
Leichtathletik	**лёгкая атлéтика** ljóchkaja atljétika
Mannschaft	**комáнда** kamánda
Meisterschaft	**чемпионáт** tschimpianát
nationale -	**чемпионáт страны́** tschimpianát ßtraný
Europa-	**чемпионáт Еврóпы** tschimpianát jewrópy
Welt-	**чемпионáт ми́ра** tschimpionát míra
Pferd	**лóшадь *f*** lóschad
Pferderennen	**бегá *Pl*** bigá
radfahren	**éздить на велосипéде** jésdit na wilaßipjédi
Radrennen	**велосипéдные гóнки *Pl*** wilaßipjédnyje gónki

Radtour	**прогу́лка на велосипе́де** pragúlka na wilaßipjédi
Regatta	**рега́тта** rigáta
reiten	**е́здить верхо́м** jésdit wirchóm
Rollschuhe	**ро́ликовые коньки́** rólikawyje kankí
Schach	**ша́хматы** scháchmaty
Schiedsrichter	**судья́** ßudjá
Sieg	**побе́да** pabjéda
Solarium	**соля́рий** ßaljári
Spiel	**игра́** igrá
spielen	**игра́ть** igrát
Spielkarten	**игра́льные ка́рты** igrálnyje kárty
Sport	**спорт** ßport
Sportplatz	**спорти́вная площа́дка** ßpartíwnaja plaschtschádka
Start	**старт** ßtart
Tennis	**те́ннис** tä̃nis
-ball	**те́ннисный мяч** tä̃nisny mjatsch
-platz	**те́ннисная площа́дка** tä̃nisnaja plaschtschádka
-schläger	**те́ннисная раке́тка** tä̃nisnaja rakjétka
Tischtennis	**насто́льный те́ннис** naßtólny tä̃nis
-ball	**ша́рик** schárik
Tor	**воро́та** ***Pl*** waróta
-wart	**врата́рь** ***m*** wratár
Trainer	**тре́нер** trjénir
-stunde	**час трениро́вки** tschas trinirówki
turnen	**занима́ться гимна́стикой** sanimátza gimnáßtikai
Umkleideräume	**раздева́лки** rasdiwálki
unentschieden	**ничья́** nitschjá
verlieren	**проигра́ть** pra-igrát
Volleyball	**воллейбо́л** waliból
Wettkampf	**соревнова́ние** ßariwnawánije
Ziel	**цель** ***f*** tzäl

KULTUR UND FESTE

амфитиáтр amfitiátr	Hochparkett
балкóн balkón	Balkon
вéрхний ярус wjérchni járus	Galerie
вторóй ярус ftarój járus	zweiter Rang
вход fchod	Eingang
запаснóй вход sapasnój fchod	Notausgang
лóжа lóscha	Loge
мéсто mjéßta	Platz
партéр partä́r	Parkett
пéрвый ярус pjérwy járus	erster Range
прóданы pródany	ausverkauft
ряд rjad	Reihe
середúна ßiridína	Mitte
слéва ßljéwa	links
спрáва ßpráwa	rechts
трибýна tribúna	Tribüne
ярус járus	Rang

Welche Veranstaltungen finden *diese/nächste Woche* statt?
Какие мероприятия состоятся на *этой/следующей* неделе? kakíje miraprijátija ßaßtajátza na *ătai/ßljéduschtschej* nidjéli?

Haben Sie einen Veranstaltungskalender?
У Вас есть план мероприятий? u waß jeßt plan miraprijáti?

Was wird heute gespielt?
Что идёт сегодня? schto idjót ßiwódnja?

Wo bekommt man Karten?
Где можно купить билеты? gdje móschna kupít biljéty?

INFO

Theaterkarten werden an zahlreichen Theaterkassen und Kiosken verkauft. Es empfiehlt sich, Karten im voraus zu besorgen. In den großen Hotels kann man Karten an der Rezeption oder im Servicebüro bestellen. Wenn man auf diesem Wege nicht zu seiner Karte kommt, kann man sein Glück kurz vor Beginn der Vorstellung vor dem Theater versuchen. Denn dort stehen oft Privatpersonen, die Karten zu überhöhten Preisen verkaufen.

Haben Sie eine Karte zu verkaufen?
У Вас есть лишний билет? u was jeßt líschni biljét?

Ab wann ist Einlaß?
Когда начинают впускать? kagdá natschinájut fpuskát?

Sind die Plätze numeriert?
Места нумерованы? mißtá numirówany?

Wann beginnt *die Vorstellung/das Konzert*?
Когда начинается *представление/концерт*? kagdá natschinájitza *pridßtawljénije/kantzărt?*

INFO

Der Beginn der Vorstellung ist immer auch auf der Rückseite der Eintrittskarte angegeben.
Die Theatervorstellungen fangen in Rußland gewöhnlich um 18.00 Uhr und Konzerte um 19.30 Uhr an. Tagesvorstellungen finden gewöhnlich nur sonntags statt; sie beginnen um 12 Uhr, einige Kindervorstellungen, z. B. Puppentheater, beginnen um 11.00 Uhr.

Kann man Karten reservieren lassen? — **Мóжно заказáть билéты?** móschna sakasát biljéty?

Haben Sie noch Karten für *heute/morgen*? — **У Вас есть билéты на *сегóдня/зáвтра*?** u waß jeßt biljéty na *ßiwódnja/sáftra*?

Bitte *eine Karte/zwei Karten* für … — **Пожáлуйста, *один билéт/два билéта* на …** paschálußta, *adín biljét/dwa biljéta* na …

heute (abend). — **сегóдня (на вéчер).** ßiwódnja (na wjétscher).

die Matinee. — **ýтреннее представлéние.** útrinije pridßtawljénije.

morgen. — **зáвтра.** sáftra.

die Nachmittagsvorstellung. — **дневнóй спектáкль.** dniwnój ßpiktákl.

Wieviel kostet eine Karte? — **Скóлько стóит билéт?** skólko ßtóit biljét?

Gibt es eine Ermäßigung für Kinder? — **Есть ли билéты со скидкой для детéй?** jeßt li biljéty ßa skídkai dlja ditjéj?

Ich möchte ein Opernglas ausleihen. — **Я хотéл (а ♀) бы получи́ть бинóкль.** ja chatjél (a ♀) by palutschít binókl.

INFO

In Theatern und Konzertsälen muß man die Oberbekleidung (Mäntel, Hüte) an der Garderobe (kostenlos) abgeben. In Kinos dagegen kann man im Mantel sitzen oder ihn auf dem Schoß halten.
In den meisten Theatern gibt man große Taschen, Netze usw. ab, eine Ausnahme bilden Damentaschen.
An der Garderobe wird man in der Regel gefragt:

Бинóкль нýжен? binókl núschyn? — Möchten Sie ein Opernglas?

INFO

Wenn man sich ein Opernglas geben läßt (gegen Gebühr), dann erwirbt man das ungeschriebene Recht, nach Beendigung der Vorstellung an der Garderobe nicht anstehen zu müssen.

Ja, bitte.	**Да, пожáлуйста.** da, poschálußta.
Nein, nicht nötig.	**Спасúбо, не надо.** ßpaßíba, ni nada.
Wo ist mein Platz?	**Где моё мéсто?** gdje majó mjéßta?

Kultur und Feste

Abendkasse	**кáсса для продáжи билéтов на вéчерние сеáнсы** káßa dlja pradáschy biljétaw na witschérnije ßiánßy
Akt	**акт** akt
Aufführung	**постанóвка** paßtanófka
Ballett	**балéт** baljét
Bühnenbild	**декорáция** dikarátzyja
Chor	**хор** chor
Dirigent	**дирижёр** dirischór
Drama	**дрáма** dráma
Ende	**конéц** kanjétz
Film	**фильм** film
Folkloreabend	**вéчер нарóдной мýзыки** wjétscher naródnai músyki
Foyer	**фойé** fajé
Freilichtbühne	**лéтний теáтр** ljétni tiátr
Garderobe	**вéшалка** wjéschalka
Garderobenmarke	**номерóк** namirók
Hauptrolle	**глáвная роль** gláwnaja rol
Inszenierung	**инсценирóвка** instzynirófka
Kabarett	**теáтр миниатю́р** tiátr miniatjúr
Kasse	**кáсса** káßa
Kino	**кинó** kinó

Kleinkunsttheater	**эстрáда** äßtráda
Komödie	**комéдия** kamjédija
Komponist(in)	**компози́тор** kampasítar
Konzert	**концéрт** kantzắrt
-saal	**концéртный зал** kantzắrtny sal
Liederabend	**вéчер пéсни** wjétscher pjéßni
Musical	**мю́зикл** mjúsikl
Musik	**мýзыка** músyka
Oper	**óпера** ópira
Operette	**оперéтта** apirjéta
Orchester	**оркéстр** arkjéßtr
Originalfassung	**первоначáльный текст** pirwanatschálny tjekßt
Pause	**антрáкт** antrákt
Platz	**мéсто** mjéßta
-anweiser(in)	**билитёр(ша)** bilitjór(scha)
Premiere	**премьéра** primjéra
Programm(heft)	**прогрáмма** pragráma
Regisseur(in)	**режиссёр** rischyßjór
Sänger	**певéц** piwjétz
Sängerin	**певи́ца** piwítza
Schauspieler	**актёр** aktjór
Schauspielerin	**актри́са** aktríßa
Solist(in)	**соли́ст(ка)** ßalíßt(ka)
Spielfilm	**худóжественный фильм** chudóschyßtwiny film
synchronisiert	**синхронизóван** ßinchranisówan
Tänzer	**танцóр** tantzór
Tänzerin	**танцóвщица** tantzówschtschitza
Theater	**теáтр** tiatr
-kasse	**театрáльная кáсса** tiatrálnaja káßa
-stück	**пьéса** pjéßa
Untertitel	**субти́тры** ßubtítry
mit Untertiteln	**с субти́трами** ß-ßubtítrami
Variété	**варьетé** waritắ
Zirkus	**цирк** tzyrk

ABENDS AUSGEHEN

INFO

Kneipen in unserem Sinne gibt es in Rußland kaum. Wenn man einen netten Abend mit Freunden auswärts verbringen möchte, geht man in ein Restaurant. Abends spielen dort meist Tanzorchester, und es wird getanzt.
In der Regel trägt man im Restaurant Abendgarderobe.

Gibt es hier ein nettes Restaurant?	**Есть здесь рестора́н, где мо́жно при́ятно провести́ ве́чер?** jeßt sdjes rißtarán, gdje móschna prijátna prawißtí wjétscher?
Wo kann man hier tanzen gehen?	**Где мо́жно потанцева́ть?** gdje móschna patanzywát?

Trägt man dort Abendgarderobe?	**Нýжно тудá идтú в вечéрней одéжде?** núschna tudá idtí w-witschjérnij adjéschdi?
Ist hier noch frei?	**Здесь ещё свобóдно?** sdjes jeschtschó ßwabódna?
Eine Flasche *Bier/Wein*, bitte.	**Бутылку *пúва/винá,* пожáлуйста.** butýlku *píwa/winá,* paschálußta.

INFO

Es ist üblich, Bier und Wein flaschenweise zu bestellen, starke alkoholische Getränke werden 100-grammweise bestellt (z. B. 100 oder 200 gr Wodka). Alkohol trinken Russen vor und während des Essens und nicht nachher.

Das gleiche noch einmal, bitte.	**Ещё раз то же сáмое, пожáлуйста.** jeschtschó ras to sche ßámaje, paschálußta.
▶ Was *möchten Sie/möchtest du* trinken?	**Что *Вы бýдете/ты бýдешь* пить?** schto *wy búditje/ty búdisch* pit?
Darf ich *Sie/dich* zu ... einladen?	**Разрешúте пригласúть *Вас/тебя́* на** ... *(+Akk)*? rasrischýtje priglaßít *was/tibjá* na ...?
▶ Entschuldigung! Tanzen Sie?	**Извинúте! Вы танцýете?** iswinítje! wy tantzújitje?
Tanzt du mit mir?	**Ты со мной потанцýешь?** ty ßa mnoj patantzújisch?
▶ *Sie tanzen/Du tanzt* sehr gut.	***Вы танцýете/Ты танцýешь* очень хорошó.** *wy tantzújitje/ty tanzújisch* ótschin charaschó.

→ auch: *Zwischenmenschliches* S. 18, *Essen und Trinken* S. 92

ТЕЛЕФАКС
УСЛУГА
СВЯЗИ

POST, TELEGRAMM, TELEFON

Briefe, Pakete, Päckchen

▶ Wo ist *der nächste Briefkasten / das nächste Postamt*?
Где ближáйший *почтóвый ящик / почтáмт*? gdje blischáischy *patschtówy jáschtschik / patschtamt*?

Was kostet *ein Brief / eine Karte* …
Скóлько стóит *письмó / откры́тка* … skólka ßtóit *pißmó / atkrýtka* …

nach Deutschland? — **в Гермáнию?** wgirmániju?
nach Österreich? — **в Áвстрию?** wáfßtriju?
in die Schweiz? — **в Швейцáрию?** fschwitzáriju?

▶ Fünf Briefmarken zu …, bitte.
Пять мáрок по …, пожáлуйста. pjat márak pa … , paschálußta.

▶ Haben Sie auch Sondermarken?
У вас есть худóжественные почтóвые мáрки? u was jeßt chudóscheßtwinyje patschtówyje márki?

Diesen Brief / Dieses Päckchen …, bitte.
***Э́то письмó / Э́ту бандерóль* …, пожáлуйста.** ăta pißmó / ătu bandiról …, paschálußta.

per Einschreiben — **заказны́м** sakasným
als gewöhnliche Post — **просты́м** praßtým
per Luftpost — **авиапóчтой** awiapótschtai

INFO

Wenn Sie z. B. Bücher nach Hause schicken möchten, geben Sie diese am Schalter **ПРИЁМ БАНДЕРОЛЕЙ** prijóm bandirólej auf. Der Postangestellte wickelt die Bücher ein. Sie müssen das Päckchen dann nur noch mit Adresse und Absender versehen – und natürlich bezahlen.

Nach Deutschland. Wickeln Sie bitte ein.

В Германию. Заверните, пожалуйста.
wgirmániju. sawirnítje, paschálußta.

Напишите вот здесь адрес.
napischýtje wot sdjes ádris.

Schreiben Sie hier die Adresse.

Ich möchte ein Paket aufgeben.

Я хочу отослать посылку.
ja chatschú ataßlát paßýlku.

Haben Sie Postpakete?

У вас есть ящики для посылок?
u was jeßt jáschtschiki dlja paßýlak?

Wo ist der Schalter für postlagernde Sendungen?

Где окошко „до востребования“?
gdje akóschka “da waßtrjébawanija“?

Haben Sie Post für mich?

Есть письмо на моё имя?
jeßt pißmó na majó ímja?

Der Draht nach Hause

Wo ist der Schalter für Telegramme?
Где окóшко приёма телегрáмм? gdje akóschka prijóma tiligrám?

Kann ich bei Ihnen ein Telegramm aufgeben?
Вы принимáете телегрáммы? wy prinimájitje tiligrámy?

▶ Ich möchte ein Telegramm nach … schicken.
Я хотéл (а ♀) бы послáть телегрáмму в … *(+ Akk)* ja chatjel (a ♀) by paßlát tiligrámu w …

▶ Geben Sie mir bitte ein Telegrammformular.
Дáйте, пожáлуйста, бланк для телегрáммы. daitje, paschálußta, blank dlja tiligrámy.

Können Sie für mich ein Telefax senden?
Вы не моглú бы отослáть мой факс? wy ni maglí by ataßlát moj fax?

INFO

Von den normalen Telefonzellen aus kann man nur innerhalb der Stadt telefonieren. Für Verbindungen mit anderen russischen Städten gibt es Telefone mit der Aufschrift **МЕЖДУГОРОДНЫЙ ТЕЛЕФОН** mischdugaródny tilifón. Auslandsgespräche kann man von Fernsprechämtern **ПЕРЕГОВОРНЫЙ ПУНКТ** pirigawórny punkt aus führen. Oft befinden sich diese Fernsprechämter gleich in den Postämtern. Auslandsgespräche müssen nicht mehr beim Amt angemeldet werden. Man kann direkt durchwählen.

▶ Was kostet ein 3-minütiges Gespräch nach Deutschland?
Скóлько стоя́т 3 минýты разговóра с Гермáнией? skólka ßtójat tri minúty rasgawóra sgirmánijej?

Wie ist die Vorwahl von …?	**Какой код** … *(+ Gen)*? kakój kod …?
Haben Sie auch ein Telefonbuch von …?	**У Вас есть телефóнная кни́га** … *(+ Gen)*? u was jeßt tilifónaja kniga …?
Wo kann ich hier telefonieren?	**Где мóжно позвони́ть по телефóну?** gdje móschna paswanít pa tilifónu?
Können Sie mir bitte sagen, wo hier eine Telefonzelle ist?	**Вы не скáжите, где здесь телефóн-автомáт?** wy ni skáschytje, gdje sdjes tilifón-aftamát?

INFO

Zum Telefonieren von einem öffentlichen Telefon benötigt man Telefonchips. Sie werden an Kiosken verkauft.

Geben Sie mir bitte 5 Telefonchips!	**Дáйте, пожáлиуйта, пять телефóнных жетóнов!** dáitje, paschálußta, pjat tilifónych schytónaw!
Зайди́те в … **каби́ну.** saidítje f…kabínu.	Gehen Sie in Kabine …
Не клади́те, пожáлуйста, трýбку! ni kladítje, paschálußta, trúbku!	Legen Sie nicht auf!
Ждúте отвéта! schdítje atwjéta!	Bleiben Sie am Apparat!
Hallo!	**Алло́!** alló!
Mit wem spreche ich?	**С кем я говорю́?** ßkjem ja gawarjú?
Hier spricht …	**Э́то говори́т** … ăta gawarít …
Rufen Sie bitte *Herrn/Frau* …	**Позови́те, пожáлуйста,** ***господи́на/госпожý*** … pasawítje, paschálußta, *gaßpadína/gaßpaschú* …
Его́/Её **нет.** *jiwo/jijó* njet.	*Er/Sie* ist nicht da.
Ich höre.	**Я слýшаю.** ja ßlúschaju.

Вы оши́блись. wy aschýblis. — Falsch verbunden.

Ли́ния *за́нята / перегру́жена.* línija *sánita / pirigrúschena.* — Die Leitung ist *besetzt / überlastet.*

Никто́ не отвеча́ет. niktó ni atwitschájit. — Es meldet sich niemand.

Попро́буйте, пожа́луйста, ещё раз. papróbuitje, paschálußta, jeschtschó ras. — Versuchen Sie es bitte noch einmal.

Ab wieviel Uhr gilt der Billigtarif? — **С кото́рого ча́са де́йствует льго́тный тари́ф?** skatórawa tscháßa déjßtwujet lgótny taríf?

Post, Telegramm, Telefon

Absender	**оправи́тель *m*** atprawitjel
Adresse	**а́дрес** ádris
Ansichtskarte	**откры́тка с ви́дом** atkrytka ßwídam
aufgeben	**сдать** sdat
Auslandsgespräch	**междунаро́дный разгово́р** mischdunaródny rasgawór
besetzt	**за́нят** sánit
Brief	**письмо́** pißmó
-kasten	**почто́вый я́щик** patschtówy jáschtschik
-marke	**почто́вая ма́рка** patschtówaja márka
Eilbrief	**сро́чное письмо́** ßrótschnaje pißmó
Einschreiben	**заказно́й** sakasnój
Empfänger	**получа́тель *m*** palutschátjel
Fernsprecher	**телефо́н-автома́т** tilifón-aftamát
Gebühr	**почто́вый сбор** patschtówy sbor
Gespräch	**разгово́р** rasgawór
Luftpost	**авиапо́чта** awiapótschta
per-	**посла́ть авиапо́чтой** paßlát awiapótschtai
Nachnahme	**нало́женным платежо́м** nalóschenym platischóm
Päckchen	**бандеро́ль *f*** bandiról
Paket	**посы́лка** paßýlka
-karte	**бланк дла посы́лки** blank dlja paßýlki
Post	**по́чта** pótschta
Postamt	**почта́мт** patschtámt
Postkarte	**почто́вая откры́тка** patschtówaja atkrýtka
postlagernd	**до востре́бования** da waßtrjébawanja
Postleitzahl	**почто́вый и́ндекс** patschtówy índäks
Schalter	**око́шко** akóschka
schicken	**посла́ть** paßlát

Sondermarke	**худóжественная почтóвая мáрка** chudóscheßtwinaja patschtówaja márka
Telefax	**телефáкс** tilifáks
Telefon	**телефóн** tilifón
-buch	**телефóнная кни́га** tilifónaja kníga
-zelle	**телефóнная каби́на** tilifónaja kabína
telefonieren	**говори́ть по телефóну** gawarít pa tilifónu
Telegramm	**телегрáмма** tiligráma
unterbrochen	**прéрван** prjérwan
verbinden	**соедини́ть** ßajedinít
Vermittlung	**центрáльная телефóнная стáнция** tzyntrálnaja tilifónaja ßtántzyja
Vorwahl	**код** kod
Wertangabe	**укáзанная цéнность** ukásanaja tzänaßt
Wertpaket	**цéнная посы́лка** tzänaja paßýlka
Zollerklärung	**тамóженная декларáция** tamóschenaja diklarátzyja

GELDANGELEGENHEITEN

Entschuldigen Sie bitte, wo ist hier eine Bank?
Извини́те, где нахóдится банк?
iswinítje, gdje nachóditza bank?

Wo kann ich Geld wechseln?
Где мóжно обменя́ть дéньги?
gdje móschna abminját djéngi?

▶ Wie hoch sind die Gebühren?
Каковá плáта за обмéн?
kakawá pláta sa abmjén?

Wie lange ist die Bank geöffnet?
До котóрого чáса рабóтает банк?
da katórawa tscháßa rabótajit bank?

▶ Wieviel Rubel bekomme ich für 100 DM?
Скóлько рублéй получáется за 100 немéцких мáрок? skólka rubljéj palutschájitßja sa ßto nimjétzkich márak?

Wie ist heute der Wechselkurs?
Какóй сегóдня обмéнный курс?
kakój ßiwódnja abmjény kurs?

Ich möchte … in Rubel umtauschen.
Я хотéл (а ♀) бы обменять … на рубли́.
ja chatjél (a ♀) by abminját … na rublí.

DM — **немéцкие мáрки** nimjétzkije márki
Schilling — **ши́ллинги** schýlingi
Schweizer Franken — **швейцáрские фрáнки** schwitzárskije fránki

Ich habe mir telegrafisch Geld überweisen lassen. Ist es schon da?
Мне вы́слали телегрáфом дéньги. Они́ ужé пришли́? mnje wýßlali tiligráfam djéngi. aní usché prischlí?

Kann ich mit meiner Kreditkarte Bargeld bekommen?
Мóжно получи́ть дéньги по моéй креди́тной кáрточке? móschna palutschít djéngi pa majéj kridítnai kártatschki?

Ich möchte einen *Euroscheck / Reisescheck* einlösen.
Я хотéл (а ♀) бы обменять *еврочéк / дорóжный чек.* ja chatjél (a ♀) by abminját *jewratschék / daróschny tschek.*

Ваш пáспорт, пожáлуйста.
wasch páßpart, paschálußta.
Ihren Paß, bitte.

Распиши́тесь вот здесь, пожáлуйста.
raßpischýtjes wot sdjes, paschálußta.
Unterschreiben Sie bitte hier.

Дéньги полу́чите в кáссе.
djéngi palútschitje fkáßi.
Das Geld bekommen Sie an der Kasse.

Каки́е купю́ры Вы хоти́те?
kakíje kupjúry wy chatítje?
Wie möchten Sie das Geld haben?

In kleinen Scheinen, bitte.
Пожáлуйста, мéлкими купю́рами.
paschálußta, mjélkimi kupjúrami.

Geldangelegenheiten

abheben	**снять со счёта** ßnjat ßa schtschóta
Bank	**банк** bank
-konto	**счёт в ба́нке** schtschót wbánki
Bargeld	**нали́чные де́ньги** ***Pl*** nalítschnyje djéngi
Betrag	**су́мма** ßúma
Devisen	**валю́та** waljúta
D-Mark	**неме́цкие ма́рки** nimjetzkije márki
einlösen	**обмени́ть** abminít
einzahlen	**заплати́ть** saplatít
Euroscheck	**еврочéк** jewratschék
Formular	**формуля́р** farmulják
Geld	**де́ньги** ***Pl*** djéngi
-schein	**купю́ра** kupjúra
Gebühr	**плата** pláta
Kasse	**ка́сса** káßa
Kleingeld	**ме́лочь** ***f*** mjélatsch
Kreditkarte	**креди́тная ка́рточка** kridítnaja kártatschka
Kurs	**курс** kurs
Münze	**моне́та** manjéta
Provision	**комиссио́нные** ***Pl*** kamißiónyje
Quittung	**квита́нция** kwitánzyja
Reisescheck	**доро́жный чек** daróschny tschek
Schalter	**око́шко** akóschka
Scheck	**чек** tschek
Schein	**купю́ра** kupjúra
Schilling	**ши́ллинг** schýling
Schweizer Franken	**швейца́рские фра́нки** schwitzárskije fránki
Überweisung	**перево́д** piriwód
Währung	**валю́та** waljúta
Wechselkurs	**обме́нный курс** abmjény kurs
wechseln	**обмени́ть** abminít
Wechselstube	**обме́нный пункт** abmjény punkt
Zahlung	**вы́плата** wýplata

GESUNDHEIT

Information

INFO

In Rußland gibt es sowohl Polikliniken als auch private Arztpraxen oder Praxisgemeinschaften. Private Arztbesuche sind in vollem Umfang zu bezahlen, während die Behandlungen in den Polikliniken kostenlos ist.
Nach Möglichkeit sollte man eine private Arztpraxis, am besten eine spezielle Einrichtung für Ausländer, aufsuchen.

Ich fühle mich schlecht. — **Я пло́хо себя́ чу́вствую.** ja plócha ßibjá tschúßtwuju

Ich bin krank. — **Я бо́лен ♂/больна́ ♀.** ja bólin ♂ /balná ♀.

Ich muß ... aufsuchen. — **Мне ну́жно обрати́ться к ...** mnje núschna obratítza k ...

einen Augenarzt — **глазно́му врачу́.** glasnómu wratschú.

einen Frauenarzt — **гинеко́логу.** ginikólagu.

eine Frauenärztin — **же́нщине-гинеко́логу.** schénschtschinje-ginikólagu.

einen Hals-Nasen-Ohren-Arzt — **оториноларинго́логу.** ota-rinalaringólagu.

einen Hautarzt — **ко́жному врачу́.** kóschnamu wratschú.

einen Internisten — **специали́сту по вну́тренним боле́зням.** ßpitzialíßtu pa wnútrinim baljésnjam.

einen Kinderarzt — **де́тскому врачу́.** djétzkamu wratschú.

einen Orthopäden — **ортопе́ду.** artapjédu.

einen praktischen Arzt — **терапе́вту.** tirapjéwtu.

einen Tierarzt	**ветеринáрному врачý.** witirinárnamu wratschú.
einen Urologen	**урóлогу.** urólagu.
einen Zahnarzt	**зубнóму врачý.** subnómu wratschú.
Können Sie mir einen guten Arzt empfehlen?	**Вы не моглú бы посовéтовать мне хорóшего врачá?** wy ni maglí by paßawjétawat mnje charóschywa wratschá?
Spricht er *Deutsch/Englisch*?	**Он говорúт *по-немéцки/по-англúйски*?** on gawarít *pa-nimjétzki/pa-angliski*?
Wann hat er Sprechstunde?	**Когдá он принимáет?** kagdá on prinimájit?
Rufen Sie bitte einen Arzt, mir geht es schlecht.	**Вы́зовите, пожáлуйста, врачá, мне плóхо.** wýsawitje, paschálußta, wratschá, mnje plócha.
Mein *Mann/Freund* ist krank.	**Мой *муж/друг* заболéл.** moj *musch/drug* sabaljél.
Meine *Frau/Freundin* ist krank.	**Моя́ *женá/подрýга* заболéла.** majá *schyná/padrúga* sabaljéla
Rufen Sie bitte einen *Krankenwagen/Notarzt*!	**Вы́зовите, пожáлуйста, *скóрую пóмощь/ неотлóжку*!** wýsawitje, paschálußta, *skóruju pómaschtsch/niatlóschku.*
Wohin bringen Sie *ihn/sie*?	**Кудá Вы *его/её* везёте?** kudá wy *jewó/jijó* wisjótje?
Ich möchte mit *ihm/ihr* mitkommen.	**Я поéду *с ним/с ней* вмéсте.** ja pajédu *ßnim/ßnjej* wmjéßtje.

IM ERNSTFALL

Apotheke

Wo ist die nächste Apotheke (mit Nachtdienst)?	**Где нахóдится ближáйшая (дежýрная) аптéка?** gdje nachóditza blischáischaja (dischúrnaja) aptjéka?
Haben Sie etwas gegen …?	**У Вас есть чтó-нибудь от …** *(+ Gen)***?** u was jeßt schtó-nibut at …?

→ Wortliste *Krankheiten, Arztbesuch, Krankenhaus* S. 206

Eine kleine Packung genügt.	**Достáточно однóй мáленькой упакóвки.** daßtátatschna adnój málenkaj upakófki.
Wie muß ich es einnehmen?	**Как мне принимáть э́то?** kak mnje prinimát áta?

Ich brauche dieses Medikament. **Мне нýжно э́то лекáрство.** mnje núschna ăta likárßtwa.

Э́то лекáрство отпускáется тóлько по рецéпту. ăta likárßtwa atpuskájitza tólka pa ritzăptu. Dieses Medikament ist rezeptpflichtig.

Э́того у нас нет. ătawa u nas njet. Das haben wir nicht da.

Wann kann ich es bekommen? **Когдá я могý получи́ть э́то?** kagdá ja magú palutschít ăta?

дать растáять во рту dat raßtájit wa rtu	im Munde zergehen lassen
до еды́ da jidý	vor dem Essen
натощáк nataschtschák	auf nüchternen Magen
не жевáть ni schywát	unzerkaut
пéред сном pírid ßnom	vor dem Schlafengehen
побóчное дéйствие pabótschnaje déjßtwije	Nebenwirkung
(применя́ть) нарýжно (priminját) narúschna	äußerlich (anwenden)
(принимáть) внутрь (prinimát) wnutr	innerlich (anwenden)
по назначéнию врачá pa nasnatschjéniju wratschá	nach Anweisung des Arztes
пóсле еды́ póßli jidý	nach dem Essen
ректáльно riktálna	rektal
три рáза в день tri rása wdjen	dreimal täglich

Apotheke

Abführmittel	**слаби́тельное** ßlabítilnaje
Alkohol	**алкого́ль** ***m*** alkagól
Antibabypille	**противозача́точные пилю́ли** ***Pl*** pratíwa-satschátatschnyje piljúli
Antibiotikum	**антибио́тик** antibiótik
Apotheke	**апте́ка** aptjéka
Augentropfen	**глазны́е ка́пли** glasnýje kápli
Baldrian	**валерья́нка** walirjánka
Beipackzettel	**инстру́кция** inßtrúktzyja
Beruhigungsmittel	**успока́ивающее сре́дство** ußpakáiwajuschtschije ßrjétßtwa
Brandsalbe	**мазь** ***f*** **от ожо́гов** mas at aschógaw
Damenbinde	**гигиени́ческий по́яс** gigijenítschiski pójis
Desinfektionsmittel	**дезинфици́рующее сре́дство** disinfitzýrujuschtschije ßrjétßtwa
Elastikbinde	**эласти́чный бинт** älaßtítschny bint
fiebersenkendes Mittel	**жаропонижа́ющее** scharapanischájuschtschije
Fieberthermometer	**термо́метр** tirmómitr
Halsschmerztabletten	**табле́тки от бо́ли в го́рле** tabljétki at bóli wgórli
homöopathisch	**гомеопати́ческий** gamiapatítschiski
Hustensaft	**миксту́ра от ка́шля** mikßtúra at káschlja
Insulin	**инсули́н** inßulín
Jod	**йод** jod
Kamille	**рома́шка** ramáschka
Kohletabletten	**активи́рованный у́голь** ***m Sing*** aktiwírawany úgal
Kondome	**презервати́вы** prisirwatíwy
Kopfschmerztabletten	**табле́тки от головно́й бо́ли** tabljétki at galawnój bóli
Kreislaufmittel	**серде́чно-сосу́дистое сре́дство** ßirdjétschna-ßaßúdißtaje ßrjétßtwa

Magentropfen	**желу́дочные ка́пли** schylúdatschnyje kápli
Medikament	**лека́рство** likárßtwa
Mittel gegen …	**сре́дство от …** *(+ Gen)* ßrjétßtwa at …

→ Wortliste *Krankheiten, Arztbesuch, Krankenhaus* S. 206

Mullbinde	**ма́рлевый бинт** márliwy bint
Nasentropfen	**ка́пли в нос** kápli wnos
Ohrentropfen	**ка́пли в у́ши** kápli wúschy
Pflaster	**пла́стырь *m*** pläßtyr
Pulver	**порошо́к** paraschók
Rezept	**реце́пт** ritzäpt
rezeptpflichtig	**отпуска́ется то́лько по реце́пту** atpuskájitza tólka pa ritzäptu
Salbe	**мазь *f*** mas
- gegen Juckreiz	**мазь от зу́да** mas at súda
- gegen Mückenstiche	**мазь от уку́сов комаро́в** mas at ukúßaw kamarów
- gegen Sonnenallergie	**мазь от аллерги́и к со́лнечным луча́м** mas at alirgí kßólnitschnym lutschám
- gegen Sonnenbrand	**мазь от со́лнечного ожо́га** mas at ßólnitschnawa aschóga
Schlaftabletten	**снотво́рное** ßnatwórnaje
Schmerzmittel	**болеутоля́ющее сре́дство** boli-utaljájuschtschije ßrjétßtwa
Spritze	**уко́л** ukól
Tablette	**табле́тка** tabljétka
Tampon	**тампо́н** tampón
Tropfen	**ка́пли** kápli
Verbandszeug	**перевя́зочный материа́л** piriwjásatschny matirjál
Watte	**ва́та** wáta
Wundsalbe	**мазь *f* для ран** mas dlja ran
Zäpfchen	**све́чка** ßwjétschka

IM ERNSTFALL

Beim Arzt

Ich bin (stark) erkältet.	**Я (си́льно) просту́жен (а ♀).** ja (ßílna) praßtúschen (a ♀).
▶ Ich habe *Durchfall/ (hohes) Fieber.*	**У меня́ *поно́с/ (высо́кая) температу́ра.*** u minjá *panós/ (wyßókaja) timpiratúra.*
Ich fühle mich nicht wohl.	**Я пло́хо себя́ чу́вствую.** ja plócha ßibjá tschúßtwuju.
Mir *tut/tun* ... weh.	**У меня́ *боли́т/боля́т* ...** u minjá *balít/baljät* ...

→ Wortliste *Körperteile und Organe* S. 204

▶ Hier habe ich Schmerzen.	**У меня́ здесь боли́т.** u minjá sdjes balít.
▶ Ich habe mich (mehrmals) übergeben.	**У меня́ (не́сколько раз) была́ рво́та.** u minjá (njéskalka ras) bylá rwóta.
Ich habe mir den Magen verdorben.	**У меня́ расстро́йство желу́дка.** u minjá raßtrójßtwa schylúdka.
Ich vertrage das *Klima/Essen* nicht.	**Я пло́хо переношу́ *кли́мат/еду́.*** ja plócha pirinaschú *klímat/jidú.*
Ich kann ... nicht bewegen.	**Я не могу́ дви́гать ...** ja ni magú dwígat ...

→ Wortliste *Körperteile und Organe* S. 204

Ich habe mich an ... verletzt.	**Я пора́нил (а ♀) ...** *(+ Akk)* ja paránil (a ♀) ...
▶ Ich bin gestürzt.	**Я упа́л (а ♀).** ja upál (a ♀).
Ich bin von ... ♂ ♀ *gestochen/gebissen* worden.	**Меня укуси́л (а ♀) ...** minja ukußíl (a ♀) ...

Was Ihr Arzt unbedingt wissen muß

Ich bin (nicht) gegen … geimpft.	**Мне (не) сде́лали приви́вку про́тив …** *(+ Gen)* mnje (ni) sdjélali priwífku prótiw …
Meine letzte Tetanusimpfung war vor ca. … Jahren.	**После́днюю приви́вку про́тив столбняка́ мне сде́лали приблизи́тельно … лет наза́д.** pasljédniju priwífku prótiw ßtalbniká mnje sdjélali priblisítjelna … ljet nasád.
Ich bin allergisch gegen Penizillin.	**У меня́ аллерги́я к пеницили́ну.** u minjá alirgíja kpinitzylínu.
Ich habe …	**У меня́ …** u minjá …
einen *hohen / niedrigen* Blutdruck.	***высо́кое / ни́зкое* давле́ние.** *wyßókaje / nískaje* dawljénije.
einen Herzschrittmacher.	**кардиостимуля́тор.** kardiaßtimuljátar.
einen Bypass.	**дрена́ж** drinásch.
Ich bin im … Monat schwanger.	**Я на …** *(+ Ordnungszahl)* **ме́сяце бере́менности.** ja na … mjéßitzä birjéminaßti.
Ich bin *Diabetiker / HIV-positiv*.	**Я *диабе́тик / заражён ВИЧ*.** ja *diabjétik / saraschón witsch.*
Ich leide an …	**Я страда́ю от …** ja ßtradáju at
Husten.	**ка́шля.** káschlja.
Schnupfen.	**на́сморка.** náßmarka.
Sodbrennen.	**изжо́ги.** ischógi.
Schwindelgefühl.	**головокруже́ния.** galawakruschénija.
Ich nehme regelmäßig diese Medikamente.	**Я регуля́рно принима́ю э́ти медикаме́нты.** ja riguljárna prinimáju äti midikamjénty.

IM ERNSTFALL

Vom Arzt werden Sie hören

На что Вы жа́луетесь? na schto wy schàluitis?	Was für Beschwerden haben Sie?
Где у Вас боли́т? gdje u was balít?	Wo haben Sie Schmerzen?
Откро́йте рот. atkrójtje rot.	Öffnen Sie den Mund.
Покажи́те язы́к. pakaschýtje jisýk.	Zeigen Sie die Zunge.
Кашляни́те. kaschlínitje.	Husten Sie.
Разде́ньтесь, пожа́луйста. rasdjéntis, paschálußta.	Bitte machen Sie sich frei.
Заката́йте, пожа́луйста, рука́в. sakatáitje, paschálußta, rukáw.	Bitte machen Sie Ihren Arm frei.
Дыши́те глубоко́. Не дыши́те. dyschýtje glubakó. ni dyschýtje.	Atmen Sie tief. Atem anhalten.
Как до́лго уже́ у Вас эти бо́ли? kak dólga usché u was ắti bóli?	Wie lange haben Sie diese Beschwerden schon?
Что Вы е́ли вчера́? schto wy jéli ftschirá?	Was haben Sie gestern gegessen?
Вам сде́лали приви́вку про́тив … *(+ Gen)*? wam sdjélali priwífku prótiw …?	Sind sie gegen … geimpft?
Мы должны́ сде́лать рентге́новский сни́мок. my dalschný sdjélat ringénafski ßnímak.	Wir müssen Sie röntgen.
… ***сло́ман/растя́нут.*** … *ßlóman/raßtjánut.*	… ist *gebrochen/verstaucht.*
У Вас растяже́ние. u was raßtischénije.	Sie haben eine Zerrung.

Нýжно сдéлать анáлиз *крóви/мочú.* núschna sdjélat anális *krówi/matschí.*	Ich brauche eine *Blutprobe/Urinprobe.*
Вас нýжно оперúровать. was núschna apirírawat.	Sie müssen operiert werden.
Я дóлжен напрáвить Вас к специалúсту. ja dólschen napráwit was kßpitzyalíßtu.	Ich muß Sie an einen Facharzt überweisen.
Вы должнú нéсколько дней соблюдáть постéльный режúм. wy dalschný njéskalka dnjej ßabljudát paßtjélny rischým.	Sie brauchen einige Tage Bettruhe.
Вам нáдо немéдленно лечь в постéль и пропотéть. wam náda nimjédlina ljetsch fpaßtjél i prapatjét.	Sie müssen sofort ins Bett und schwitzen.
Ничегó серьёзного. nitschiwó ßirjósnawa.	Es ist nichts Ernstes.
Принимáйте по ... *таблéтки/кáпель* ... рáза в день. prinimáitje pa ... *tabljétki/kápel* ... rása wdjen.	Nehmen Sie davon ... *Tabletten/Tropfen* ... mal täglich.
Вы должнú соблюдáть стрóгую диéту. wy dalschný ßabljudát ßtróguju dijétu.	Sie müssen strenge Diät halten.
Не курúть, не пить кóфе. ni kurít, ni pit kófje.	Nicht rauchen, kein Kaffee.
Приходúте *зáвтра/через ... дней.* prichadítje *sáftra/tschiris ... dnjej.*	Kommen Sie *morgen/in ... Tagen* wieder.

Bevor Sie die Praxis verlassen

Können Sie mir … verschreiben?	**Пропишите мне, пожалуйста, …** prapischýtje mnje, paschálußta, …
Ist es schlimm?	**Это плохо?** ăta plócha?
Können Sie mir ein Attest ausstellen?	**Вы не могли бы дать мне медицинское заключение?** wy ni maglí by dat mnje miditzínskaje sakljutschénije?
▶ Muß ich noch einmal kommen?	**Мне надо ещё раз к Вам прийти?** mnje náda jeschtschó ras kwam prijtí?
▶ Was muß ich beachten?	**На что я должен ♂ /должна ♀ обратить внимание?** na schto ja dólschen ♂ dalschná ♀ abratít wnimánije?
▶ Geben Sie mir bitte eine Quittung (auf englisch) für meine Versicherung.	**Дайте мне, пожалуйста, квитанцию (на английском языке) для моего страхового общества.** dáitje mnje, paschálußta, kwitántzyju (na anglískom jisykjé) dlja majiwó ßtrachawówa óbschtschißtwa.

Im Krankenhaus

▶ Gibt es hier jemanden, der Deutsch spricht?	**Говорит здесь кто-нибудь по-немецки?** gawarít sdjes któ-nibud pa nimjétzki?
▶ Ich möchte mit einem Arzt sprechen.	**Я хотел (а ♀) бы поговорить с врачом.** ja chatjél (a ♀) by pagawarít swratschóm.

→ auch: *Beim Arzt* S. 198

Wie lautet die Diagnose?	**Какой диагноз?** kakój diágnas?

Ich möchte mich lieber in Deutschland operieren lassen.	**Я хоте́л(а ♀) бы, что́бы меня́ опери́ровали в Герма́нии.** ja chatjél(a ♀) by, schtóby minjá apirírawali wgirmáni.
Ich habe eine Versicherung für den Rücktransport.	**У меня́ есть страхо́вка на обра́тную доста́вку.** u minjá jeßt ßtrachófka na abrátnuju daßtáfku.
Bitte benachrichtigen Sie *meine Familie/meinen Hausarzt*. Die *Adresse/Telefonnummer* ist …	**Сообщи́те, пожа́луйста, *моей семье́/моему́ врачу́. Аддрес/Но́мер телефо́на*: …** ßa-abschtschítje, paschálußta, *majéj ßimjé/majimú wratschú. ádris/nómir tilifóna* :…
Kann ich ein Einzelzimmer bekommen?	**Я хоте́л(а ♀) бы отде́льную ко́мнату.** ja chatjél(a ♀) by ad-djélnuju kómnatu.
Wie lange muß ich noch hierbleiben?	**Как до́лго я ещё бу́ду здесь лежа́ть?** kak dólga ja jeschtschó búdu sdjes lischát?
Wann darf ich aufstehen?	**Когда́ мне мо́жно встава́ть?** kagdá mnje móschna fßtawát?
Geben Sie mir bitte etwas *gegen die Schmerzen/zum Einschlafen*.	**Да́йте мне, пожа́луйста, что́-нибудь *обезбо́ливающее/от бессо́нницы*.** dáitje mnje, paschálußta, schtó-nibud *abisbóliwajuschtschije/at biß-ßónitzy.*
Bitte entlassen Sie mich (auf eigene Verantwortung).	**Вы́пишите меня́, пожа́луйста (под мою́ отве́тственность).** wýpischytje minjá, paschálußta (pad majú atwjétßtwinaßt).
Geben Sie mir bitte eine Bescheinigung über die Dauer des Aufenthalts.	**Да́йте мне, пожа́луйста, спра́вку о сро́ке моего́ пребыва́ния.** dáitje mnje, paschalußta, ßpráfku a ßróki majewó pribywánija.

Körperteile und Organe

Arm	**рука́** ruká
Auge	**глаз** glas
Bandscheibe	**межпозвоно́чный диск** mjesch-paswanótschny disk
Bauch	**живо́т** schywót
Becken	**таз** tas
Bein	**нога́** nagá
Blase	**мочево́й пузы́рь** *m* matschiwój pusýr
Blinddarm	**апе́ндикс** apjéndiks
Bronchien	**бро́нхи** brónchi
Brust	**грудь** *f* grud
-korb	**грудна́я клётка** grudnája kljétka
Darm	**кише́чник** kischätschnik
Ellbogen	**ло́коть** *m* lókat
Ferse	**пя́тка** pjátka
Finger	**па́лец** pálitz
Fuß	**нога́, сту́пня** nagá, ßtúpnja
Galle	**жёлчь** *f* scholtsch
Gelenk	**суста́в** ßußtáw
Geschlechtsorgane	**половы́е о́рганы** palawýje órgany
Gesäß	**ягоди́цы** *Pl* jagadítzy
Gesicht	**лицо́** litzó
Hals	**ше́я** schéja
Hand	**рука́, кисть** *f* **(руки́)** ruká, kißt (rukí)
-gelenk	**запя́стье** sapjäßtje
Haut	**ко́жа** kóscha
Herz	**се́рдце** ßjértzä
Hüfte	**бедро́** bidró
Kehle	**го́рло** górla
Kehlkopf	**горта́нь** *f* gartán
Kiefer	**ску́ла** skúla
-höhle	**га́йморова по́лость** *f* gáimarawa pólaßt
Kinn	**подборо́док** padbaródak
Knie	**коле́но** kaljéna

Knöchel	**щи́колотка** schtschíkalatka
Knochen	**кость** *f* koßt
Kopf	**голова́** galawá
Körper	**те́ло** tjéla
Leber	**пе́чень** *f* pjétschin
Lippe	**губа** gubá
Lunge	**лёгкое** ljóchkaje
Magen	**желу́док** schylúdak
Mandeln	**гла́нды** glándy
Mund	**рот** rot
Muskel	**му́скул** múskul
Nacken	**заты́лок** satýlak
Nase	**нос** nos
Nerv	**нерв** njerw
Niere	**по́чка** pótschka
Oberkiefer	**ве́рхняя че́люсть** *f* wjérchnija tschéljußt
Oberkörper	**ве́рхняя часть ту́ловища** wjérchnija tschaßt túlawischtscha
Oberschenkel	**бедро́** bidró
Ohr	**у́хо** úcha
Penis	**пе́нис** pjénis
Rippe	**ребро́** ribró
Rücken	**спина́** ßpiná
Schädel	**че́реп** tschjérip
Scheide	**влага́лище** wlagálischtsche
Schienbein	**болшеберцо́вая кость** *f* bolsche-birtzówaja koßt
Schilddrüse	**щитови́дная железа́** schtschitawídnaja schylisá
Schläfe	**висо́к** wißók
Schlüsselbein	**ключи́ца** kljutschítza
Schulter	**плечо́** plitschó
-blatt	**лопа́тка** lapátka
Sehne	**сухожи́лие** ßuchaschýlije
Stirn	**лоб** lob
-höhle	**ло́бная па́зуха** lóbnaja pásucha

Trommelfell	**бараба́нная перепо́нка** barabánaja piripónka
Unterkiefer	**ни́жняя че́люсть** *f* nís͡chnija tschjéljußt
Unterleib	**ни́жняя часть живота́** nís͡chnija tschaßt s͡chywatá
Unterschenkel	**го́лень** *f* gólin
Wade	**икроно́жная мы́шца** ikranós͡chnaja mýschtza
Wange	**щека́** schtschiká
Wirbel	**позвоно́к** paswanók
-säule	**позвоно́чник** paswanótschnik
Zahn	**зуб** sub
Zehe	**па́лец (ноги́)** pálitz (nagí)
Zunge	**язы́к** jisýk

Krankheiten / Arzt / Krankenhaus

Abszeß	**абсце́сс** abßtzấs
Aids	**СПИД** ßpid
Allergie	**аллерги́я** alirgijá
Anfall	**при́ступ** príßtup
Angina	**анги́на** angína
ansteckend	**инфекцио́нный** infiktzióny
Arzt	**врач** wratsch
Arzt, praktischer	**врач-терапе́вт** wratsch-tirapjéft
Ärztin	**же́нщина-врач** s͡chénschtschina-wratsch
Asthma	**а́стма** áßtma
Atembeschwerden	**тру́дно дыша́ть** trúdna dyschát
Attest	**медици́нское заключе́ние** midizýnskaje sakljutschjénije
Augenarzt	**глазно́й врач** glasnój wratsch
Ausschlag	**сыпь** *f* syp
Bänderriß	**разры́в свя́зок** rasrýw swjásak
Bindehautentzündung	**коньюнктиви́т** kanjunktiwít
Biß	**уку́с** ukús

Blase *(Brandblase)*	**волды́рь** ***m*** waldýr
Blasenentzündung	**воспале́ние мочево́го пузыря́** waßpaljénije matschiwówa pusyrjá
Blinddarmentzündung	**воспале́ние апендици́та** waßpaljénije apinditzýta
Blut	**кровь** ***f*** krow
-erguß	**кровоизлия́ние** krowa-islijánije
-gruppe	**гру́ппа кро́ви** grúpa krówi
-transfusion	**перелива́ние кро́ви** piriliwánije krówi
-vergiftung	**зараже́ние кро́ви** saraschénije krówi
Blutdruck	**кровяно́е давле́ние** krawinóje dawljénije
hoher -	**высо́кое давле́ние** wyßókaje dawljénije
niedriger -	**ни́зкое давле́ние** nískaje dawljénije
Blutung	**кровотече́ние** krawatitschénije
Brechreiz	**тошнота́** taschnatá
Bronchitis	**бронхи́т** branchít
Diabetes	**диабе́т** diabjét
Diagnose	**диа́гноз** diágnas
Durchfall	**поно́с** panós
Eiter	**гной** gnoj
Entzündung	**воспале́ние** waßpaljénije
Epilepsie	**эпиле́псия** epiljépsija
Erkältung	**просту́да** praßtúda
Fieber	**жар** schar
Frauenarzt	**гинеко́лог** ginikólag
Frauenärztin	**же́нщина-гинеко́лог** schénschtschina-ginikólag
Furunkel	**фуру́нкул** ***f*** furúnkul
Gallensteine	**ка́мни в жёлчном пузыре́** kámni wschóltschnam pusyrjé
Gehirnerschütterung	**сотрясе́ние мо́зга** ßatrißjénije mósga
gelähmt	**парализо́ван** paralisówan
Gelbsucht	**желту́ха** schyltúcha

IM ERNSTFALL

Geschlechtskrankheit	**венери́ческая боле́знь** winirítschiskaja baljésn
Geschwür	**о́пухоль *f*** ópuchal
Grippe	**грипп** grip
Halsschmerzen	**бо́ли в го́рле** bóli wgórli
Hals-Nasen-Ohrenarzt	**оториноларинго́лог** otarina-laringólag
Hämorrhoiden	**геморро́й** gimarój
Hautkrankheit	**ко́жное заболева́ние** kóschnaje sabaliwánije
Herpes	**ге́рпес** gjérpis
Herz	**се́рдце** ßjértzä
-anfall	**серде́чный при́ступ** ßirdjétschny príßtup
-fehler	**поро́к се́рдца** parók ßjértza
-infarkt	**инфа́ркт** infárkt
-schrittmacher	**кардиостимуля́тор** kardiaßtimuljatar
Heuschnupfen	**сенно́й на́сморк** ßjenój náßmark
Hexenschuß	**люмба́го** ljumbága
Husten	**ка́шель *m*** káschyl
Impfung	**приви́вка** priwífka
Infektion	**инфе́кция** infjéktzyja
Internist	**специали́ст по вну́тренним боле́зням** ßpitzyalíßt pa wnútrinim baljésnjam
Ischias	**и́шиас** íschias
Keuchhusten	**ко́клюш** kókljusch
Kinderarzt	**де́тский врач** djétzki wratsch
Kinderlähmung	**полиомели́т** poliämilít
Kolik	**ко́лика** kólika
Krampf	**су́дорога** ßúdaraga
Krankenschwester	**медсестра́** mjedßißtrá
Krankheit	**боле́знь *f*** baljésn
Kreislaufstörungen	**наруше́ние кровообраще́ния** naruschénije krawa-abraschtschénija
Lebensmittelvergiftung	**отравле́ние пищевы́ми проду́ктами** atrawlenije pischtschiwými pradúktami

Leistenbruch	**паховáя грыжа**	pachawája grýscha
Lungenentzündung	**воспалéние лёгких**	waspaljénije ljóchkich
Magengeschwür	**я́зва желýдка**	jáswa schylúdka
Magenschmerzen	**бóли в желýдке**	bóli w schylúdki
Mandelentzündung	**ангѝна**	angína
Masern	**корь** *f*	kor
Menstruation	**менструáция**	minßtruátzyja
Migräne	**мигрéнь** *f*	migrjén
Mittelohrentzündung	**воспалéние срéднего ýха**	waßpaljénije ßrjédniwa úcha
Mückenstich	**укýс комарá**	ukús kamará
Mumps	**свѝнка**	swínka
Nasenbluten	**кровотечéние из нóса**	krawatitschénije is nóßa
Neuralgie	**невральгѝя**	niwralgíja
Nierensteine	**кáмни в пóчках**	kámni fpótschkach
ohnmächtig	**без сознáния**	biß ßasnánija
Orthopäde	**ортопéд**	ortapjéd
Pilzinfektion	**грибкóвая инфéкция**	gribkówaja infjéktzyja
Prellung	**ушѝб**	uschýb
querschnittgelähmt	**парализóван**	paralisówan
Rheuma	**ревматѝзм**	riwmatísm
Rippenfellentzündung	**плеврѝт**	pliwrít
röntgen	**сдéлать рентгéн**	sdjélat ringén
Röteln	**краснýха**	kraßnúcha
Scharlach	**скарлатѝна**	skarlatína
Schlaflosigkeit	**бессóнница**	biß-ßónitza
Schlaganfall	**кровоизлия́ние в мозг**	krawa-islijánije wmosg
Schmerzen	**бóли**	bóli
Schnupfen	**нáсморк**	náßmark
Schock	**шок**	schok
Schüttelfrost	**лихорáдка**	licharádka
Schweißausbruch	**обѝльное потéние**	abílnaje patjénije

IM ERNSTFALL

Schwellung	**припу́хлость** *f* pripúchlaßt
Schwindel	**головокруже́ние** galawakruschénije
Sehnenzerrung	**растяже́ние сухожи́лия** raßtischénije ßuchaschýlija
Sodbrennen	**изжо́га** ischóga
Sonnenbrand	**со́лнечный ожо́г** ßólnitschny aschóg
Sonnenstich	**со́лнечный уда́р** ßólnitschny udár
Sprechstunde	**приёмные часы́** *Pl* prijómnyje tschißý
Station	**отделе́ние** ad-diljénije
Stich	**уку́с** ukús
Tetanus	**столбня́к** ßtalbnják
Tierarzt	**ветерена́рный врач** witirinárny wratsch
Übelkeit	**тошнота́** taschnatá
Urinprobe	**ана́лиз мочи́** anális matschí
Urologe	**уро́лог** urólag
Verbrennung	**ожо́г** aschóg
verrenkt	**вы́вихнут** wýwichnut
verstaucht	**растяну́т** raßtjanút
Verstopfung	**запо́р** sapór
Wespenstich	**уку́с осы́** ukúß aßý
Windpocken	**ветря́нка** witrjánka
Wunde	**ра́на** rána
Zerrung	**растяже́ние** raßtischénije

Beim Zahnarzt

Der Zahn … tut weh. — **Боли́т зуб …** balít sub …

hier	**здесь.** sdjes.
hinten	**сза́ди.** sádi.
links	**сле́ва.** ßljéwa.
oben	**вверху́.** wirchú.
rechts	**спра́ва.** ßpráwa.
unten	**вни́зу.** wnísu.
vorn	**спе́реди.** ßpjéridi.

Der Zahn ist abgebrochen.	**Зуб сломáлся.** sub ßlamálßja.
Die Füllung ist herausgefallen.	**Плóмба вы́пала.** plómba wýpala.
Können Sie den Zahn provisorisch behandeln?	**Вы мóжете подлечи́ть зуб?** wy móschytje padlitschít sub?
Den Zahn bitte nicht ziehen.	**Не удаля́йте, пожáлуйста, зуб.** ni udaljáitje, paschálußta, sub.
Geben Sie mir bitte eine Spritze.	**Сдéлайте мне, пожáлуйста, укóл.** sdjélaitje mnje, paschálußta, ukól.
Bitte keine Spritze.	**Пожáлуйста, без укóла.** Paschálußta, bis ukóla.
Können Sie diese Prothese reparieren?	**Вы мóжете почини́ть э́тот протéз?** wy móschyti patschinít ắtat pratắs?

Vom Zahnarzt werden Sie hören

Вам … wam …	Sie brauchen eine …
нýжен мост. núschyn moßt.	Brücke.
нужнá плóмба. nuschná plómba.	Füllung.
нужнá корóнка. nuschná karónka.	Krone.
Мне придётся удали́ть зуб. mnje pridjótza udalít sub.	Ich muß den Zahn ziehen.
Нýжно умертви́ть нерв. núschna umirtwít njerw.	Ich muß den Nerv töten.
Хорошó прополоскáйте, пожáлуйста. charaschó prapalaskáitje, paschálußta.	Bitte gut spülen.
Пожáлуйста, два часá ничегó не есть. paschalúßta, dwa tschißá nitschiwó ni jeßt.	Bitte zwei Stunden nichts essen.

Beim Zahnarzt

Abszeß	**абсцéсс** abßtzäs
Amalgamfüllung	**плóмба из амалгáмы** plómba is amalgámy
Betäubung	**обезбóливание** abisbóliwanije
Brücke	**мост** moßt
Entzündung	**воспалéние** waßpaljénije
Füllung	**плóмба** plómba
Goldfüllung	**плóмба из зóлота** plómba is sólata
Goldkrone	**золотáя корóнка** salatája karónka
Inlay	**зубнáя вклáдка** subnája fkládka
Karies	**кáриес** kárijes
Kiefer	**чéлюсть *f*** tschéljußt
Krone	**корóнка** karónka
Kunststoffüllung	**пластмáссовая плóмба** plaßtmáßawaja plómba
Loch	**дуплó** dupló
Nerv	**нерв** njerw
Parodontose	**пародонтóз** paradantós
Porzellanfüllung	**фарфóровая плóмба** farfórawaja plómba
Porzellankrone	**фарфóровая корóнка** farfórawaja karónka
provisorisch	**врéменный** wrjéminy
Spritze	**укóл** ukól
Stiftzahn	**штифтовóй зуб** schtiftawój sub
Weisheitszahn	**зуб мýдрости** sub múdraßti
Wurzel	**кóрень *m*** kórin
-behandlung	**лечéние кóрня** litschénije kórnja
Zahn	**зуб** sub
-arzt	**зубнóй врач** subnój wratsch
-fleisch	**деснá** dißná
-hals	**шéйка зýба** schéjka súba
-klinik	**зубнáя клиника** subnája klínika
-stein	**зубнóй кáмень *m*** subnój kámin
ziehen	**удали́ть** udalít

POLIZEI UND FUNDBÜRO

Wo ist die nächste Polizeiwache?
Где ближáйшее отделéние милúции?
gdje blischáischyje ad-diljénije milítzi?

Ich bin *Ausländer / Ausländerin.*
Я *инострáнец / инострáнка.*
ja *inaßtránitz / inaßtránka.*

Ich bin geschäftlich hier.
Я приéхал (а ♀) по делáм.
ja prijéchal (a ♀) pa dilám.

Ich bin Tourist(in).
Я турúст (ка). ja turißt (ka).

Gibt es hier jemanden, *der Deutsch / Englisch* spricht?
Здесь ктó-нибудь говорúт *по-немéцки / по-английски*? sdjes któ-nibud gawarít *pa-nimjétzki / pa-angliski*?

Ich möchte … anzeigen.	**Я хотéл (а ♀) бы заявúть о …** ja chatjél (a ♀) by sajawít a …
einen Diebstahl	**крáже.** krásche.
einen Überfall	**нападéнии.** napadjéni.
einen Unfall	**авáрии.** awári.
eine Vergewaltigung	**изнасúловании.** isnaßílawani.
Meine *Frau/Tochter* ist verschwunden.	**Моя́ *женá/дочь* пропáла.** majá *schyná/dotsch* prapála.
Mein *Mann/Sohn* ist verschwunden.	**Мой *муж/сын* пропáл.** moj *musch/syn* prapál.
Man hat mir … gestohlen.	**У меня́ укрáли** … u minjá ukráli …
mein Auto	**мою́ машúну.** majú maschýnu.
meinen Koffer	**мой чемодáн.** moj tschimadán.
meine Tasche	**мою́ сýмку.** majú ßúmku.
meine Brieftasche	**мой бумáжник.** moj bumáschnik.
Ich habe … verloren.	**Я потеря́л (а ♀)** … ja patirjál (a ♀) …
Mein … ist aufgebrochen worden.	… **взлóмана.** … wslómana.
Auto	**Двéрца моéй машúны** dwjértza majéj maschýny
Haus	**Дверь моегó дóма** dwjer majewó dóma
Zimmer	**Дверь моéй кóмнаты** dwjer majéj kómnaty
Ich bin *betrogen/niedergeschlagen* worden.	**Меня́ *обманýли/побúли.*** minjá *abmanúli/pabíli.*
Ich benötige eine Bescheinigung für meine Versicherung.	**Мне нужнá спрáвка для моегó страховóго óбщества.** mnje nuschná ßpráfka dlja majiwó ßtrachawówa óbschtschißtwa.

Ich möchte mit meinem Konsulat sprechen.	**Я хотéл (а ♀) бы поговори́ть с мои́м кóнсульством.** ja chatjél (a ♀) by pagawarít ßmaím kónßulßtwam.
Ich bin unschuldig.	**Я не виновáт (а ♀).** ja ni winawát (a ♀).
Das ist *der Mann / die Frau.*	**Э́то *тот мужчи́на / та жéнщина.*** ắta *tot muschtschína / ta schénschtschina.*

Von der Polizei werden Sie hören

Запóлните, пожáлуйста, э́тот формуля́р. sapólnitje, paschálußta, ắtat farmuljár.	Füllen Sie bitte dieses Formular aus.
Вáши докумéнты, пожáлуйста. wáschy dakumjénty, paschálußta.	Ihren Ausweis, bitte.
Вáше мéсто жи́тельства в Гермáнии? wásche mjéßta schýtilßtwa wgirmáni?	Wo wohnen Sie in Deutschland?
Где Вы останови́лись? gdje wy aßtanawílis?	Wo wohnen Sie hier?
***Когдá / Где* э́то произошлó?** *kagdá / gdje* ắta praisaschló?	*Wann / Wo* ist es passiert?
Опиши́те *егó / её.* apischýtje *jewó / jijó.*	Beschreiben Sie *ihn / sie.*
Обрати́тесь пожáлуйста, в Вáше кóнсульство. abratítjes, paschálußta, w-wásche kónßulßtwa.	Wenden Sie sich bitte an Ihr Konsulat.
Нýжно состáвить протокóл. núschna ßaßtáwit pratakól.	Wir müssen ein Protokoll aufnehmen.

Polizei und Fundbüro

Anzeige	**заявле́ние** sajiwljénije
belästigen	**приста́ть** prißtát
Belästigung	**пристава́ние** prißtawánije
Dieb	**вор** wor
Falschgeld	**фальши́вые де́ньги** ***Pl*** falschýwyje djéngi
gestohlen	**укра́ден** ukrádin
Handtasche	**да́мская су́мочка** dámskaja ßúmatschka
Konsulat	**ко́нсульство** kónßulßtwa
Miliz	**мили́ция** milítzyja
-wagen	**милице́йская маши́на** militzäjskaja maschýna
Milizionär	**милиционе́р** militzyanjér
Personalausweis	**удостовере́ние ли́чности** udaßtawirjénije lítschnaßti
Portemonnaie	**портмоне́** partmanä́
Rauschgift	**нарко́тик** narkótik
Rechtsanwalt	**адвока́т** adwakát
Reisepaß	**загрannи́чный па́спорт** sagranítschny páßpart
Schuld	**вина́** winá
Taschendieb	**карма́нный вор** karmány wor
Überfall	**нападе́ние** napadjénije
Unfall	**несча́стный слу́чай** nischtscháßny ßlútschai
Vergewaltigung	**изнаси́лование** isnaßílawanije
verhaften	**арестова́ть** arißtawát
verloren	**потеря́н** patjérin
Zeuge	**свиде́тель** ***m*** ßwidjétil
zusammenschlagen	**изби́ть** isbít

XII
IX
VI

DIE ZEIT

Uhrzeit

Wie spät ist es?	**Который час?** katóry tschas?
Es ist (genau) …	**(Ро́вно)** … (równa) …
1 Uhr.	**час.** tschás.
2 Uhr.	**2 часа́.** dwa tschißá.
5 Uhr.	**5 часо́в.** pjat tschißów.

→ Zu den Formen час, часа́, часо́в, siehe Info auf S. 235.

7:00	**Семь часо́в.** ßjem tschißów.
7:05	**Пять мину́т восьмо́го.** pjat minút waßmówa.
7:15	**Че́тверть восьмо́го.** tschétwirt waßmówa.
7:20	**Два́дцать мину́т восьмо́го.** dwádtzat minút waßmówa.
7:30	**Полови́на восьмо́го.** palawína waßmówa.
7:40	**Без двадцати́ (мину́т) во́семь.** bis dwatzatí (minút) wóßim.
7:45	**Без че́тверти во́семь.** bis tschétwirti wóßim.
7:55	**Без пяти́ (мину́т) во́семь.** bis pití (minút) wóßim.
8:00	**Во́семь часо́в.** wóßim tschißów.

Wann?	**Когда?** kagdá?
Um wieviel Uhr?	**В кото́ром часу́?** fkatóram tschißú?

Um 10 Uhr.	**В де́сять часо́в.** wdjéßit tschißów.
Ungefähr um 11.	**Часо́в в оди́ннадцать.** tschißów wadínatzat.
Von 8 bis 9 Uhr.	**С восьми́ до девяти́ (часо́в).** ßwasmí da diwití (tschißów).
Kurz nach 9 Uhr.	**В деся́том часу́.** wdißjátam tschißú.
In einer halben Stunde.	**Через полчаса́.** tschiriß poltschißá.
In zwei Stunden.	**Через два часа́.** tschiris dwa tschißá.
Es ist (zu) spät.	**(Сли́шком) по́здно.** (ßlíschkam) pósna.
Es ist noch zu früh.	**Ещё сли́шком ра́но.** jeschtschjó ßlíschkam rána.

INFO

Die offizielle Zeitangabe erfolgt nach demselben System wie die deutsche:
14.05 **четы́рнадцать часо́в пять мину́т** tschitýrnatzat tschißów pjat minút
7.35 **семь часо́в три́дцать пять мину́т** ßjem tschißów trítzat pjat minút

Allgemeine Zeitangaben

Abend	**ве́чер** wjétscher
abends	**ве́чером** wjétschiram
am Wochenende	**в суббо́ту-воскресе́нье** fßubótu-waskrißjénje
bald	**ско́ро** ßkóra
bis	**до** da
früh	**ра́но** rána
früher	**ра́ньше** ránschä
gestern	**вчера́** ftschirá
heute	**сего́дня** ßiwódnja
- morgen	**сего́дня у́тром** ßiwódnja útram
- mittag	**сего́дня днём** ßiwódnja dnjóm
- nachmittag	**сего́дня во второ́й полови́не дня** ßiwódnja wa ftarój palawíni dnja
- abend	**сего́дня ве́чером** ßiwódnja wjétschiram
- nacht	**сего́дня но́чью** ßiwódnja nótschju
in 14 Tagen	**через четы́рнадцать дней** tschiris tschitýrnatzat dnjej
in einer Woche	**через неде́лю** tschiris nidjélju
innerhalb einer Woche	**в тече́ние одно́й неде́ли** ftitschjénije adnój nidjéli
Jahr	**год** god
halbes -	**полго́да** polgóda
nächstes -	**сле́дующий год** ßljéduschtschij god
voriges -	**про́шлый год** próschly god
Jahrhundert	**столе́тие** ßtaljétije

jede Woche	**ка́ждую неде́лю** káschduju nidjélju
jedes Jahr	**ка́ждый год** káschdy god
jetzt	**сейча́с** ßitschás
manchmal	**иногда́** inagdá
Minute	**мину́та** minúta
mittags	**в по́лдень** fpóldin
Monat	**ме́сяц** mjéßitz
Morgen	**у́тро** útra
morgens	**у́тром** útram
Moskauer Zeit	**моско́вское вре́мя** maskówskaje wrjémja
Nachmittag	**втора́я полови́на дня** ftarája palawína dnja
nachmittags	**во второ́й полови́не дня** wa ftarój palawíni dnja
Nacht	**ночь** ***f*** notsch
nachts	**но́чью** nótschju
neulich	**неда́вно** nidáwna
rechtzeitig	**во́время** wówrimja
seit	**с** *(+ Gen)* s
- diesem Tag	**с э́того дня** ßätawa dnja
- kurzem	**неда́вно** nidáwna
- zehn Tagen	**уже́ де́сять дней** usché djéßit dnjej
Sekunde	**секу́нда** ßikúnda
spät	**по́здно** pósna
später	**по́зже** pósсhä
Stunde	**час** tschas
halbe -	**полчаса́** poltschißá
stündlich	**ка́ждый час** káschdy tschas
Tag	**день** ***m*** djen
täglich	**ежедне́вно** jischednjéwna
übermorgen	**послеза́втра** poßlisáftra
um	**в** *(+ Akk)* w
- diese Zeit	**в э́то вре́мя** wäta wrjémja
- Mitternacht	**в по́лночь** fpólnatsch
Vierteljahr	**кварта́л** kwartál
Viertelstunde	**че́тверть** ***f*** **часа́** tschétwirt tschißá

VON ZEIT ZU ZEIT

von Zeit zu Zeit	**вре́мя от вре́мени** wrjémja at wrjémini
vor	… **(тому́) наза́д** … (tamú) nasád
- einem Monat	**ме́сяц наза́д** mjéßitz nasád
- kurzem	**неда́вно** nidáwna
vorgestern	**позавчера́** pasaftschirá
vorher	**ра́ньше** ránschä
vormittags	**в пе́рвой полови́не дня** fpjérwai palawíni dnja
Woche	**неде́ля** nidjélja
Zeit	**вре́мя** wrémja
zur Zeit	**в настоя́щее вре́мя** wnaßtajáschtschije wrjémja

Jahreszeiten

Frühling	**весна́** wißná
Sommer	**ле́то** ljéta
Herbst	**о́сень** ***f*** óßin
Winter	**зима́** simá

Feiertage

Neujahr	**Но́вый год** nówy god
Internationaler Frauentag (8. März)	**Междунаро́дный же́нский день** mischdunaródny schénski djen
Karfreitag	**Страстна́я пя́тница** ßtraßnája pjátnitza
Ostern	**Па́сха** páßcha
1. Mai	**Пе́рвое мая** pjérwaje maja
Tag des Sieges (9. Mai)	**День Побе́ды** djen pabjédy
Christi Himmelfahrt	**Вознесе́ние** wasnißjénije
Pfingsten	**Тро́ица** tróitza
Tag der Oktoberrevolution (7. November)	**Пра́здник Октя́брьской Револю́ции** prásnik oktjábrskoj rivaljútzi
Weihnachten	**Рождество́** raschdißtwó

DATUM

Den wievielten haben wir heute?	**Какóе сегóдня числó?** kakóje ßiwódnja tschißló?
Heute ist der 4. April.	**Сегóдня четвёртое апрéля.** ßiwódnja tschitwjórtaje aprjélja.
Ich bin am 21. September 1971 geboren.	**Я роди́лся♂/родилáсь♀ двáдцать пéрвого сентября́ ты́сяча девятьсóт сéмьдесят шестóго гóда.** ja radílßja♂/radilás♀ dwátzat pjérwawa ßintibrjá týßitscha diwitßót ßjémdißit schyßtówa góda.
Am 9. September dieses Jahres.	**Девя́того сентября́ э́того гóда.** diwjátawa ßintibrjá ắtawa góda.

Am 4. *dieses/nächsten* Monats.	**Четвёртого числá** ***этого/слéдующего*** **мéсяца.** tschitwjórtawa tschißlá *ätawa/ßljéduschtschiwa* mjéßitza.
Bis zum 26. Februar.	**До двáдцать шестóго февраля́.** da dwátzat schyßtówa fiwraljá.
Wir reisen am 30. Juni ab.	**Двадцáтого иióня мы уезжáем.** dwatzátawa ijúnja my ujischájim.
Wir sind am 25. Juli angekommen.	**Мы приéхали двáдцать пя́того иióля.** my prijéchali dwátzat pjátawa ijúlja.

Wochentage

Montag	**понедéльник** panidjélnik
Dienstag	**втóрник** ftórnik
Mittwoch	**средá** ßridá
Donnerstag	**четвéрг** tschitwjérg
Freitag	**пя́тница** pjátnitza
Samstag/Sonnabend	**суббóта** ßubóta
Sonntag	**воскресéнье** waskrißjénje

Monate

Januar	**январь** ***m*** janwár
Februar	**феврáль** ***m*** fiwrál
März	**март** mart
April	**апрéль** ***m*** aprjél
Mai	**май** maj
Juni	**иióнь** ***m*** ijún
Juli	**иióль** ***m*** ijúl
August	**áвгуст** áwgußt
September	**сентя́брь** ***m*** ßintjábr
Oktober	**октя́брь** ***m*** aktjábr
November	**ноя́брь** ***m*** najábr
Dezember	**декáбрь** ***m*** dikábr

DAS WETTER

▶ Wie wird das Wetter heute?	**Какáя бýдет сегóдня погóда?** kakája búdit ßiwódnja pagóda?
Haben Sie schon den Wetterbericht gehört?	**Вы ужé слы́шали прогнóз погóды?** wy usché ßlýschali pragnós pagódy?
Das Barometer *fällt/steigt*.	**Барóметр *пáдает/поднимáется*.** barómitr *pádajit/padnimájitßja*.
▶ Es wird …	**Бýдет** … búdit …
warm.	**тепло.** tipló.
wärmer.	**теплée.** tipljéje.
heiß.	**жáрко.** schárka.
kalt.	**хóлодно.** chóladna.
kühl.	**прохлáдно.** prachládna.
schwül.	**дýшно.** dúschna.
Es ist ziemlich windig.	**День вéтряный.** djen wjétriny.
Es ist stürmisch.	**Дýет сúльный вéтер.** dújit ßílny wjétir.
Der Himmel ist *klar/bewölkt*.	**Нéбо *ясное/óблачное*.** njéba *jáßnaje/óblatschnaje*.
Es *regnet/schneit*.	***Дождь/Снег* идёт.** *doschd/ßnjeg* idjót.
Die Sonne scheint.	**Сóлнце свéтит.** ßóntze ßwjétit.
▶ Wieviel Grad haben wir?	**Скóлько грáдусов?** skólka grádußaw?
Es sind … Grad *über/unter* Null.	… **грáдусов *вы́ше/нúже* нуля́.** … grádußaw *wýsche/nische* nuljá.
▶ Es wird *Regen/Gewitter* geben.	**Бýдет *дóждь/грозá*.** búdit *dóschd/ grasá*.
Hat es aufgehört zu regnen?	**Дождь перестáл?** doschd pirißtál?
Das Wetter ist *herrlich/scheußlich*.	***Прекрáсная/Мéрзкая* погóда.** *prikraßnája/mjérskaja* pagóda.

Wetter

bewölkt	**о́блачный** óblatschny
Bewölkung	**о́блачность** ***f*** óblatschnaßt
Blitz	**мо́лния** mólnija
bitzen; es blitzt	**сверка́ет мо́лния** ßwirkájit mólnija
Dämmerung	**су́мерки** ***Pl*** ßúmirki
diesig	**па́смурный** páßmurny
Donner	**гром** grom
donnern: es donnert	**греми́т гром** grimít grom
Eis	**лёд** ljod
feucht	**вла́жный** wláschny
frieren; es friert	**моро́зит** marósit
Frost	**моро́з** marós
Gewitter	**гроза́** grasá
Glatteis	**гололёд** galaljód
Grad	**гра́дус** grádus
Hagel	**град** grad
hageln; es hagelt	**идёт град** idjót grad
heiß	**горя́чий** garjátschi
heiter	**я́сный** jásny
Hitze	**жара́** schará
-welle	**волна́ горя́чего во́здуха** walná garjátschiwa wósducha
Hoch	**о́бласть** ***f*** **высо́кого давле́ния** óblaßt wyßókawa dawljénija
kalt	**холо́дный** chalódny
klar	**я́сный** jáßny
Klima	**кли́мат** klímat
kühl	**прохла́дный** prachládny
Luft	**во́здух** wósduch
-druck	**давле́ние во́здуха** dawljénije wósducha
Mond	**луна́** luná
naß	**мо́крый** mókry
Nebel	**тума́н** tumán
Niederschläge	**оса́дки** ***Pl*** aßádki

Nieselregen	**моросящий дождь** marаßjáschtschi dóschd
Nordwind	**северный ветер** ßjéwirny wjétir
Ostwind	**восточный ветер** waßtótschny wjétir
Regen	**дождь** dóschd
-schauer	**кратковременный дождь** kratka-wrjéminy dóschd
regnen; es regnet	**идёт дождь** idjót doschd
regnerisch	**дождливый** daschdlíwy
Schnee	**снег** ßnjeg
-sturm	**буран** burán
schneien; es schneit	**идёт снег** idjót ßnjeg
schwül	**душный** dúschny
Sonne	**солнце** ßóntze
Sonnenaufgang	**восход солнца** waßchód ßóntza
Sonnenuntergang	**заход солнца** sachód ßóntza
sonnig	**солнечный** ßólnitschny
Stern	**звезда** ßwisdá
Sturm	**буря** búrja
stürmisch	**бурный** búrny
Südwind	**южный ветер** júschny wjétir
tauen	**таять** táit
Tauwetter	**оттепель** ***f*** óttipil
Temperatur	**температура** timpiratúra
Tief	**область** ***f*** **низкого давления** óblaßt nißkawa dawljénija
trocken	**сухой** ßuchój
warm	**тёплый** tjóply
wechselhaft	**переменный** pirimjény
Westwind	**западный ветер** sapádny wjétir
Wetter	**погода** pagóda
-bericht	**сводка погоды** ßwódka pagódy
Wind	**ветер** wjétir
-stärke	**сила ветра** ßíla wjétra
windig	**ветряный** wjétriny
Wolke	**облако** óblaka

LAUTGESETZE

Wenn Sie sich mit der russischen Grammatik beschäftigen und Formen selbständig bilden möchten, sollten Sie vorab zwei **Lautgesetze** kennen und beim Deklinieren und Konjugieren beachten:

Nach ***г***, ***к***, ***х*** und den Zischlauten ***ж***, ***ш***, ***ч*** und ***щ*** folgt nie ***ы***, sondern immer ***и***.

Nach den Zischlauten und nach ц wird unbetontes о zu **е**.

DAS SUBSTANTIV

Geschlecht und Artikel

Wie im Deutschen gibt es auch im Russischen drei grammatische Geschlechter: maskulinum (männlich, abgekürzt *m*), femininum (weiblich, abgekürzt *f*) und neutrum (sächlich, abgekürzt *n*). Im Russischen gibt es **keinen Artikel**.

Das Geschlecht des Substantivs erkennt man an der Endung:
Männliche Substantive enden auf ***Konsonant*** oder auf ***-й*** oder auf ***-ь***.

Weibliche Substantive haben die Endung ***-а*** oder als weiche Variante ***-я*** oder ***-ь***.

Sächliche Substantive enden auf ***-о*** oder als weiche Variante auf ***-е***, bei Endbetonung auch auf ***-ё***.

Substantive mit der Endung *-ь* können also entweder männlich oder weiblich sein. Ferner gibt es eine Anzahl von männlichen Substantiven auf *-a* und *-я*. Ganz eindeutig läßt sich das Geschlecht eines Substantivs aber immer an der Endung des das Substantiv bestimmenden Adjektivs erkennen (siehe 234).

INFO

Wir haben in diesem Sprachführer nur in den Fällen das Geschlecht von Substantiven angegeben, wenn es sich nicht aus der Endung ersehen läßt.

Deklination der Substantive

Außer den Fällen Nominativ, Genitiv, Dativ und Akkusativ gibt es im Russischen noch den Instrumental (5. Fall) und den Präpositiv (6. Fall). Der Instrumental antwortet auf die Frage *Mit wem? Womit? Wodurch?* und wird außerdem von einigen Verben verlangt. Der Präpositiv tritt nur in Verbindung mit bestimmten Präpositionen auf.

Bei russischen Substantiven gibt es drei Deklinationstypen:

1. Deklination: Sie gilt für männliche Substantive, die auf ***Konsonant***, ***-й*** und ***-ь*** enden und für sächliche Substantive auf ***-o***, ***-e*** (betonte Variante: ***-ё***).

2. Deklination: Nach ihr werden die überwiegend weiblichen Substantive auf ***-a*** und ***-я*** gebeugt.

3. Deklination: Sie gilt für die weiblichen Substantive auf **-ь**.

Im Russischen wird unterschieden zwischen **belebten** und **unbelebten** Substantiven. Belebte Substantive bezeichnen Menschen und Tiere, unbelebte bezeichnen Gegenstände und Abstrakta. Diese Unterscheidung ist wichtig bei der ersten Deklination im Akkusativ Singular und Plural. Die Akkusativform unbelebter Substantive ist dort identisch mit der Form des Nominativs, die Akkusativform belebter Substantive entspricht dem Genitiv. Bei der zweiten Deklination wird diese Unterscheidung nur im Akkusativ Plural gemacht. Dort lautet der Akkusativ unbelebter Substantive ebenfalls wie der Nominativ, der belebter Substantive wie der Genitiv.

1. Deklination

Maskulina

	auf Konsonant		auf -й	auf -ь
Singular	unbelebt	belebt	(hier unbelebt)	(hier belebt)
Nom	стол	шофёр	музéй	конь
Gen	столá	шофёра	музéя	коня́
Dat	столý	шофёру	музéю	коню́
Akk	стол	шофёра	музéй	коня́
Instr	столóм	шофёром	музéем[1]	конём[1]
Präp	столé	шофёре	музéе	конé

Plural	auf Konsonant unbelebt	auf Konsonant belebt	auf -й (hier unbelebt)	auf -ь (hier belebt)
Nom	столы́	шофёры	музе́и	ко́ни
Gen	столо́в	шофёров	музе́ев	коне́й
Dat	стола́м	шофёрам	музе́ям	коня́м
Akk	столы́	шофёров	музе́и	коне́й
Instr	стола́ми	шофёрами	музе́ями	коня́ми
Präp	стола́х	шофёрах	музе́ях	коня́х

[1] unbetonte Endung -ем, betonte Endung -ём

Neutra

Singular	auf -о	auf -е
Nom	сло́во	мо́ре
Gen	сло́ва	мо́ря
Dat	сло́ву	мо́рю
Akk	сло́во	мо́ре
Instr	сло́вом	мо́рем
Präp	сло́ве	мо́ре
Plural		
Nom	слова́	моря́
Gen	слов	море́й
Dat	слова́м	моря́м
Akk	слова́	моря́
Instr	слова́ми	моря́ми
Präp	слова́х	моря́х

INFO

Fremdwörter wie z. B. кинó, кóфе, пальтó werden nicht dekliniert. Solche Fälle haben wir in den Wortlisten mit ***unv*** (unveränderlich) gekennzeichnet.

2. Deklination

Singular	auf -а	auf -я	auf -ия
Nom	подрýга	недéля	стáнция
Gen	подрýги	недéли	стáнции
Dat	подрýге	недéле	стáнции
Akk	подрýгу	недéлю	стáнцию
Instr	подрýгой	недéлей	стáнцией
Präp	подрýге	недéле	стáнции
Plural			
Nom	подрýги	недéли	стáнции
Gen	подрýг	недéль	стáнций
Dat	подрýгам	недéлям	стáнциям
Akk	подрýг	недéли	стáнции
Instr	подрýгами	недéлями	стáнциями
Präp	подрýгах	недéлях	стáнциях

3. Deklination

Singular		Plural	
Nom	тетрáдь	Nom	тетрáди
Gen	тетрáди	Gen	тетрáдей
Dat	тетрáди	Dat	тетрáдям
Akk	тетрáдь	Akk	тетрáди
Instr	тетрáдью	Instr	тетрáдями
Präp	тетрáди	Präp	тетрáди

INFO

Bei der **Verbindung von einem Substantiv mit einer Zahl** (s. hinterer Vorsatz) beachten Sie bitte folgende Regel:

- Nach der Zahl 1 оди́н und allen im Russischen auf оди́н endenden Zahlen (also nicht 11!) steht das Substantiv im Nominativ Singular: 1 стол, 21 стол.
- Nach den Zahlen 2 два, 3 три, 4 четы́ре und allen auf два, три, четы́ре endenden Zahlen (nicht 12, 13, 14!) steht das Substantiv im Genitiv Singular: 2 стола́, 24 стола́.
- In allen anderen Fällen, also nach 5–20 und allen auf 5, 6, 7 etc. endenden Zahlen steht das Substantiv im Genitiv Plural: 5 столо́в, 14 столо́в.

DAS ADJEKTIV

Deklination der Adjektive

Das russische Adjektiv richtet sich im Kasus (Fall), Numerus (Einzahl oder Mehrzahl) umd im Genus (Wortgeschlecht) nach dem Substantiv, das es näher bestimmt. Die Unterscheidung nach dem Wortgeschlecht wird jedoch nur im Singular gemacht, die Pluralformen gelten für alle drei Geschlechter. Bei der Deklination werden Adjektive mit harter und mit weicher Endung unterschieden. Bei den männlichen harten Adjektiven gibt es im Nominativ Singular zwei Endungsmöglichkeiten: Bei Stammbetonung enden sie auf ***-ый*** (nach *г, к, х* und den Zischlauten auf ***-ий***) und bei Endbetonung auf ***-о́й.***

Singular

	Harter Stammauslaut		Weicher Stammauslaut	
	maskulinum	neutrum	maskulinum	neutrum
Nom	нóвый	нóвое	си́ний	си́нее
Gen	нóвого		си́него	
Dat	нóвому		си́нему	
Akk	нóвый/ нóвого	нóвое	си́ний си́него	си́нее
Instr	нóвым		си́ним	
Präp	нóвом		си́нем	
	femininum		femininum	
Nom	нóвая		си́няя	
Gen	нóвой		си́ней	
Dat	нóвой		си́ней	
Akk	нóвую		си́нюю	
Instr	нóвой		си́ней	
Präp	нóвой		си́ней	

Plural
(alle drei Geschlechter)

	Harter Stammlaut	Weicher Stammauslaut
Nom	нóвые	си́ние
Gen	нóвых	си́них
Dat	нóвым	си́ним
Akk	нóвые / нóвых	си́ние / си́них
Instr	нóвыми	си́ними
Präp	нóвых	си́них

Kurzform der Adjektive

Bei den unter *Deklination der Adjektive* vorgestellten Formen handelt es sich um die Langform der Adjektive. Die Langform wird sowohl attributiv als auch prädikativ gebraucht. Daneben gibt es bei vielen russischen Adjektiven noch eine Kurzform, die nur prädikativ verwendet wird.
Gebildet wird die Kurzform von Adjektiven mit hartem Stammauslaut, indem bei der maskulinen Form die Endung der Langform wegfällt, die feminine Form endet auf ***-a***, die neutrale auf ***-o*** und die Pluralform auf ***-ы***:

	maskulinum	femininum	neutrum	Plural
Langform	нóвый	нóвая	нóвое	нóвые
Kurzform	нов	нóва	нóво	нóвы

INFO

In den Wortlisten zu den einzelnen Kapiteln des Sprachführers wird nur die für den jeweiligen Kontext gebräuchliche Form (Lang- oder Kurzform) angegeben. Außerdem wird dort und im Reisewörterbuch normalerweise nur die maskuline Form des Adjektivs aufgeführt. Unregelmäßige feminine, neutrale und Pluralformen werden aber angegeben. Erscheint ein Adjektiv also nur in der maskulinen Form, so können Sie die weiteren Formen entsprechend der obigen Tabelle selbst bilden.

Steigerung der Adjektive

Es gibt zwei Arten der Steigerung von Adjektiven: die einfache und die zusammengesetzte

Im Gegensatz zu den einfachen Steigerungsformen können die **zusammengesetzten Steigerungsformen** von allen Qualitätsadjektiven gebildet werden. Für den **zusammengesetzten Komparativ** setzen Sie das unveränderliche Adverb **бóлее** *mehr* vor die Langform des Adjektivs und für den **Superlativ** **сáмый** *am meisten*. Dabei nimmt сáмый die gleiche Endung an wie das Adjektiv.

eine neue Zeitung	*eine neuere Zeitung*	*die neueste Zeitung*
нóвая газéта	бóлее нóвая газéта	сáмая нóвая газéта.

Die **einfachen Steigerungsformen** werden durch Anfügen von Suffixen an den Adjektivstamm gebildet.
Für den **Komparativ** wird die unveränderliche Endung ***-ee*** (umgangssprachlich ***-ей***) an den Adjektivstamm angehängt: но́вый – но́вее.

Für den **einfachen Superlativ** wird an den Adjektivstamm das Suffix ***-ейший m***, ***-ейшая f***, ***-ейшее n***, ***ейшие Pl*** oder das Suffix ***-айший*** angehängt. Diese Superlativformen werden regelmäßig wie Adjektive dekliniert.

ADVERBIEN

Auf die Frage *Wie?* antworten Adverbien der Art und Weise. Sie sind überwiegend von Adjektiven abgeleitet und werden gebildet durch Anfügen der Endung ***-o*** an den harten Stammauslaut bzw. der Endung ***-e*** an den weichen Stammauslaut.

Он **пло́хой** студе́нт. *Er ist ein **schlechter** Student.*	Он **пло́хо** говори́т по-ру́сски. *Er spricht **schlecht** Russisch.*

Bei Adjektiven, die auf *-ский* enden, wird die Endung ***и*** an den Stamm angehängt und das Präfix ***по-*** vorgeschaltet:

ру́сский язы́к *die **russische** Sprache*	Как э́то бу́дет **по-ру́сски**? *Wie heißt das **auf russisch**?*

GRAMMATIK

PRONOMEN

Personalpronomen

Nom	я *ich*	ты *du*	он *er*	оно́ *es*	она́ *sie*	мы *wir*	вы *ihr, Sie*	они́ *sie*
Gen	меня́	тебя́	его́	его́	её	нас	вас	их
Dat	мне	тебе́	ему́	ему́	ей	нам	вам	им
Akk	меня́	тебя́	его́	его́	её	нас	вас	их
Instr	мной	тобо́й	им	им	ей	на́ми	ва́ми	и́ми
Präp	мне	тебе́	нём	нём	ней	нас	вас	них

Steht vor dem Personalpronomen eine Präposition, so wird vor die Pronomen, die mit Vokal anlauten, ein **н** gesetzt: он (*Gen* его́) у **н**его *bei ihm;* она́ (Instr ей) с **н**ей *mit ihr;* они́ (*Dat* им) к **н**им *zu ihnen.*

Possessivpronomen

Die besitzanzeigenden Fürwörter lauten im Russischen:

mein – **мой**, dein – **твой**, sein – **его́**, ihr *Sing* – **её**, unser – **наш**, euer, Ihr – **ваш**, ihr *Pl* – **их**. Die Possessivpronomen его́, её, их sind unveränderlich. Die Possessivpronomen мой, твой, наш und ваш werden dekliniert. Sie richten sich in Genus, Kasus und Numerus nach dem Bestimmungswort (d. h. nach dem, was besesses wird), z. B. мой стол, моя́ подру́га, моё письмо́, мои́ столы́.

	m	f	n	Pl
Nom	мой	моя́	моё	мои́
Gen	моего́	мое́й	моего́	мои́х
Dat	моему́	мое́й	моему́	мои́х
Akk	мой/моего́	мою́	моё	мои/мои́х
Instr	мои́м	мое́й	мои́м	мои́ми
Präp	моём	мое́й	моём	мои́х

Wie мой wird auch твой dekliniert.

	m	f	n	Pl
Nom	наш	на́ша	на́ше	на́ши
Gen	на́шего	на́шей	на́шего	на́ших
Dat	на́шему	на́шей	на́шему	на́шим
Akk	наш/на́шего	на́шу	на́ше	на́ши/на́ших
Instr	на́шим	на́шей	на́шим	на́шими
Präp	на́шем	на́шей	на́шем	на́ших

Wie наш wird auch ваш dekliniert.

Interrogativpronomen (Fragefürwörter)

Кто – *wer* und **что** – *was*. Beachten Sie auch die Aussprache von что schto und von **кого́** kawó.

Nom	кто	что
Gen	кого́	чего́
Dat	кому́	чему́
Akk	кого́	что
Instr	кем	чем
Präp	ком	чём

Die Fragepronomen **какой** *was für ein, welcher* und **кото́рый** *welcher, der wievielte* werden wie Adjektive dekliniert: Како́й авто́бус? *Welcher Bus?*, Кака́я пого́да? *Was für ein Wetter?*, Како́е сча́стье! *Was für ein Glück!*, Каки́е города́? *Welche Städte?*;
Кото́рый час? *Wieviel Uhr (ist es)?*
В кото́ром часу́? *Um wieviel Uhr?*

Negierende Pronomen (Verneinende Fürwörter)

Negierende Pronomen werden aus den Interrogativpronomen durch Voransetzen der Partikel **ни-** gebildet: **никто́** *niemand*, **ничто́** *nichts*, **никако́й** *keiner(lei)*. Sie werden wie die entsprechenden Fragepronomen dekliniert. Präpositionen werden zwischen ни- und Fragepronomen gestellt, z. B. ни у кого́ *bei niemanden*, ни с кем *mit niemandem*.

Relativpronomen (Rückbezügliches Fürwort)

Das Relativpronomen **кото́рый** *welcher* leitet einen Relativsatz ein. Es wird dekliniert wie ein Adjektiv: Гости́ница, **кото́рая** мне о́чень нра́вится *Das Hotel, **das** mir sehr gefällt,* Гости́ница, **кото́рую** я зна́ю *Das Hotel, **das** ich kenne.*

Demonstrativpronomen (Hinweisende Fürwörter)

Das Demonstrativpronomen **э́тот** *dieser* verweist auf etwas räumlich oder zeitlich Nahes, das Demonstrativpronomen **тот** *jener* auf etwas räumlich oder zeitlich Entfernteres.

	m	f	n	Pl
Nom	э́тот	э́та	э́то	э́ти
Gen	э́того	э́той	э́того	э́тих
Dat	э́тому	э́той	э́тому	э́тим
Akk	э́тот/э́того	э́ту	э́то	э́ти/э́тих
Instr	э́тим	э́той	э́тим	э́тими
Präp	э́том	э́той	э́том	э́тих

	m	f	n	Pl
Nom	тот	та	то	те
Gen	того́	той	того́	тех
Dat	тому́	той	тому́	тем
Akk	тот/того́	ту	то	те/тех
Instr	тем	той	тем	те́ми
Präp	том	той	том	тех

DAS VERB

Der Aspekt

Die meisten russischen Verben bilden Verbpaare. Das ist bedingt durch eine wichtige Erscheinung in der russischen Grammatik: den Verbalaspekt. Der Aspekt kennzeichnet die Betrachtungsweise, mit der der Sprechende eine Handlung erfaßt. Es gibt im Russischen zwei solcher Betrachtungsweisen:

- den **unvollendeten Aspekt**. Er bezeichnet eine nicht abgeschlossene Handlung in ihrem Verlauf oder ihrer Dauer ohne zeitliche Begrenzung.
- den **vollendeten Aspekt**. Er kennzeichnet eine Handlung als abgeschlossenes Geschehen in Hinblick auf das Resultat der Handlung oder in Hinblick auf ihre zeitliche Begrenzung.

Für eine lexikalische Bedeutung gibt es deshalb im Russischen in der Regel zwei Verben, z. B. für „trinken“:

пить *uv*	trinken als allgemeine Handlung oder als soeben stattfindender Prozeß
вы́пить *v*	austrinken

INFO

Um Ihnen das Bilden von Sätzen zu erleichtern, haben wir in den Wortlisten zu den einzelnen Kapiteln immer nur den Aspekt angegeben, den Sie in der jeweiligen Situation benötigen. Im Wörterbuchteil dagegen haben wir beide Aspekte aufgeführt, wobei der unvollen-

dete immer an erster Stelle, vor dem Schrägstrich, steht. Entspricht einem deutschen Verb im Russischen nicht ein Aspektpaar, sondern ein einzelnes Verb, so wird bei diesem dann die Aspektzugehörigkeit vermerkt; mit *uv* der unvollendete Aspekt und mit *v* der vollendete.

Der Infinitiv

Die häufigste Infinitivendung ist ***-ть***, ferner gibt es noch die Endungen ***-ти*** und ***-чь***.

Reflexive Verben

Die reflexiven Verben des unvollendeten und des vollendeten Aspekts werden mit dem Suffix ***-ся*** nach Konsonant oder ***-сь*** nach Vokal gebildet: одева́ть *anziehen*, я одева́ю, *ich ziehe an*, ты одева́ешь, *du ziehst an*; одева́ться *sich anziehen*, я одева́юсь *ich ziehe mich an*,ты одева́ешься *du ziehst dich an*.

Bildung der Zeitformen

Präsens

Das Präsens kann nur von unvollendeten Verben gebildet werden. An den Präsensstamm werden die Personalendungen angehängt. Man unterscheidet zwei Konjugationen: die **e-Konjugation** und die **i-Konjugation**

	e-Konjugation	i-Konjugation
	чита́ть	говори́ть
1. Sing	чита́ю	говорю́
2.	чита́ешь	говори́шь
3.	чита́ет	говори́т
1. Pl	чита́ем	говори́м
2.	чита́ете	говори́те
3.	чита́ют	говоря́т

Futur

Das Futur vollendeter Verben wird wie das Präsens unvollendeter Verben gebildet, z. B. прочита́ть *v lesen*: прочита́ю, прочита́ешь, прочита́ет, прочита́ем, прочита́ете, прочита́ют.

Das Futur unvollendeter Verben wird gebildet mit den Formen des Hilfsverbs **быть** *sein* plus dem Infinitiv des unvollendeten Verbs:

1. Sing	бу́ду	чита́ть
2.	бу́дешь	
3.	бу́дет	
1. Pl	бу́дем	
2.	бу́дете	
3.	бу́дут	

Präteritum

Die Form des Präteritums richtet sich nach Genus (Geschlecht) und Numerus (Einzahl oder Mehrzahl) des Subjekts. Es wird gebildet, indem man die

Infinitivendung *-ть*, *-ти* oder *-чь* durch die Endung des Präteritums ersetzt. Diese lautet bei männlichem Subjekt im Singular ***-л***, bei weiblichem ***-ла*** und bei sächlichem ***-ло***. Im Plural ist die Endung für alle Geschlechter ***-ли***.

Numerus	Genus	Person	читать
Sing	m	я, ты, он	чита́л
	f	я, ты, она́	чита́ла
	n	оно́	чита́ло
Pl	m, f, n	мы, вы, они́	чита́ли

Konjunktiv

Die Formen des Konjunktivs unvollendeter und vollendeter Verben sind aus den Formen des Präteritums und der Partikel **бы** zusammengesetzt. Он чита́л бы. *Er würde lesen.* Она́ чита́ла бы. *Sie würde lesen.*

INFO

Wenn Sie eine Bitte höflich mit „Ich würde gern …“ oder „Ich hätte gern …“ formulieren, haben Sie deshalb im Russischen unterschiedliche Verbalendungen, je nachdem, ob Sie als Sprecher männlich oder weiblich sind. Wir haben in den Sätzen in solchen Fällen das *a* der weiblichen Endung in Klammern hinter die männliche Endung gesetzt: Я хоте́л(а ♀) бы … Sie müssen den Satz dann entsprechend auflösen: Als Mann sagen Sie: Я хоте́л бы … und als Frau sagen Sie: Я хоте́ла бы …

Imperativ

Der Imperativ wird gebildet, indem man anstelle der Endungen der 3. Person Plural Präsens für den Singular die Endungen ***-й***, ***-и*** oder ***-ь*** und für den Plural ***-йте***, ***-ите***, ***-ьте*** setzt:

-й, ***-йте*** wenn vor der Endung der 3. Person Plural ein Vokal steht: чита́ть *lesen* – (они́) чита́ют → чита́й! *lies!* чита́йте! *lest!, lesen Sie!*

-и, ***-ите*** wenn vor der Endung der 3. Person Plural ein Konsonant steht und die 1. Person Singular betont ist: сказа́ть *sagen* (я) скажу́ (они) ска́жут → скажи́! *sagt!* скажи́те! *sagt!, sagen Sie!*

-ь, ***-ьте*** wenn vor der Endung der 3. Person Plural ein Konsonant steht und die 1. Person Singular nicht endbetont ist: встать aufstehen (я) вста́ну (они́) вста́нут → встань! *steh auf!* вста́ньте! *steht auf!, stehen Sie auf!*

Farben	→ S. 132
Geschäfte	→ S. 133
Körperteile und Organe	→ S. 204
Lebensmittel	→ S. 134
Tiere und Bäume	→ S. 125
Wochentage und Monate	→ S. 224
Zahlen	→ hinterer Umschlag innen

Abkürzungen

Adv	*Adverb*	*n*	*neutral*
Akk	*Akkusativ*	*Pl*	*Plural*
Dat	*Dativ*	*Poss Pron*	*Possessivpronomen*
f	*fenininum*	*Präp*	*Präpositiv*
Gen	*Genitiv*	*Sing*	*Singular*
Instr	*Instrumental*	*uv*	*unvollendet*
m	*maskulinum*	*v*	*vollendet*
med	*medizinisch*	*zeitl*	*zeitlich*

A

ab с + *Gen* ß; от + *Gen* ot
Abend ве́чер wjétscher
Abendessen у́жин úschin
abends ве́чером wjétschiram
Abenteuer приключе́ние priklјutschénije
aber но no
abfahren (von) отъезжа́ть/отъе́хать (от + *Gen*) atjeschát/atjéchat (at)
Abfahrt отправле́ние atprawljénije
abholen заходи́ть/зайти́ (за + *Instr*) sachadít/saití (sa)
Abreise отъе́зд atjésd
abreisen уезжа́ть/уе́хать ujischát/ujéchat
abschalten выключа́ть/вы́ключить wykljutschát/wýkljutschit
absichtlich *Adv* наро́чно naróschna
absolut *Adv* абсолю́тно abßaljútna
Abteilung отде́л ad-djél
abwesend отсу́тствующий atßútßtwujuschtschi
abziehen вычита́ть/вы́честь wytschitát/wýtschißt
Adapter ада́птер adáptär
addieren прибавля́ть/приба́вить pribawlját/pribáwit
Adresse а́дрес ádris
ähnlich похо́жий pachóschy
aktiv акти́вный aktíwny
Adv акти́вно aktíwna
Akzent акце́нт aktzänt

alle все fßje
allein оди́н *m* adín, одна́ *f* adná, одно́ *n* adnó, одни́ *Pl* adní
alleinstehend одино́кий adinóki
alles всё fßjo
allgemein о́бщий óbschtschi
allmählich *Adv* постепе́нно paßtipjéna
als *(zeitl)* когда́ kagdá; *(beim Vergleich)* чем tschem
also ита́к iták
alt ста́рый ßtáry
Alter во́зраст wósraßt
Ampel светофо́р ßwitafór
amüsieren, sich развлека́ться/развле́чься raswlikátza/raswljétschßja
an *(bei)* у + *Gen* u; при + *Präp* pri; *(neben)* о́коло + *Gen* ókala; *(– einem Wochentag)*; в + *Akk* w
anbieten предлага́ть/предложи́ть pridlagát/pridlaschýt
Andenken сувени́р ßuwinír
anderer друго́й drugój
ändern изменя́ть/измени́ть isminját/isminít
anders по-друго́му pa-drugómu
Anfang нача́ло natschála
Anfänger начина́ющий natschinájuschtschi
anfordern запра́шивать/запроси́ть sapráschywat/sapraßít
angenehm прия́тный prijátny
angezogen оде́тый adjéty
angreifen напада́ть/напа́сть (на + *Akk*) napadát/napáßt (na)
Angst страх ßtrach
ankommen приезжа́ть/прие́хать prijischát/prijéchat
Ankunft прибы́тие pribýtije
anmelden, sich регистри́роваться/зарегистри́роваться rigißtrírawatza/sarigißtrírawatza
ansehen осма́тривать/осмотре́ть aßmátriwat/aßmatrjét
Ansicht вид wid; *(Meinung)* взгляд wsgljad
Ansichtskarte откры́тка с ви́дом atkrýtka ßwídam
anständig прили́чный prilítschny
anstatt вме́сто wmjéßta
Antrag заявле́ние sajiwljénije
Antwort отве́т atwjét
antworten отвеча́ть/отве́тить atwitschát/atwjétit
anwesend прису́тствующий prißútßtwujuschtschi
Anzahlung зада́ток sadátak
Anzeige объявле́ние abjiwljénije
anziehen надева́ть/наде́ть nadiwát/nadjét; **sich** - одева́ться/оде́ться adiwátza/adjétza
Arbeit рабо́та rabóta
arbeiten рабо́тать rabótat
arbeitslos безрабо́тный bisrabótny
Architekt архите́ктор architjéktar
ärgerlich серди́тый ßirdíty; **das ist** - э́то доса́дно ăta daßádna
Argument аргуме́нт argumjént
arm бе́дный bjédny
Art *(Sorte)* вид wid; *(Weise)* спо́соб ßpóßab
Aschenbecher пе́пельница pjépilnitza
Atem дыха́ние dychánije
atmen дыша́ть *uv* dyschát
auch то́же tósche; **sowohl … als** - и … и i … i

auf *(wo?)* на + *Präp* na; *(wohin?)* на + *Akk* na; *(offen)* откры́тый atkrýty; **- deutsch** по-неме́цки pa-nimjétzky; **- russisch** по-ру́сски pa-rúski
aufbewahren сохраня́ть/сохрани́ть ßachranját/ßachranít
Aufenthalt пребыва́ние pribywánije
Aufführung представле́ние pridßtawljénije
aufgeben *(Brief)* отправля́ть/отпра́вить atprawlját/atpráwit
aufgeregt взволно́ванный wswalnówany
aufhören перестава́ть/переста́ть pirißtawát/pirißtát
aufmachen открыва́ть/откры́ть atkrywát/atkrýt
aufpassen (auf) присма́тривать/присмотре́ть (за) + *Instr* prißmátriwat/prißmatrjét (sa)
aufregen, sich волнова́ться/взволнова́ться walnawátza/wswalnawátza
aufschreiben запи́сывать/записа́ть sapíßywat/sapißát
aufstehen встава́ть/встать fßtawát/fßtat
aufwachen просыпа́ться/просну́ться praßypátza/praßnútza
aufwärts вверх wjerch
Aufzug лифт lift
Augenblick мгнове́ние mgnawjénije
augenblicklich мгнове́нный mgnawjény; *Adv* мгнове́нно mgnawjéna
aus из + *Gen* is
Ausflug экску́рсия äkßkúrßija
ausführlich подро́бный padróbny; *Adv* подро́бно padróbna
Ausgang вы́ход wýchad
ausgeben тра́тить/потра́тить tratit/patrátit
ausgehen выходи́ть/вы́йти wychadít/wýti
ausgezeichnet отли́чный atlítschny; *Adv* отли́чно atlítschna
Ausland загрпни́ца sagranítza
Ausländer иностра́нец inaßtránitz
ausländisch иностра́нный inaßtrány
ausleihen брать/взять напрока́т brat/wsjat naprokát
ausmachen выключа́ть/выключи́ть wykljutschát/wykljutschit
ausruhen, sich отдыха́ть/отдохну́ть ad-dychát/ad-dachnút
Aussage выска́зывание wyßkásywanije
Aussehen (вне́шний) вид (wnjéschni) wid
Aussicht вид wid
aussteigen сходи́ть/сойти́ ßchadít/ßaití
Ausstellung вы́ставка wýßtafka
ausverkauft про́дано pródana
Auswahl вы́бор wýbar
Ausweis удостовере́ние udaßtawirjénije
ausziehen *(Kleidung)* снима́ть/снять ßnimát/ßnjat; **sich -** раздева́ться/разде́ться rasdiwátza/rasdjétza
außen снару́жи ßnarúschy
außer кро́ме + *Gen* krómi
außerdem кро́ме того́ krómi tawó
außergewöhnlich необыкнове́нный niabyknawjény

außerhalb вне + *Gen* wnje
äußerlich внéшний wnjéschni
automatisch автоматúческий aftamatítschißki

B

Bad вáнная wánaja
baden купáться/вы́купаться kupátza/wýkupatza
bald скóро skóra
Balkon балкóн balkón
Ball мяч mjatsch; *(Tanz-)* бал bal
Bank банк bank; *(Sitzbank)* скамéйка skamjéjka
bar налúчными nalítschnymi
Bart бородá baradá; *(Schnurr-)* усы́ *Pl* ußý
Batterie батарéя bataréja; (*Auto*) аккумулятор akumuljátar
Baum дéрево djériwa
bauen стрóить/пострóить ßtróit/paßtróit
beabsichtigen намéреватся *uv* namjériwatza
Beanstandung рекламáция riklamátzyja
beantworten отвечáть/отвéтить atwitschát/atwjétit
bedauern жалéть/пожалéть schaljét/paschaljét; **ich bedauere, daß** ... мне жаль, что mnje schal, schto
bedeuten знáчить *uv* snátschit
bedienen обслу́живать/обслужúть abßlúschywat/abßluschýt
Bedienung обслу́живание abßlúschywanije
beenden окáнчивать/окóнчить akántschiwat/akóntschit
befestigen укреплять/укрепúть ukripljàt/ukripít
begegnen встречáть/встрéтить wßtritschát/wßtrjétit
Beginn начáло natschála
beginnen начинáть/начáть natschinát/natschát
begleiten сопровождáть/сопроводúть ßaprawaschdát/ßaprawadít
begreifen понимáть/поня́ть panimát/panját
begrüßen привéтствовать priwjétßtwawat
behalten оставля́ть/остáвить aßtawlját/aßtáwit
behandeln *(med)* лечúть *uv* litschít
behaupten утверждáть *uv* utwirschdát
bei у + *Gen*
beide óба *m, n* óba, óбе *f* óbje
beinahe почтú patschtí
Beispiel примéр primjér; **zum** - напримéр naprimjér
beißen кусáть/укусúть kußát/ukußít
bekannt извéстный iswjéßny; *(persönlich-)* знакóмый snakómy
beklagen, sich (über) жáловаться/пожáловаться (на + *Akk*) schálawatza/paschálawatza (na)
bekommen получáть/получúть palutschát/palutschít
bemerken замечáть/замéтить samitschát/samjétit
benachrichtigen уведомля́ть/увéдомить uwidamlját/uwjédamit
benehmen, sich вестú себя́ wißtí ßibjá
benutzen употребля́ть/употребúть upatriblját/upatribít
beobachten наблюдáть *uv* nabljudát

bequem удо́бный udóbny
bereit гото́вый gatówy
Berg гора́ gará
bergab по́д гору pód garu
bergauf в го́ру wgóru
berichten докла́дывать/ доложи́ть dakladywat/ dalaschýt
Beruf профе́ссия prafjéßija
berühmt знамени́тый snaminíty
berühren тро́гать/тро́нуть trógat/trónut
beschäftigt за́нятый sánity
beschreiben опи́сывать/ описа́ть apíßywat/apißát
beschützen защища́ть/ защити́ть saschtschi-schtschat/saschtschitít
beschweren, sich жа́ловаться/ пожа́ловаться schálawatza/ paschálawatza
Besen ве́ник wjénik
besetzt за́нятый sánity
besichtigen осма́тривать/осмо-тре́ть aßmátriwat/aßmatrjét
Besichtigung осмо́тр aßmótr
besitzen владе́ть *uv* + *Instr* wladjét
besonders осо́бенно aßóbina
besorgt озабо́ченный asabó-tschiny
besprechen обсужда́ть/ обсуди́ть abßuschdát/abßudít
besser лу́чше lútsche
bestätigen подтвержда́ть/ подтверди́ть patwirschdát/ patwirdít
bester са́мый лу́чший ßámy lútschy
Besteck прибо́р pribór
bestellen зака́зывать/заказа́ть sakásywat/sakasát
Bestellung зака́з sakás
bestimmt определённый apridiljóny
Besuch посеще́ние paßi-schtschénije; *(Gast)* гость *m* goßt
besuchen посеща́ть/посети́ть paßitschschát/paßitít
Besucher посети́тель *m* paßitítil
Betrag су́мма ßúma
betrunken пья́ный pjány
Bett крова́ть *f* krawát
Bettwäsche посте́льное бельё paßtjélnaje biljó
bevor пре́жде чем prjéschdi tschem
bewegen дви́гать/дви́нуть dwígat/dwínut
Beweis доказа́тельство da-kasátilßtwa
bezahlen плати́ть/заплати́ть platít/saplatít
Bezahlung пла́та pláta
bieten предлага́ть/предло-жи́ть pridlagát/pridlaschýt
Bild карти́на kartína
Bildhauer ску́льптор ßkúlptar
billig дешёвый dischówy; *Adv* дёшево djóschywa
binden свя́зывать/связа́ть ßwjásywat/ßwisát
Bindfaden верёвка wirjófka
bis до + *Gen* da
bisher до сих пор da ßich por
bißchen, ein немно́го nimnóga
bitte пожа́луйста paschálußta
Bitte про́сьба próßba
bitten проси́ть/попроси́ть praßít/papraßít
blasen дуть/поду́ть dut/padút
blaß бле́дный bljédny
Blatt лист lißt
bleiben остава́ться/оста́ться aßtawátza/aßtátza
Bleistift каранда́ш karandásch
Blick взгля́д wsgljád
blicken смотре́ть/посмотре́ть ßmatrjét/paßmatrjét

Blume цветок tzwitók
Boden земля́ simljá
borgen занима́ть/заня́ть sanimát/sanját
böse злой sloj
Brand пожа́р paschár
brauchen *(etw)* нужда́ться (в + *Instr*) nuschdátza
brechen лома́ть/слома́ть lamát/ßlamát
breit широ́кий schyróki
Breite ширина́ schyriná
brennen горе́ть/сгоре́ть garjét/ßgarjét
Brief письмо́ pißmó
Briefmarke почто́вая ма́рка patschtówaja márka
Briefpapier почто́вая бума́га patschtówaja bumága
Brieftasche бума́жник bumáschnik
Briefumschlag конве́рт kanwjért
Brille очки́ *Pl* atschkí
bringen приноси́ть/принести́ prinaßít/prinißtí
Brücke мост moßt
Bruder брат brat
Buch кни́га kníga
Buchstabe бу́ква búkwa
Buchung зака́з sakás
Büro о́фис ófis

C

Café кафе́ kafǻ
Chef шеф schäf

D

da там tam
Dach кры́ша krýscha
dagegen про́тив э́того prótiw ätawa
daher от э́того at ätawa
damals тогда́ tagdá
Dame да́ма dáma
damit что́бы schtóby
danach зате́м satjém
Dank благода́рность *f* blagadárnaßt
dankbar благода́рен *m* blagadárin, благода́рна *f* blagadárna, благода́рны *Pl* blagadárny, **ich bin Ihnen sehr -** я Вам о́чень благода́рен ♂/благода́рна ♀ ja wam ótschin blagadárin ♂/blagadárna ♀
danke спаси́бо ßpaßíba
dann пото́м patóm
das э́то ǻta
dasselbe то́ же са́мое tó sche ßámaje
daß что schto
Datum да́та dáta
dauern дли́ться/продли́ться dlítza/pradlítza
Decke одея́ло adijála
dein(e) твой *m* twoj, твоя́ *f* twajá, твоё *n* twajó, твои́ *Pl* twaí
denken (an) ду́мать/поду́мать (о + *Präp*) dúmat/padúmat (a)
dennoch всё-таки fßjó-taki
deutlich я́сный jáßny
deutsch неме́цкий nimjétzki; *Adv* по-неме́цки pa-nimjétzki
Deutsche(r) не́мец *m* njémjetz, не́мка *f* njémka
Deutschland Герма́ния girmánija
Dia диапозити́в diapasitíw
dich тебя́ tibjá
dicht пло́тный plótny
Dichter поэ́т poǻt
dick то́лстый tólßty
diese(r, -s) э́тот *m* ǻtat, э́та *f* ǻta, э́то *n* ǻta, э́ти *Pl* ǻti
Ding вещь *f* wjetschtsch
dir тебе́ tibjé

direkt *Adv* прямо prjáma
doch ведь wjed
Dorf деревня dirjéwnja
dort там tam
Dose банка bánka
Dosenöffner консервный нож kanßjérwny nosch
Draht проволока prówalaka
draußen снаружи ßnarúschy
drehen вертеть *uv* wirtjét
dringend *Adv* срочно ßrótschna
drinnen внутри wnutrí
Droge наркотик narkótik
Drogenabhängige(r) наркоман *m* narkamán; наркоманка *f* narkamánka
drüben на той стороне na toj ßtaranjé
drücken пожимать/пожать paschymát/paschat
du ты ty
dumm глупый glúpy
dunkel тёмный tjómny
dünn тонкий tónki
durch сквозь ßkwos
durchschnittlich в среднем fßrjédnjem
dürfen: ich darf мне можно mnje móschna; **ich darf nicht** мне нельзя mne nilsjá; **darf ich?** можно? móschna?
Durst жажда scháschda; **- haben** хотеть пить chatjét pit
Dusche душ dusch
duschen мыться под душем mýtza pad dúschem
Duty-free-Shop магазин беспошлиной торговли magasín bißpóschlinai targówli

E

Ebbe отлив atlíw
eben *(flach)* ровный równy; *(zeitl)* только что tólka schto
echt настоящий naßtajáschtschi
Ecke угол úgal
egal всё равно fßjo rawnó
Ehe брак brak
Ehefrau жена schyná
Ehemann муж musch
eigener собственный ßóbßtwiny
eigentlich собственно говоря ßóbßtwina gawarjá
eilig торопливый tarapliwy
Eimer ведро widró
ein(e) один *m* adín, одна *f* adná, одно *n* adnó
einfach простой praßtój; *Adv* просто próßta
Eingang вход fchod
einige некоторые njékataryje
einigen, sich (auf) сходиться/сойтись (на + *Akk*) ßchadítza/ßaitís (na)
einkaufen покупать/купить pakupát/kupít
einladen приглашать/пригласить priglaschát/priglaßít
Einladung приглашение priglaschénije
einmal однажды adnáschdy
einpacken упаковывать/упаковать upakówywat/upakawát
einsam одинокий adinókij
einschalten включать/включить fkljutschát/fkljutschít
einschlafen засыпать/заснуть saßypát/saßnút
einsteigen входить/войти fchadít/wajtí
eintreten входить/войти fchadít/wajtí; **bitte, treten Sie ein!** проходите, пожалуйста! prachadíte, paschálußta!
Eintrittsgebühr плата за вход pláta sa fchod
einzeln отдельный atdjélny

einzig единственный jidinßt-winy
Empfang приём prijóm
empfehlen советовать/посоветовать ßawjétawat/paßa-wjétawat
Empfehlung рекомендация rikamindátzyja
Ende конец kanjétz
endlich наконец nakanjétz
eng узкий úski
Enkel(in) внук *m* wnuk, внучка *f* wnútschka
Enkelkind внук wnuk
Ente утка útka
entfernen удалять/удалить udalját/udalít
enthalten содержать *uv* ßadirschát
entlang вдоль wdol
entscheiden, sich решаться/решиться rischátza/rischýtza
entschuldigen, sich (für/bei) извиняться/извиниться (за + *Akk*/перед + *Instr*) iswi-njátza/iswinítza (sa/périd)
Entschuldigung! извините! iswinítje
entweder … oder или … или … íli … íli …
er он on
Erde земля simljá
Erdgeschoß первый этаж pjérwy ätásch
erfahren узнавать/узнать us-nawát/usnát
erfolgreich успешный ußpjé-schny
erhalten получать/получить palutschát/palutschít
erinnern, sich вспоминать/вспомнить wßpaminát/wßpómnit
Erinnerung воспоминание waßpaminánije
erklären объяснять/объяснить abjißnját/abijßnít
erlauben разрешать/разрешить rasrischát/rasrischit
Ermäßigung скидка ßkídka
ernst серьёзный ßirjósny
erreichen достигать/достичь + *Gen* daßtigát/daßtítsch
erscheinen появляться/появиться pajiwljátza/paji-wítza
erster первый pjérwy
Erwachsener взрослый wsróßly
erwähnen упоминать/упомянуть upaminát/upa-minút
erwarten ожидать *uv* aschydát
es оно anó
Essen еда jidá
essen есть/поесть jeßt/pajéßt
Eßlöffel столовая ложка ßtalówaja lóschka
Etage этаж ätásch
etwa около + *Gen* ókala
etwas что-то schtó-ta
euch вам wam
euer, eure *usw.* ваш *m* wasch ваша *f* wáscha, ваше *n* wáschje, ваши *Pl* wáschi

F

Fabrik фабрика fábrika
fahren ездить *uv,* jésdit; ехать/поехать jéchat/pajéchat
Fahrer шофёр schafjór
Fahrkarte билет biljét
Fahrplan расписание raßpißá-nije
Fahrrad велосипед wilaßipjéd
Fahrt поездка pajésdka
falls если jéßli
falsch неправильный ni-práwilny
Familie семья ßimjá

Familienname фами́лия familíja
fangen лови́ть/пойма́ть lawít/paimát
Farbe цвет tzwjet; *(Mal-)* кра́ска kráska
farbig цветно́й tzwitnój
fassen хвата́ть/схвати́ть chwatát/ßchwatít
fast почти́ patschtí
fehlen отсу́тствовать *uv* atßútßtwawat
Fehler оши́бка aschýbka
Feiertag пра́здник prásnik
Feld по́ле pólje
Fels(en) скала́ ßkalá
Fenster окно́ aknó
Ferien кани́кулы *Pl* kaníkuly
Fernseher телеви́зор tiliwísar
fertig гото́вый gatówy
fest про́чный prótschny
fettig жи́рный schýrny
feucht вла́жный wláschny
Feuerzeug зажига́лка saschygálka
Film фильм Film
finden находи́ть/найти́ nachadít/naití
Firma фи́рма fírma
Fisch ры́ба rýba
flach пло́ский plóski
Flasche буты́лка butýlka
Flaschenöffner открыва́лка atkrywálka
Fleck пятно́ pitnó
Fliege му́ха múcha
fliegen лете́ть litjét
Flur коридо́р karidór
Fluß река riká
Flut прили́в priliw
Folgen после́дствия paßljédßtwija
folgen сле́довать/после́довать ßljédawat/paßljédawat
folgender сле́дующий ßljéduschtschi
formell форма́льный farmálny
Formular формуля́р farmulјár
Fotografie фотогра́фия fatagráfija
Frage вопро́с waprós
fragen спра́шивать/спроси́ть ßpráschywat/ßpraßít
Frau же́нщина schénschtschina
frech на́глый nágly
frei свобо́дный ßwabódny
fremd чужо́й tschuschój
Fremdenführer экскурсово́д ăkskurßawód
freuen, sich ра́доваться + *Dat* rádawatza
Freund друг drug
Freundin подру́га padrúga
freundlich любе́зный ljubjésny
frisch све́жий ßwjéschy
früh ра́но ráno
Frühstück за́втрак sáftrak
frühstücken за́втракать/поза́втракать sáftrakat/pasáftrakat
fühlen, (sich) чу́вствовать/почу́вствовать (себя́) tschúßtwawat/patschúßtwawat (ßibjá)
füllen наполня́ть/напо́лнить napalnját/napólnit
funktionieren рабо́тать *uv* rabótat
für для + *Gen* dlja; за + *Akk* sa
fürchten боя́ться/побоя́ться + *Gen* bajátza/pabajátza
fürchterlich ужа́сный uschаßny
Fußgänger пешехо́д pischychód
Fußgängerzone пешехо́дная зо́на pischychódnaja sóna

G

Gabel ви́лка wílka
ganz це́лый tzăly; *Adv* совсе́м ßafßjém
gar nicht совсе́м не ßafßjém nje
Garten сад ßad

Gast гость *m* goßt
Gastgeber(in) хозя́ин *m* chasjáin, хозя́йка *f* chasjájka
Gebäude зда́ние sdánije
geben дава́ть/дать dawát/dat
Gebirge го́ры *Pl* góry
Gebühr пла́та pláta
Geburtstag день *m* рожде́ния djen raschdjénija
Gedanke мысль *f* mysl
geduldig терпели́вый tirpilíwy
geeignet подходя́щий padchadjáschtschi
Gefahr опа́сность *f* apáßnaßt
gefährlich опа́сный apáßny
gefallen нра́виться/понра́виться nráwitza/panráwitza; **das gefällt mir** э́то мне нра́вится áta mnje nráwitza
gegen про́тив + *Gen* prótiw; *(zeitl)* о́коло ókala
Gegend ме́стность *f* mjéßnaßt
Gegenstand предме́т pridmjét
Gegenteil противополо́жность *f* pratiwapalóschnaßt
gegenüber напро́тив + *Gen* naprótiw
Gehalt зарпла́та sarpláta
geheim та́йный táiny
Geheimnis та́йна táina
gehören принадлежа́ть *uv* prinadlischát
Gelächter хо́хот chóchat
Geld де́ньги *Pl* djéngi
gelegentlich *Adv* случа́йно ßlutscháina
gelingen удава́ться/уда́ться udawátza/udátza
gemein по́длый pódly
genau то́чный tótschny
genießen наслажда́ться/наслади́ться + *Instr* naßlaschdátza/naßladítza
genug *Adv* доста́точно daßtátatschna
geöffnet откры́тый atkrýty
Gepäck бага́ж bagásch
gerade прямо́й primój; *Adv* пря́мо prjáma; *(soeben)* как раз kak ras
geradeaus пря́мо prjáma
Gerät прибо́р pribór
Geräusch шум schum
Gericht *(Essen)* блю́до bljúda; *(Justiz)* суд ßud
gering незначи́тельный nisnatschítilny
gern охо́тно achótna
Geruch за́пах sápach
geschäftlich делово́й dilawój
Geschäftsführer управля́ющий uprawljájuschtschi
geschehen происходи́ть/произойти́ praißchadít/praisaití
Geschenk пода́рок padárak
geschieden разведённый *m* raswidjóny, разведённая *f* raswidjónaja
Geschirr посу́да paßúda
geschlossen *Adj* закры́тый sakrýty
Geschwindigkeit ско́рость *f* ßkóraßt
Gesetz зако́н sakón
gesetzlich зако́нный sakóny
gesetzwidrig противоза-ко́нный pratiwasakóny
Gespräch разгово́р rasgawór
gestern вчера́ ftschirá
Getränk напи́ток napítok
getrennt отде́льный ad-djélny
Gewicht вес wjes
gewinnen выи́грывать/вы́играть wyígrywat/wýigrat
gewöhnen, sich (an) привыка́ть/привы́кнуть (к + *Dat*) priwykát/priwýknut
gewöhnlich обы́чный abýtschny; *Adv* обы́чно abýtschna

gießen поливáть/полúть paliwát / palít
giftig ядовúтый jidawíty
Glas стеклó ßtikló
glatt глáдкий gládki
glauben вéрить/повéрить wjérit / pawjérit
gleich рáвный ráwny ; *(sofort)* немéдленно nimjédlina
Glocke кóлокол kólakal
Glück счáстье schtscháßtje
glücklich счастлúвый schtschißlíwy
Glühbirne лáмпочка lámpatschka
Gottesdienst богослужéние bagaßluschénije
Gras травá trawá
gratulieren jmd. (zu) поздравлять/поздрáвить + *Akk* (с + *Inst*) pasdrawlját / pasdráwit (ß)
grob грýбый grúby
groß большóй balschój ; *(berühmt)* велúкий wilíki
großartig великолéпный wilikaljépny
Größe величинá wilitschiná ; *(Kleidung)* размéр rasmjér
Großmutter бáбушка bábuschka
Großstadt большóй гóрод balschój górad
Großvater дéдушка djéduschka
großzügig щéдрый schtschjédry
Grund причúна pritschína ; *(Basis)* оснóва aßnówa
Gruppe грýппа grúpa
Gruß привéт priwjét
gut хорóший charóschy ; *Adv* хорошó charaschó
gültig действúтельный dißtwítilny

H

Haartrockner фен fjen
haben иметь imjet ; **ich habe** у меня́ (есть) + *Nom* u minjá (jeßt); **ich habe nicht** у меня́ нет + *Gen* u minjá njet
Haken крючóк krjutschók
halb *Zusammensetzungen mit* пол (ý)- pol(ú); **halbe Stunde** полчасá poltschaßá ; **halber Tag** полдня́ poldnjá ; **halber Liter** пол-лúтра pol-lítra
Hälfte половúна palawína
halten держáть *uv* dirschát *(an-)* останáвливать/ остановúть aßtanáwliwat / aßtanawít
Hammer молотóк malatók
Handtasche сýмка ßúmka
Handtuch полотéнце palatjéntze
Hang склон sklon
hängen висéть *uv* wißjét ; *(auf-)* вéшать/повéсить wjéschat / pawjéßit
hart твёрдый twjórdy
häßlich некрасúвый nikraßíwy
häufig чáсто *Adv* tscháßta
hauptsächlich глáвным óбразом gláwnym óbrasam
Hauptstraße глáвная ýлица gláwnaja úlitza
Haus дом dom
heiraten *(ein Mann heiratet)* женúться schynítza ; *(eine Frau heiratet)* выходúть/ вы́йти зáмуж wychadít / wýti sámusch
heiß горя́чий garjátschi
heißen звать swat ; **ich heiße** меня́ зовýт minjá sawút ; **wie heißen Sie?** как Вас зовýт? kak was sawút?
Heizung отоплéние atapljénije
helfen помогáть/помóчь pamagát / pamótsch

hell светлый ßwjétly
herab вниз wnis
herauf наве́рх nawjérch
heraus нару́жу narúschu; –! вон! won!
herein внутрь wnutr; –! войди́те! wajdítje!
Herr господи́н gaßpadín
herrlich *Adj* чуде́сный tschudjéßny
herstellen изготáвливать/изготóвить isgatáwliwat/isgatówit
herum вокру́г + *Gen* wakrúg
herunter вниз wnis
heute сегóдня ßiwódnja
hier здесь sdjes
hierher сюдá ßjudá
Hilfe пóмощь *f* pómaschtsch
erste – скóрая пóмощь skóraja pómaschtsch
Himmel нéбо njéba
hinab вниз wnis
hinauf вверх wjerch
hinaus нару́жу narúschu; –! вон! won!
hinein в + *Akk* w
hinten позади́ + *Gen* pasadí
hinter за + *Instr* sa
hinunter вниз wnis
Hitze жарá schará
hoch высóкии wyßóki; *Adv* высокó wyßakó
Hochzeit свáдьба ßwádba
hoffen (auf) надéяться (на + *Akk*) nadjé-itza (na)
hoffentlich *(ich hoffe)* надéюсь nadjéjus; *(wir hoffen)* надéемся nadjé-imßja
Hoffnung надéжда nadjéschda
höflich вéжливый wjéschliwy
Höhe высотá wyßatá
holen приноси́ть/принести́ prinaßít/prinißtí
Holz дéрево djériwa
hören слы́шать *uv* ßlýschat

Hotel гости́ница gaßtínitza
Hotelverzeichnis спи́сок гости́ниц ßpíßak gaßtínitz
hübsch ми́лый míly
Hügel холм cholm
Huhn ку́рица kúritza
Hunger гóлод gólad
hungrig голóдный galódny

I

ich я ja
Idee идéя idjéja
ihm емý jimú
ihn егó jiwó
Ihnen Вам wam
Ihr *(2. Person Pl)* вы wy; *(Poss Pron Sing)* ей jej
Ihr(e) Ваш(и) wasch(i)
ihr(e) *(Poss Pron Pl)* ваш(и) wasch(i)
Illustrierte журнáл schurnál
immer всегда fßigdá
in в w *auf die Frage „wohin?" + Akk; auf die Frage „wo?" + Präp*
inbegriffen включáя wkljutschája
Information информáция infarmátzyja
Ingenieur инженéр inschynjér
Inhalt(sverzeichnis) содержáние ßadirschánije
innen внутри́ + *Gen* wnutri
Innenstadt центр гóрода tzäntr górada
innerhalb (von) внутри́ + *Gen;* wnutrí; *(zeitl)* в течéние + *Gen* ftitschjéni
Insekt насекóмое naßikómaje
Insel óстров óßtraw
insgesamt всегó fßiwó
intelligent интеллигéнтный intiligjéntny

interessant интере́сный intirjéßny
interessieren, sich интересова́ться + *Instr* intirißawátza
intern вну́тренний wnútrini
inzwischen ме́жду тем mjéschdu tjem
irgendein како́й-нибудь kakójnibud
irgend etwas что́-нибу́дь schtó-nibud
irgendwo где́-нибудь gdjé-nibud

J

ja да da
Jahr год god
Jahrhundert столе́тие ßtaljétje
jeder ка́ждый káschdy
jedoch одна́ко adnáka
jemand кто́-то któ-ta
jene(r, -s) тот tot, та ta, то to, те tje
jetzt сейча́с ßitschás
joggen бе́гать трусцо́й bjégat trußtzój
jung молодо́й maladój
Junge ма́льчик máltschik

K

Kalender календа́рь *m* kalindár
kalt холо́дный chalódny; *Adv* хо́лодно chóladna
Kanal кана́л kanál
kaputt сло́маный ßlómany
Karriere карье́ра karjéra
Karte ка́рта kárta
Karton карто́нный я́щик kartóny jáschtschik
Kasse ка́сса káßa
kaufen покупа́ть/купи́ть pakupát/kupít
kaum едва́ jidwá
kein никако́й nikakój; *(niemand)* никто́ niktó
kennen знать snat
Kenntnisse зна́ния snánija
Kerze свеча́ ßwitschá
Kilometer киломе́тр kilamjétr
Kind ребёнок ribjónak
Kirche це́рковь *f* tzärkaw
Kissen поду́шка padúschka
klar я́сный jáßny
Klasse класс klas
Klavier пиани́но pianína
klein ма́ленький málinki
Kleingeld ме́лочь *f* mjélatsch
Klimaanlage кондиционе́р kanditzyanjér
Klingel звоно́к swanók
klingeln звони́ть/позвони́ть swanít/paswanít
klopfen стуча́ть/постуча́ть ßtutschát/paßtutschát
klug у́мный úmny
Kneipe каба́к kabák
Knopf пу́говица púgawitza
kochen вари́ть/свари́ть warít/ßwarít
Koffer чемода́н tschimadán
komisch смешно́й ßmischnój
kommen приходи́ть/прийти́ prichadít/prití
Komponist компози́тор kampasítar
können мочь/смочь motsch/ßmotsch
Kopie ко́пия kópija
kopieren копи́ровать/скопи́ровать kapírawat/skapírawat
Korb корзи́на karsína
Korken про́бка próbka
Korkenzieher што́пор schtópar
kosten сто́ить ßtóit
kostenlos беспла́тный bißplátny
Krach шум schum

Kraft сила ßíla
kräftig сильный ßílny
Kreis круг krug
Kreuzung перекрёсток piri-krjóßtak
Krieg война wainá
kritisieren критиковать kritikawát
Küche кухня kúchnja
Kugelschreiber шариковая ручка schárikawaja rútschka
Kuh корова karówa
kühl прохладный prachládny
Kühlschrank холодильник chaladílnik
kümmern, sich (um) заботиться/позаботиться (о + *Präp*) sabótitza/pasabótitza
Kunde клиент; klijént; *(Käufer)* покупатель *m* pakupátil
Kunst искусство ißkúßtwa
Künstler художник chudóschnik
künstlich искусственный isкúßtwiny
Kurs курс kurs
kurz короткий karótki
Kurzwelle короткие волны *Pl* karótkije wólny
Küste побережье pabirjéschje
Kuß поцелуй patzylúj

L

lächeln улыбаться/улыбнуться ulybátza/ulybnútza
lachen смеяться/засмеяться ßmijátza/saßmijátza
Lamm ягнёнок jignjónak
Lampe лампа lámpa
Land страна ßtraná
landen приземляться/приземлиться prisimljátza/prisimlítza
Landschaft ландшафт landscháft
Landstraße шоссе schaßá
lang длинный dlíny
Länge длина dliná
langsam медленно mjédlina
langweilen, sich скучать ßkutschát
langweilig скучный ßkúschny
Langeweile скука ßkúka
Lärm шум schum
lassen оставлять/оставить aßtawlját/aßtáwit
laufen бежать bischát
laut громко grómka
Leben жизнь *f* schysn
leben жить schyt
lebhaft оживлённый aschywljóny
Leder кожа kóscha
leer пустой pußtój
legen класть/положить klaßt/palaschýt
leicht лёгкий ljóchki; *Adv* легко lichkó
leid: es tut mir – мне жаль mnje schal
leiden страдать ßtradát
leider к сожалению kßaschaljénju
leihen брать/взять напрокат brat/wsjat naprakát
Leihgebühr плата за прокат pláta sa prakát
leise тихий tíchi
lernen учиться *uv* utschítza
lesen читать/прочитать tschitát/pratschitát
letzter последний pasljédni
Leute люди ljúdi
Licht свет ßwjet
lieb милый míly
Liebe любовь *f* ljubów
lieben любить ljubít
lieber лучше lútsche
Lied песня pjéßnja

liegen лежáть *uv* lischát
Linie лúния línija
links слéва ßljéwa
Linkshänder левшá liwschá
Liste спúсок ßpíßak
Loch дырка dýrka
locker неплóтный niplótny
Löffel лóжка lóschka
Lohn плáта pláta
los: was ist -? в чём дело? ftschom djéla?; -! давáй! dawáj!
lösen развя́зывать/развязáть raswjásywat/raswisát
Lösung решéние rischénije
Luft вóздух wósduch
lügen лгать/солгáть lgat/ßalgát
lustig весёлый wißjóly
Luxus рóскошь *f* róßkasch

M

machen дéлать/сдéлать djélat/sdjélat
Mädchen дéвочка djéwatschka
Mahlzeit едá jidá
Mal раз ras
malerisch живопúсный schywapíßny
manche нéкоторые njékataryje
manchmal иногдá inagdá
Mann мужчúна muschtschína
männlich мужскóй muschskój
Mark мáрка márka
Marke мáрка márka
Markt рынок rýnak
Maschine машúна maschýna
Massage массáж maßásch
Masseur(in) массажúст(ка) maßaschýßt(ka)
Maß мéра mjéra
Material материáл matirjál
Matratze матрáс matrás
Mauer стенá ßtiná
Meer мóре mórje
Meerwasser морскáя водá marskája wadá
mehr бóльше bólsche
mehrere мнóгие mnógije
Mehrwertsteuer налóг на добáвленную стóимость nalóg na dabáwlinuju ßtóimaßt
mein(e) мой moj, моя́ majá, моё majó, мой ma-í
meinen дýмать *uv* dúmat
Meinung мнéние mnjénije
meist чáще всегó tscháschtschi fßiwó
meistens в большинствé слýчаев wbalschynßtwjé ßlútschijew
melden сообщáть/сообщúть ßa-abschtschát/ßa-abschtschít
Menge колúчество kalítschißtwa
Mensch человéк tschilawjék
Menschheit человéчество tschilawjétschißtwa
menschlich человéчный tschilawjétschny
Mentalität менталитéт mintalitjét
merken запоминáть/запóмнить sapaminát/sapómnit
Merkmal прúзнак prísnak
merkwürdig стрáнный ßtrány
messen измеря́ть/измéрить ismirját/ismjérit
Messer нож nosch
Metall метáлл mitál
Meter метр mjetr
MEZ срéдне-европéйское врéмя ßrjédni-jiwrapjéjßkaje wrjémja
mich меня minjá
Miete плáта за прокáт pláta sa prakát
mieten брать/взять напрокáт brat/wsjat naprakát
mild мя́гкий mjáchki

Millimeter миллиме́тр milimjétr
minderjährig несовершенноле́тний nißawirschenaljétni
mindestens ми́нимум mínimum
Ministerium министе́рство minißtjérßtwa
minus ми́нус mínus
Minute мину́та minúta
mir мне mnje
mischen сме́шивать/смеша́ть ßmjéschywat/ßmischát
Mischung смесь *f* ßmjes
Mißverständnis недоразуме́ние nidarasumjénije
mit с + *Instr* ß
mitbringen приноси́ть/принести́ prinaßít/prinißtí
Mitglied член tschljen
Mitgliedskarte чле́нский биле́т tschljénski biljét
mitkommen идти́ вме́сте ití wmjéßtje
Mitleid сочу́вствие ßatschúßtwije
mitmachen (bei) уча́ствовать *uv* (в + *Präp)* utscháßtwawat (w)
mitnehmen брать/взять с собо́й brat/wsjat ß-ßabój
Mittag по́лдень *m* póldin
Mittagessen обе́д abjéd
mittags в по́лдень fpóldin
Mitte середи́на ßiridína
Mitteilung сообще́ние ßa-abschtschjénije
Mittel сре́дство ßrjédßtwa
mittelmäßig посре́дственный pasrjédßtwiny
Mittelwelle сре́дние во́лны *Pl* ßrjédnije wólny
Mitternacht по́лночь *f* pólnatsch
Möbel ме́бель *f* mjébil
Mode мо́да móda
modern совреме́нный ßawrimjény
modisch мо́дный módny
mögen хоте́ть/захоте́ть chatjét/sachatjét
möglich возмо́жно wasmóschna
Möglichkeit возмо́жность *f* wasmóschnaßt
Monat ме́сяц mjéßitz
Mond луна́ luná
Morgen у́тро útra
morgen за́втра sáftra
morgens по утра́м pa utrám
Motor дви́гатель *m* dwígatil
Mücke кома́р kamár
müde уста́лый ußtály
Mühe уси́лие ußílije
Müll му́сор múßar
Mülleimer му́сорное ведро́ múßarnaje widró
Mündung у́стье úßtje
Münze моне́та manjéta
Museum музе́й muséj
Musik му́зыка músyka
müssen быть до́лжен *m* byt dólschen, должна́ *f* dalschná, должны́ *Pl* dalschný
Muster образе́ц abrasjétz
Mutter мать *f* mat
Muttersprache родно́й язы́к radnój jisýk

N

nach *(zeitl)* по́сле + *Gen* póßli; *(örtl)* в + *Akk* w
Nachbar сосе́д ßaßjéd
nachdem по́сле того́, как póßlje tawó, kak
nachdenken размышля́ть *uv* rasmyschlját
nachdenklich заду́мчивый sadúmtschiwy
nacheinander по о́череди pa ótschiridi
nachforschen рассле́довать *uv* raßljédawat
Nachfrage спрос ßpros

nachfüllen доливáть/долúть daliwát / dalit
Nachgeschmack прúвкус prí-fkus
nachher потóм patóm
nachlässig небрéжный nibrjéschny
Nachlaß наслéдство naßljéd-ßtwa
Nachmittag вторáя половúна дня ftarája palawina dnja
nachmittags пóсле обéда póßli abjéda
nachprüfen проверя́ть/про-вéрить prawirját / prawjérit
Nachricht извéстие iswjéßtije
Nachrichten извéстия iswjéß-tija; нóвости nówaßti
Nachsaison послесезóнный перúод poßlißisóny piríad
nachsehen смотрéть/пос-мотрéть ßmatrjét / paßmatrét
nachsenden пересылáть/ переслáть pirißylát / pirißlát
nächster слéдующий sljédu-schtschi
Nacht ночь *f* notsch
nachts нóчью nótschju
Nachweis подтверждéние pat-wirschdjénije
nackt гóлый góly
Nadel игóлка igólka
Nagel гвоздь *m* gwosd
nah блúзкий blíski
Nähe; блúзость *f* blísaßt; **in der -** по блúзости *m* pa blí-saßti
nähern, sich приближáться/ приблúзиться priblischátza / priblísitza
Name *(Vorname)* úмя ímja; *(Nachname)* фамúлия família
naß мóкрый mókry
Nation нáция nátzyja
national национáльный natzy-análny
Nationalhymne национáльный гимн natzyanálny gimn
Nationalität национáльность *f* natzyanálnaßt
Natur прирóда priróda
natürlich естéственный jißtjé-ßtwiny; *Adv* конéчно kanjé-schna
Naturschutz охрáна прирóды achrána priródy
Naturschutzgebiet заповéдник sapawjédnik
neben óколо + *Gen* ókala
nebeneinander ря́дом rjádam
Nebenfluß притóк pritók
Nebenkosten накладны́е расхóды nakladnýji raßchódy
Nebenstelle филиáл filiál
Neffe племя́нник plimjánik
negativ негатúвный nigatíwny
nehmen брать/взять brat / wsjat
Neid зáвисть *f* sáwißt
neidisch завúстливый sawíßt-liwy
nein нет njet
nennen назывáть/назвáть na-sywát / naswát
Nerv нерв njerw
nervös нéрвный njérwny
nett любéзный ljubjésny
netto нéтто nåto
neu нóвый nówy
neulich недáвно nidáwna
neutral нейтрáльный nijtrálny
nicht не nje
Nichte племя́нница plimjánitza
Nichtraucher некуря́щий ni-kurjáschtschi
nichts ничегó nitschiwó
nie никогдá nikagdá
niedrig нúзкий nißki
niemand никтó niktó
niesen чихáть/чихнýть tschichát / tschichnút
nirgends нигдé nigdjé
Niveau ýровень *f* úrawin

noch ещё jischtschó
nicht mehr бо́льше не bólsche nje
nochmals ещё раз jischtschó ras
Norddeutschland Се́верная Герма́ния ßjéwirnaja girmánija
Norden се́вер ßjéwir
nördlich се́верный ßjéwirny
normal норма́льный narmálny
Notar нота́риус natárius
Notausgang запасно́й вы́ход sapaßnój wýchad
Note но́та nóta; *(Schule)* оце́нка atzänka
Notfall кра́йний слу́чай krájnij ßlútschi
Notiz запи́ска sapíßka
Notwehr самозащи́та ßamasaschtschíta
notwendig необходи́мо niabchadíma *Adv*
Notwendigkeit необходи́мость *f* niabchadímaßt
nüchtern тре́звый trjéswy
numerieren нумерова́ть/пронумерова́ть numirawát/pranumirawát
Nummer но́мер nómir
nun ну nu
nur то́лько tólka
Nutzen по́льза pólsa
nützlich поле́зный paljésny
nutzlos бесполе́зный bißpaljésny

O

ob ли *Partikel* li
obdachlos бездо́мный bisdómny
oben вверху́ wirchú
Oberfläche пове́рхность *f* pawjérchnaßt
oberflächlich пове́рхностный pawjérchnaßny
oberhalb над + *Instr* nad
objektiv обьекти́вный abjektíwny
Objektivität обьекти́вность *f* abjektíwnaßt
obligatorisch обяза́тельный abisátilny
obszön непристо́йный niprißtójny
obwohl хотя́ chatjá
oder и́ли íli
offen откры́тый atkrýty
offensichtlich очеви́дный atschiwídny
öffentlich обще́ственный abschtschéßtwiny
Öffentlichkeit обще́ственность *f* abschtschéßtwinaßt
offiziell официа́льный afiziálny
öffnen открыва́ть/откры́ть atkrywát/atkrýt
Öffnungszeiten вре́мя рабо́ты wrjémja rabóty
oft ча́сто tschäßta
ohne без bjes + *Gen*
ökologisch экологи́ческий ǻkalagítschißki
Öl ма́сло máßla
ölig маслянисты́й maßliništý
Onkel дя́дя *m* djádja
Opfer же́ртва schértwa
optimal оптима́льный aptimálny
Optimist опти́мист aptimíßt
optimistisch оптимисти́чный aptimißtítschny
ordentlich поря́дочный parjádatschny
ordinär вульга́рный wulgárny
ordnen приводи́ть/привести́ в поря́док priwadít/priwißtí fparjádak
Ordnung поря́док parjádak
Organ о́рган órgan

orientieren, sich ориентúроваться arijentírawatza
Orientierung ориентúрование orijentírawanije
Original оригинáл ariginál
Ostdeutschland Востóчная Гермáния waßtótschnaja girmánija
Osten востóк waßtók
Österreich Áвстрия áfßtrija
österreichisch австрúйский afßtríßki
östlich востóчный waßtótschny
oval овáльный awálny
Ozon озóн asón

P

Paar пáра pára
paar, ein нéсколько njéßkalka
Packung пáчка pátschka
Panik пáника pánika
Papier бумáга bumága
Papiere докумéнты dakumjénty
Pappbecher бумáжный стакáнчик bumáschny ßtakántschik
Pappe картóн kartón
Park парк park
parken паркловáть *uv* parkawát
Partei пáртия pártija
Passagier пассажúр paßaschýr
Passant прохóжий prachóschy
passen быть впóру byt fpóru
passiv пассúвный paßíwny
Paßbild фотогрáфия для пáспорта fatagráfija dlja páßparta
pauschal *Adv* целикóм tzylikóm
Pause пáуза páusa; *(Theater)* антрáкт antrákt
pausenlos непрерывный niprirýwny
Pech невезéнье niwisjénje
peinlich нелóвкий nilófki
pensioniert на пéнсии pa pjénßi
perfekt совершéнный ßawirschény
Person лицó litzó
Personal персонáл pirßanál
Personalausweis удостоверéние лúчности udaßtawirjénije lítschnaßti
Personalien анкéтные дáнные ankjétnyje dányje
persönlich лúчный lítschny
Persönlichkeit лúчность *f* lítschnaßt
Perspektive перспектúва pirßpiktíwa
Perücke парúк parík
Pessimist пессимúст pißimíßt
pessimistisch пессимистúчный pißimißtítschny
Pfand залóг salóg
Pfandleihe ломбáрд lambárd
Pfeife трýбка trúbka
Pfeil стрелá ßtrilá
Pfeiler столб ßtolb
Pferdekutsche экипáж äkipásch
Pflanze растéние raßtjénije
Pflaster *(med)* плáстырь *m* pláßtyr
Pflasterstein булыжник bulýschnik
Pflege ухóд uchód
Pflegeeltern приёмные родúтели prijómnyje radítili
pflegen ухáживать ucháschywat
Pflicht обязанность *f* abjásanaßt
pflücken рвать *uv* rwat
Pforte ворóта *Pl* waróta
Pförtner швейцáр schwitzár
Pfosten столб ßtolb
pfui! тьфу! tjfu!
Pfütze лýжа lúscha
Phänomen феномéн finómin
Phantasie фантáзия fantásija
phantasielos лишённый фантáзии lischóny fantási
Phase фáза fása

Pinsel кисть *f* kißt
Pinzette пинцéт pintzä́t
Plakat плакáт plakát
Plan план plan
Planet планéта planjéta
planmäßig по плáну pa plánu
Plastik скульптýра ßkulptúra
Plastikbecher пластмáссовый стакáн plaßtmáßawy ßtakán
Platz мéсто mjéßta
platzen лóпать/лóпнуть lópat / lópnut
plaudern бесéдовать *uv* bißjédawat
plötzlich вдруг wdrug
plus плюс pljuß
Pokal кýбок kúbak
Pol пóлюс póljuß
Politik полúтика palítika
Politiker полúтик palítik
politisch политúческий palitítschiski
populär популя́рный papuljárny
Portemonnaie портмонé partmanä́
Porträt портрéт partrjét
Position положéние palaschénije
positiv положúтельный palaschýtelny
Poster пóстер póßtär
Postkarte почтóвая откры́тка patschtówaja atkrýtka
Pracht пы́шность *f* pýschnaßt
prächtig пы́шный pýschny
präzis тóчный tótschny
Preis ценá tzyná
Preiserhöhung повышéние цен pawyschénije tzän
Preisermäßigung понижéние цен panischénije tzän
preisgünstig недорогóй nidaragój
Prämie прéмия prjémija
Presse прéсса prjéßa
Pressebericht сообщéние печáти ßa-abschtschénije pitscháti
primitiv примитúвный primitíwny
Prinzip прúнцип príntzyp
privat чáстный tscháßny
Privatbesitz чáстное владéние tscháßnaje wladjénije
Privatfernsehen привáтное телевúдение priwátnaje tiliwídinje
pro за + *Akk* sa; **- Stück** за штýку sa schtúku
Probe прóба próba
probieren прóбовать/попрóбовать próbawat / papróbawat
Problem проблéма prabljéma
Produkt продýкт pradúkt
Produzent производúтель *m* praiswadítil
professionell профессионáльный prafißianálny
Profi профессионáл prafißianál
Profil прóфиль *m* prófil
Prognose прогнóз pragnós
Programm прогрáмма pragráma
Projekt проéкт prajékt
Prospekt проспéкт praßpjékt
protestieren *(gegen)* протестовáть *uv* (прóтив + *Gen*) pratißtawát (prótiw)
Provision комиссиóнные *Pl* kamißiónyje
provisorisch врéменный wrjéminy
provozieren провоцúровать/спровоцúровать prawatzýrawat / ßprawatzýrawat
Prozent процéнт pratzä́nt
Prozession процéссия pratzä́ßija
Prozeß процéсс pratzä́s
prüfen проверя́ть/провéрить prawirját / prawjérit
Prüfung провéрка prawjérka; экзáмен äksámin

psychisch психи́ческий pßichítschißki
Pubertät перехо́дный во́зраст pirichódny wósraßt
Publikum пу́блика públika
publizieren публикова́ть/опубликова́ть publikawát / apublikawát
Pulver порошо́к paraschók
Pumpe насо́с naßós
Punkt то́чка tótschka ; пу́нкт punkt
pünktlich то́чный tótschny
Pünktlichkeit то́чность *f* tótschnaßt
pur чи́стый tschíßty
putzen чи́стить/почи́стить tschißtit / patschíßtit
Putzmittel сре́дство для чи́стки ßrjédßtwa dlja tschíßtki

Q

Quadrat квадра́т kwadrát
quadratisch квадра́тный kwadrátny
quälen му́чить/пому́чить mútschit / pamútschit
Qualifikation квалифика́ция kwalifikátzyja
qualifizieren квалифици́ровать kwalifitzýrawat
Qualität ка́чество kátschißtwa
Qualitätsarbeit ка́чественная рабо́та kátschißtwinaja rabóta
Qualitätsware ка́чественные това́ры kátschißtwinyje tawáry
Qualm дым dym
qualmig ды́мный dýmny
Quarantäne каранти́н karantín
Quartal кварта́л kwartál
Quartiersuche по́иски кварти́ры póißki kwartíry
Quelle исто́чник ißtótschnik
quer поперёк + *Gen* papirjók
Querschnitt разре́з rasrjés
quetschen прищеми́ть *v* prischtschimít
quietschen визжа́ть/завизжа́ть wischát / sawischát
quitt квит kwit
quittieren распи́сываться/расписа́ться raßpíßywatza / raßpißátza
Quizsendung виктори́на wiktarína
Quote кво́та kwóta

R

Rabatt ски́дка ßkídka
Rad колесо́ kalißó
Radio ра́дио rádia
Rampe ра́мпа rámpa
Rand край krai
randalieren буя́нить *uv* bujánit
ranzig прого́рклый pragórkly
rasch *Adv* бы́стро býßtra
Rasen газо́н gasón
rasen мча́ться mtschátza
Rasse ра́са ráßa
rasten де́лать/сде́лать прива́л djélat / sdjélat priwal
Rat сове́т ßawjét
ratlos расте́рянный raßtjériny
ratsam целесообра́зно zylißaabrásna
Rätsel зага́дка sagádka
Ratte кры́са krýßa
Rauch дым dym
rauchen кури́ть kurít
Raucher куря́щий kurjásch-tschi
rauh суро́вый ßurówy
räumen освобожда́ть/освободи́ть aßwabaschdát / aßwabadít
Räumlichkeiten помеще́ния pamischtschénija
raus! вон! won!
Rauschgift нарко́тик narkótik

räuspern, sich откáшливаться/откáшлиться atkáschliwatza / atkáschlitza
reagieren реагúровать riagírawat
real реáльный riálny
realisieren реализовáть rialisawát
realistisch реалистúческий rialißtítschißki
Realität реáльность *f* riálnaßt
rechnen считáть/посчитáть schtschitát / paschtschitát
Rechner вычислúтельная машúна wytschißlítilnaja maschýna
Rechnung счёт schtschot
Recht прáво práwa
recht прáвый práwy
Rechteck прямóй ýгол primój úgal
rechteckig прямоугóльный prima-ugólny
rechts спрáва ßpráwa
Rechtshänder правшá prawscha
rechtwinklig прямоугóльный prima-ugólny
rechtzeitig *Adv* вóвремя wówrimja
Redakteur редáктор ridáktar
Rede речь *f* rjetsch
Redensart выражéние wyraschénije
reduzieren сокращáть/сократúть ßakraschtschát / ßakratít
Regal пóлка pólka
Regel прáвило práwila
regelmäßig регулярно *Adv* riguljárna
regieren управлять *uv* + *Instr* uprawlját
Regierung правúтельство prawítilßtwa
Region региóн rigión
Regisseur режиссёр rischyßjór
Register спúсок ßpíßak
registrieren регистрúровать/зарегистрúровать rigißtríra-wat / sarigißtrírawat
Regler регулятор riguljátar
regulär очереднóй atschiridnój
regulierbar регулúруемый rigulírujemy
regulieren регулúровать/отрегулúровать rigulírawat / atrigulírawat
reiben терéть/потерéть tirjét / patirjét
Reich импéрия impjérija
reich богáтый bagáty
reichen подавáть/подáть padawát / padát; *(genügen)* хватáть/хватúть chwatát / chwatít
Reichtum богáтство bagátßtwa
reif зрéлый srjély
reifen созревáть/созрéть ßasriwát / ßasrjét
Reihe ряд rjad
Reihenfolge óчередь *f* ótschirid
Reise путешéствие putischéßtwije
Reisebüro бюрó путешéствий bjuró putischéßtwi
Reiseleiter руководúтель *m* туристúческой грýппы rukawadítil turißtítschißkai grúpy
reisen путешéствовать *uv* putischéßtwawat
Reisepaß загранúчный пáспорт sagranítschny páßpart
Reiseroute маршрýт marschrút
Reisetasche дорóжная сýмка daróschnaja ßúmka
Reiseveranstalter организáтор туристúческих поéздок arganisátar turißtítschißkích pajésdak
Reiseziel цель *f* поéздки tzäl pajésdki
reißen разрывáть/разорвáть rasrywát / rasarwát

reiten éздить верхóм jésdit wirchóm
Reiz прéлесть *f* prjélißt
reizend прелéстный priljéßny
Reklamation реклама́ция riklamátzyja
reklamieren рекламúровать *uv* riklamírawat
Reparatur ремóнт rimónt
Reparaturkosten стóимость *f* ремóнта ßtóimaßt rimónta
reparieren ремонтúровать/отремонтúровать rimantírawat / atrimantírawat
Repräsentant представúтель *m* pridßtawítil
reservieren бронúровать/забронúровать branírawat / sabranírawat
reserviert *Adv* зáнято sánita
Respekt уважéние uwaschénije
Rest остáток aßtátak
restaurieren реставрúровать *uv* rißtawrírawat
Resultat результáт risultát
retten спасáть/спастú ßpaßát / ßpaßtí
Rezeption администрáтор adminißtrátar
Rhythmus ритм ritm
Richter судьá *m* ßudjá
richtig прáвильный práwilny
Richtlinie директúва diriktíwa
Richtung направлéние naprawljénije
riechen нюхать/понюхать njúchat / panjúchat
riesig громáдный gramádny
rings um вокрýг + *Gen* wakrúg
Risiko риск risk
riskant рискóванный rißkówany
Rohr трубá trubá
rollen катúть/покатúть katít / pakatít
Rolltreppe эскалáтор äßkalátar
Roman ромáн ramán
Route маршрýт marschrút
rückerstatten возмещáть/возместúть wasmischtschát / wasmißtít
rückgängig обрáтный abrátny
Rucksack рюкзáк rjuksák
Rückseite обрáтная сторонá abrátnaja ßtaraná
rücksichtsvoll тактúчный taktítschny
rückwärts назáд nasád
rufen звать/позвáть swat / paswát
ruhig спокóйный ßpakójny
Ruine руúна ruína
rund крýглый krúgly
Rundfunk рáдио rádio
runter вниз wnis
rutschen скользúть *uv* ßkalsít
rütteln трястú *uv* trißtí

S

Saal зал sal
Sache вещь *f* wjeschtsch
Sachverständige(r) экспéрт äkßpjért
saftig сóчный ßótschny
sagen говорúть/сказáть gawarít / ßkasát
sagenhaft скáзочный ßkásatschny
Saison сезóн ßisón
sämtlich все без исключéния fßje bis yskljutschénija
Sand песóк pißók
sanft нéжный njéschny
sanieren санúровать *uv* ßanírawat
Sanierung санáция ßanázyja
Sanitäter санитáр ßanitár
Sarg гроб grob
sarkastisch саркастúчный ßarkaßtítschny
Satellit спýтник ßpútnik
satt сы́тый ßýty

Sattelschlepper тягáч tigátsch
sauber чи́стый tschíßty
säubern чи́стить/вы́чистить tschíßtit / wýtschißtit
sauer ки́слый kíßly
Sauerstoff кислорóд kißlaród
saugen сосáть ßaßát
Säugling грудно́й ребёнок grudnój ribjónak
Saum подóл padól
Sauna сáуна ßáuna
Schabe таракáн tarakán
Schachtel корóбка karóbka
schade! жаль! schal!
Schaden вред wrjed
schaden наноси́ть/нанести́ вред nanaßít / nanißtí wrjed
Schadenersatz возмещéние ущéрба wasmischtschénije uschtschérba
schädigen вреди́ть/повреди́ть wridít / pawridít
schädlich врéдный wrjédny
Schadstoff врéдное веществó wrjédnaje wischtschißtwó
schaffen создавáть/создáть ßasdawát / ßasdát
Schaffner проводни́к prawadník
schälen чи́стить/очи́стить tschíßtit / atschíßtit
Schalter окóшка akóschka
scharf óстрый óßtry
Schatten тень *f* tjen
schätzen оцéнивать/оцени́ть atzäniwat / atzynít
schauen смотрéть/посмотрéть ßmatrjét / paßmatrjét
Schaufel лопáта lapáta
Schaufenster витри́на witrína
Schaukel качéли *Pl* katschjéli
schaukeln качáться/покачáться katschátza / pakatschátza
Schauplatz арéна arjéna
Scheck чек tschek
Schein свет ßwjet; *(Geldschein)* купю́ра kupjúra
scheinen свети́ть *uv* ßwitít
scheitern терпéть/потерпéть неудáчу; tirpjét / patirpjét niudátschu
schenken дари́ть/подари́ть darít / padarít
Scherbe оскóлок aßkólak
Schere нóжницы *Pl* nóschnitzy
Scherereien хлóпоты chlópaty
Scherz шу́тка schútka
scheu застéнчивый saßtjéntschiwy
scheußlich мéрзкий mjérski
schick шикáрный schykárny
schicken посылáть/послáть paßylát / paßlát
Schicksal судьбá ßudbá
schieben подвигáть/подви́нуть padwigát / padwínut
schief кривóй kriwój
schließen замыкáть/замкну́ть samykát / samknút
Schiff корáбль *f* karábl
Schild вы́веска wýwiska
schildern изображáть/изобрази́ть isabraschát / isabrasít
schimmelig заплесневéлый saplißniwjély
schimpfen ругáть/поругáть rugát / parugát
Schirm зонт sont
Schlacht би́тва bítwa
Schlaf сон ßon
schlafen спать *uv* ßpat
Schlag удáр udár
schlagen бить/поби́ть bit / pabít
Schlange змея́ smijá
schlank стрóйный ßtrójny
schlau хи́трый chítry
schlecht плохóй plachój; *Adv* плóхо plócha
schließen закрывáть/закры́ть sakrywát / sakrýt; *(abschließen)* замыкáть/ замкну́ть samykát / samknút
Schluck глотóк glatók

schlucken глотáть/глотнýть glatát/glatnút
Schlüssel ключ kljutsch
Schluß конéц kanjétz
schmackhaft вкýсный fkúßny
schmal ýзкий úßki
schmeicheln льстить/польсти́ть lßtit/palßtít
schmeißen швыря́ть/ швырнýть schwyrját/schwyrnút
schmelzen тáять/растáять tájit/raßtájit
Schmerz боль *f* bol
Schmetterling бáбочка bábatschka
Schmuck украшéние ukraschénije
schmuggeln занимáться контрабáндой sanimátza kantrabándai
Schmutz грязь *f* grjas
schmutzig гря́зный grjásny
scharchen храпéть *uv* chrapjét
schneiden рéзать/порéзать rjésat/parjésat
schnell бы́стрый býßtry
Schnellimbiß закýсочная sakúßatschnaja
Schnupfen нáсморк náßmark
Schnur шнур schnur
Schock шок schok
schon ужé usché
schön краси́вый kraßíwy
schräg наклóнный naklóny
Schrank шкаф schkaf
Schranke шлагбáум schlagbáum
Schreck ýжас úschas
Schrei крик krik
schreiben писáть/написáть pißát/napißát
Schreibmaschine пи́шущая маши́нка píschuschtschaja maschýnka
Schreibtisch пи́сьменный стол píßminy ßtol
schreien кричáть/закричáть kritschát/sakritschát
Schrift шрифт schrift
Schriftsteller(in) писáтель(ница) pißátil(nitza)
Schritt шаг schag
schüchtern рóбкий róbki
Schuld винá winá
schuldig винoвáтый winawáty
Schule шкóла schkóla
Schüler учени́к utschiník
Schulferien шкóльные кани́кулы schkólnyje kaníkuly
Schüssel ми́ска míska
schütten сы́пать *uv* ßýpat
Schutz защи́та saschtschíta
schützen защищáть/защити́ть saschtschischtschat/saschtschitít
schwach слáбый ßláby
Schwamm гýбка gúbka
schwanger берéменная birjéminaja
Schwangerschaft берéменность *f* birjéminaßt
Schweiz Швейцáрия schwitzárija
schweizerisch швейцáрский schwitzárski
Schwester сестрá ßißtrá
schwierig слóжный ßlóschny
Schwimmbad бассéйн baßäjn
schwimmen плáвать pláwat; *(zu einem best. Ziel)* плыть plyt
schwitzen потéть/вспотéть patjét/fßpatjét
See óзеро ósira; *(Meer)* мóре mórje
sehen ви́деть/уви́деть wídit/uwídit
Sehenswürdigkeit достопримечáтельность *f* daßtaprimitschátilnaßt
sehr óчень ótschin
Seife мы́ло mýla
Seil верёвка wirjófka
sein быть byt

seit с + *Gen* ß
Seite сторона́ ßtaraná
Sekunde секу́нда ßikúnda
selbst сам ßam
selbständig самостоя́тельный ßamaßtajátilny
Selbstbedienung самообслу́живание ßama-abßlúschywanije
selbstbewußt уве́ренный в себе́ uwjériny fßibje
selten ре́дкий rjédki
Sender *(Rundfunkstation)* радиоста́нция radiaßtántzyja
Senior пожило́й челове́к paschylój tschilawjék
sensibel чувстви́тельный tschußtwítilny
servieren подава́ть/пода́ть на стол padawát/padát na ßtol
Serviette салфе́тка ßalfjétka
Sessel кре́сло krjéßla
setzen, sich сади́ться/сесть ßadítza/ßjeßt
sexuell сексуа́льный ßikßuálny
Shampoo шампу́нь *m* schampún
sich себя́ ßibjá
sicher уве́ренный uwjériny
Sicherheit безопа́сность *f* bisapáßnaßt
Sicherheitsnadel була́вка buláfka
sicherlich несомне́нно nißamnéna
Sicht вид wid
sie она́ aná
Sie Вы wy
Sieg побе́да pabjéda
siegen побежда́ть/победи́ть pabischdát/pabidít
singen петь/спеть pjet/ßpjet
Sinn смысл ßmyßl
sinnlos бессмы́сленный bißmýßliny
sinnvoll осмы́сленный aßmýßliny
Sitte обы́чай abýtschi
sitzen сиде́ть *uv* ßidjét
Sitzplatz сидя́чее ме́сто ßidjátschije mjéßta
Sitzung заседа́ние saßidánije
Skandal сканда́л skandál
skeptisch скепти́чный skiptítschny
so так tak
sofort сра́зу ßrásu
sogar да́же dásche
Sohn сын ßyn
solange пока́ paká
Solarium соля́рий ßaljári
solch тако́й takój
sollen быть до́лжен *m* byt dólschen, должна́ *f* dalschná, должны́ *Pl* dalschný
Sonne со́лнце ßóntzä
Sonnenbrille очки́ от со́лнца atschkí at ßóntza
sonst ина́че inátschi
Sorge забо́та sabóta
Sorte сорт ßort
sowohl . . . , als auch как . . ., так и kak . . ., tak i
sozial социа́льный ßatzyálny
Spannung напряже́ние naprischénije
sparsam эконо́мный äkanómny
Spaß шу́тка schútka; *(Vergnügen)* удово́льствие udawólßtwije
spät по́здно pósna
später по́зже pósche
spätestens са́мое по́зднее ßámaje pósnije
Speisesaal столо́вая ßtalówaja
speziell специа́льный ßpitzyálny
Spiegel зе́ркало sjérkala
spiegeln отража́ть/отрази́ть atraschát/atrasít
Spiel игра́ igrá
spielen игра́ть/сыгра́ть igrát/ßygrát *(Spiele)* в + *Akk* w, *(Musikinstrumente)* на + *Präp* na

Spielplatz де́тская площа́дка djétzkaja plaschtschádka
Spielzeug игру́шка igrúschka
Spinne пау́к pa-úk
Splitter оско́лок aßkólak
Sprache язы́к jizýk
sprechen говори́ть / сказа́ть gawarít / ßkasát
spucken плева́ть / плю́нуть pliwát / pljúnut
spülen полоска́ть *uv* palaßkát
spüren чу́вствовать / почу́вствовать tschúßtwawat / patschúßtwawat
Staat госуда́рство gaßudárßtwa
Staatsangehörigkeit по́дданство pód-danßtwa
Stadion стадио́н ßtadión
Stadt го́род górad; **-plan** план го́рода plan góroda; **-zentrum** центр го́рода tzäntr górada
ständig постоя́нный paßtajány
Stange шест schäßt
Stapel сто́пка ßtópka
stark си́льный ßílny
statt вме́сто + *Gen* wmjéßta
stattfinden состоя́ться *uv* ßaßtajátza
Stau про́бка próbka
Staub пыль *f* pyl
staubig пы́льный pýlny
stechen уколо́ть *v* ukalót
Steckdose розе́тка rasjétka
Stecker ште́псель *m* schtäpßil
stehen стоя́ть ßtaját
stehlen красть / укра́сть kraßt / ukráßt
steif негну́щийся nignúschtschißja
steigen поднима́ться / подня́ться padnimátza / padnjátza
steil круто́й krutój
Stein ка́мень *m* kámin
Stelle ме́сто mjéßta
stellen ста́вить / поста́вить ßtáwit / paßtáwit
Stellung положе́ние palaschénije
Stellvertreter замести́тель *m* samißtítil
Stempel печа́ть *f* pitschát
sterben умира́ть / умере́ть umirát / umirjét
Stern звезда́ swisdá
Steuer *(staatliche)* нало́г nalóg; *(eines Fahrzeugs)* руль *m* rul
Stich уко́л ukól
Stiel па́лочка pálatschka
Stift каранда́ш karandásch
Stil стиль *m* ßtil
still ти́хий tíchi
stillen корми́ть *uv* гру́дью karmít grúdju
Stimme го́лос gólas
Stimmung настрое́ние naßtrajénije
stinken воня́ть *uv* wanját
Stock па́лка pálka
Stockwerk эта́ж ätásch
Stoff материа́л matirjál
stolpern спотыка́ться / споткну́ться ßpatykátza / ßpatknútza
stolz го́рдый górdy
Stöpsel заты́чка satýtschka
stören меша́ть / помеша́ть + *Dat* mischát / pamischát
Störung поме́ха pamjécha
Strand пляж pljasch
Straße у́лица úlitza
Strecke расстоя́ние raßtajánije
Streichhölzer спи́чки ßpítschki
Streik забасто́вка sabaßtófka
Streit ссо́ра ßóra
Streß стресс ßträß
Strick верёвка wirjófka
Strom *(elektrischer)* ток tok; *(Fluß)* пото́к patók
Stück шту́ка schtúka
Student студе́нт ßtudjént
Studentenausweis студе́нческий биле́т ßtudjéntschißki biljét

Stuhl стул ßtul
Stunde час tschaß; *(Unterrichts-)* урок urók
stündlich ка́ждый час káschdy tschas
Sturm штурм schturm
stürzen сверга́ть/све́ргнуть ßwirgát/ßwjérgnut
subjektiv субъекти́вный ßubjektíwny
suchen иска́ть *uv* ißkát
Süddeutschland Ю́жная Герма́ния júschnaja girmánija
Süden юг jug
Summe су́мма ßúma
süß сла́дкий ßládki
sympatisch симпати́чный ßimpatítschny

T

Tag день *m* djen
täglich ежедне́вный jischydnjéwny
tagsüber в тече́ние дня ftitschéni dnja
Tal доли́на dalína
Tante тётя tjótja
tanzen танцева́ть tantzywát
Tasche су́мка ßúmka
Taschenlampe карма́нный фона́рик karmány fanárik
Tasse ча́шка tscháschka
Taufe креще́ние krischtschénije
tauschen меня́ть/поменя́ть minját/paminját
Technik те́хника tjéchnika
Tee чай tschai
Teelöffel ча́йная ло́жка tscháinaja lóschka
Teil часть *f* tschaßt
teilnehmen (an) уча́ствовать (в + *Präp*) utscháßtwawat (w)
Telefax телефа́кс tilifáks
Telefon телефо́н tilifón
telefonieren говори́ть по телефо́ну gawarít pa tilifónu
Teller таре́лка tarjélka
Temperatur температу́ра timpiratúra
Tendenz тенде́нция tändántzyja
Teppich ковёр kawjor
Termin срок ßrok
teuer дорогой daragój; *Adv* до́рого dóraga
Theater теа́тр tiátr
Thema те́ма tjéma
theoretisch теорети́ческий tiaritítschiski
Ticket биле́т biljét
tief глубо́кий glubóki
Tier живо́тное schywótnaje
Tisch стол ßtol
Tochter дочь *f* dotsch
Tod смерть *f* ßmjert
tödlich смерте́льный ßmirtjélny
Toilette туале́т tualjét
Toilettenpapier туле́тная бума́га tuljétnaja bumága
Ton тон ton; *(Material)* гли́на glína
Topf кастрю́ля kaßtrjúlja
Tor воро́та *Pl* waróta
tot мёртвый mjórtwy
töten убива́ть/уби́ть ubiwát/ubít
Tourismus тури́зм turísm
Tourist(in) тури́ст turíßt
Touristeninformation информа́ция для тури́стов infarmárzyja dlja turíßtaw
Tradition тради́ция tradítzyja
tragen носи́ть naßít; *(zu einem best. Ziel)* нести́ nißtí
trampen путеше́ствовать автосто́пом putischéßtwawat aftaßtópam
transportieren транспорти́ровать tranßpartírawat

träumen видеть во сне wídit wa ßnje; *(wünschen)* мечтать mitschtát
treffen встречать/встретить fßtritschát / fßtrjétit; **sich** - встречаться/встретиться fßtritschátza / ßtrjétitza
trennen отделять/отделить ad-dilját / ad-dilít
Treppe лестница ljéßnitza
treu верный wjérny
trinken пить/выпить pit / wýpit
Trinkgeld чаевые *Pl* tschijewýje
Trinkwasser питьевая вода pitjiwája wadá
trocken сухой ßuchój
trocknen сушить/высушить ßuschít / wýßuschit
tropfen капать *uv* kápat
trösten утешать/утешить utischát / utjéschit
trotz несмотря на + *Akk* nißmatrjá na
trotzdem всё-таки fßjó-taki
trüb мутный mútny
tun делать/сделать djélat / sdjélat
Tür дверь *f* dwjer
Turm башня báschnja
typisch типичный tipítschny

U

übel дурной durnój; **mir ist** - меня тошнит minjá taschnít
üben упражняться *uv* upraschnjátza
über *(von)* о + *Präp* a; *(räumlich)* над + *Instr* nad
überall повсюду pafßjúdu
Überfall нападение napadjénije
Überflutung наводнение nawadnjénije
überfüllt переполнен piripólnjen
übergeben передавать/передать piridawát / piridát
überhaupt вообще wabschtsché
überleben переживать/пережить pirischywát / pirischýt
überlegen обдумывать/ обдумать abdúmywat / abdúmat
übermorgen послезавтра poßlisáftra
übermüdet переутомлён piriutamljón
Übernachtung ночёвка natschófka
übernehmen перенимать/ перенять pirinimát / pirinját
überprüfen проверять/ проверить prawirját / prawjérit
überqueren пересекать/ пересечь pirißikát / pirißjétsch
überraschen поражать/ поразить paraschát / parasít
Überraschung сюрприз ßjurprís
überreden уговаривать/ уговорить ugawáriwat / ugawarít
Überschrift заглавие sagláwije
übersehen просмотреть *v* praßmatrjét
übersetzen переводить/ перевести piriwadít / piriwißtí
übertreiben преувеличивать/ преувеличить priuwilítschiwat / priuwilítschit
überzeugen убеждать/убедить ubischdat / ubidít
üblich обычный abýtschny
übrig остальной aßtalnój
übrigens кстати kßtáti
Übung упражнение upraschnjénije
Ufer берег bjérig
Uhr часы *Pl* tschißý
UKW УКВ ukawä
um *(herum)* вокруг + *Gen* wakrúg; *(zeitl)* в + *Akk* w

umbuchen переноси́ть/перенести́ pirinaßít/pirinißtí
umfallen па́дать/упа́сть pádat/upáßt
umgeben окружа́ть/окружи́ть akruschát/akruschýt
Umgebung окруже́ние akruschénie
umgekehrt наоборо́т na-abarót
umrühren переме́шивать/перемеша́ть pirimjéschywat/pirimischát
umsehen, sich осма́триваться/осмотре́ться aßmátriwatza/aßmatrjétza
umsonst да́ром dáram
Umstände обстоя́тельства abßtajátilßtwa
umstoßen опроки́дывать/опроки́нуть aprakídywat/aprakínut
umtauschen меня́ть/поменя́ть minját/paminját
Umweg объе́зд abjésd
Umwelt окружа́ющая среда́ akruschájuschtschaja ßridá
Umweltschutz охра́на окружа́ющей среды́ achrána akruschájuschtschi ßridý
unabhängig незави́симый nisawíßimy
Unabhängigkeit незави́симость *f* nisawíßimaßt
unabsichtlich *Adv* неча́янно nitschäina
unangenehm неприя́тный niprijátny
unbedingt *Adv* обяза́тельно abisátilna
unbeholfen нело́вкий nilófki
und и i
undankbar неблагода́рный niblagadárny
unecht ненастоя́щий ninaßtajáschtschi
unerträglich невыноси́мый niwynaßímy
Unfall несча́стный слу́чай nischtschäßny ßlútschai
ungeeignet неподходя́щий nipadchadjáschtschi
ungefähr *Adv* приблизи́тельно priblisítilna
ungewöhnlich необы́чный niabýtschny
unglaublich невероя́тный niwirajátny
Unglück несча́стье nischtschäßtje
unglücklich несчастли́вый nischtschißlíwy
ungültig недействи́тельный nidißtwítilny
unhöflich неве́жливый niwjéschliwy
Universität университе́т uniwirßitjét
Unkosten затра́ты *Pl* satráty
unmittelbar *Adv* непосре́дственно nipaßrjédßtwina
unmöglich невозмо́жный niwasmóschny
unnötig нену́жный ninúschny
unordentlich беспоря́дочный bißparjádatschny
unpersönlich сде́ржанный ßdjérschany
unregelmäßig нерегуля́рный niriguljárny
uns нам nam
unschuldig невино́вный niwinówny
unser(e) наш nasch, на́ша náscha, на́ше násche, на́ши náschi
unsicher неуве́ренный niuwjériny
Unsinn ерунда́ jirundá
unten внизу́ wnisú
unter под + *Dat* pad

unterbrechen перебивáть/ перебить piribiwát / piribít
Untergeschoß нижний этáж níschni ätásch
unterhalb ниже + *Gen* nísche
Unterhaltung развлечéние raswlitschénije; *(Gespräch)* бесéда bißjéda
Unterkunft квартира kwartíra
Unternehmen предприятие pridprijátije
Unterricht обучéние abutschénije
Unterschied различие raslítschije
unterschiedlich различный raslítschny
Unterschrift пóдпись *f* pódpis
untersuchen обслéдовать *uv* abßljédawat
Untersuchung обслéдование abßljédawanije
Untertasse блюдце bljútzä
Untertitel субтитр ßubtítr
unterwegs в пути fputí
unterzeichnen подписывать/ подписáть padpißywat / padpißát
ununterbrochen непрерывно niprirýwna
unverantwortlich безответственный bisatwjétßtwiny
unverkäuflich непродáжный nipradáschny
unverschämt нáглый nágly
unverständlich непонятный nipanjátny
unverzeihlich непростительный nipraßtítilny
unverzüglich *Adv* немéдленно nimjédlina
unvollständig непóлный nipólny
unwahr невéрный niwjérny
unwahrscheinlich невероятный niwirajátny
unwohl : mir ist - мне нездорóвится mnje nisdarówitza
unzufrieden недовóльный nidawólny
Urlaub óтпуск ótpusk
ursprünglich первоначáльный pirwanatschálny

V

Vater отéц atjétz
verabreden, sich договáриваться/договориться dagawáriwatza / dagawarítza
verabschieden, sich прощáться/проститься с + *Präp* praschtschátza / praßtítza ß
veränderlich измéнчивый ismjéntschiwy
verändern изменять/изменить isminját / isminít
Veranstaltungskalender календáрь *m* мероприятий kalindár miraprijáti
verantwortlich ответственный atwjétßtwiny
verbergen скрывáть/скрыть ßkrywát / ßkryt
verbessern улучшáть/ улучшить ulutschschát / ulútschschyt
verbieten запрещáть/ запретить saprischtschát / sapritít
verbinden связывать/связáть ßwjásywat / ßwisát
verbrauchen потреблять/ потребить patribljät / patribít
Verbrecher преступник prißtúpnik
verbrennen сжигáть/сжечь schschygát / schschetsch
verbringen проводить/провести prawadít / prawißtí
verdächtig подозрительный padasrítilny

verderben портить/испортить pórtit/ißpórtit
verdienen заслуживать/заслужить saßlúschywat/saßluschýt
verdorben испорченный ißpórtschiny
verdünnen разбавлять/разбавить rasbawljját/rasbáwit
Verfallsdatum срок годности ßrok gódnaßti
vergangen прошлый próschly
Vergangenheit прошлое próschlaje
vergehen проходить/пройти prachadít/praití
vergessen забывать/забыть sabywát/sabýt
vergleichen сравнивать/сравнить ßráwniwat/ßrawnít
Vergnügen удовольствие udawólßtwije
verhaften арестовывать/арестовать arißtówywat/arißtawát
Verhältnis отношение atnaschénije
verheiratet *(ein Mann ist –)* женат schynát, *(eine Frau ist –)* замужем sámuschem
verhindern предотвращать/предотвратить pridatwraschtschát/pridatwratít
verkaufen продавать/продать pradawát/pradát
Verkäufer(in) продавец *m* pradawjétz, продавщица *f* pradawschtschítza
verlängern продливать/продлить pradliwát/pradlít
verlassen покидать/покинуть pakidát/pakínut
verletzt ранен ránin
verlieben, sich влюбляться/влюбиться wljubljátza/wljubítza
verlieren терять/потерять tirját/patirját
verloren потерянный patjériny
Verlust потеря patjérja
vermeiden избегать/избежать + *Gen* isbigát/isbischát
vermieten сдавать/сдать внаём sdawát/sdat wnajóm
vermischen смешивать/смешать ßmjéschywat/ßmischát
vernünftig разумный rasúmny
Verpflegung питание pitánije
verreisen уезжать/уехать ujischát/ujéchat
verschieben *(zeitl)* переносить/перенести pirinaßít/pirinißtí
verschieden разный rásny
verschlafen просыпать/проспать praßypát/praßpát
verschlechtern, sich ухудшаться/ухудшиться uchudschátza/uchúdschytza
verschlucken, sich поперхнуться *v* papirchnútza
verschütten просыпать *v* praßýpat
verschwinden исчезать/исчезнуть ischtschisát/ischtschjésnut
versichern страховать/застраховать ßtrachawát/saßtrachawát
Versicherung страхование ßtrachawánije
Verspätung опоздание apasdánije
versprechen обещать/пообещать abischtschát/pa-abischtschát
verständlich понятный panjátny
Verständnis понимание panimánije
verstecken прятать/спрятать prjátat/ßprjátat

verstehen понимáть/понять panimát/panját
Versuch попытка papýtka
verteidigen защищáть/ защитить saschtschischtschát/ saschtschitít
Vertrag договóр dagawór
vertrauen доверять/довéрить dawirját/dawjérit
vertraut знакóмый snakómy
verwandt рóдственный ródßtwiny
Verwandte(r) рóдственник *m* ródßtwinik, рóдственница *f* ródßtwinitza
verwechseln перепýтывать/ перепýтать piripútywat/ piripútat
verwenden употреблять/ употребить upatribljат/upatribít
verwirren смущáть/смутить ßmuschtschát/ßmutít
verwitwet овдовéвший awdawjéwschy
verwöhnen бáловать *uv* bálawat
Verzeihung! извинúте! iswinítje!
vertraulich секрéтный ßikrjétny
Vetter двоюродный брат dwajúradny brat
viel мнóго mnóga
vielleicht мóжет быть móschyt byt
viereckig четырёхугóльный tschityrjochugólny
Vogel птúца ptítza
voll пóлный pólny
völlig совершéнный ßawirschény
volljährig совершеннолéтний ßawirschenaljétni
Vollpension пóлный пансиóн pólny panßión
von от + *Gen* at
vor пéред + *Instr* pjérid; *(zeitl auch)* до + *Gen* da; **- 2 Jahren** 2 гóда томý назáд dwa góda tamú nasád
voraus: im - зарáнее saránije
voraussichtlich вероятный wirájátny
vorbei *(örtl)* мúмо + *Gen* míma
vorbeigehen проходúть/ пройтú мúмо + *Gen* prachadít/praití míma
vorgestern позавчерá pasaftschirá
vorhaben намеревáться *uv* + *Inf* namiriwátza
vorher рáньше ránsche
vorhin недáвно nidáwna
vorig прóшлый próschly
vorkommen бывáть *uv* bywát
vorläufig предварúтельный pridwarítilny
Vormittag пéрвая половúна дня pjérwaja palawína dnja
vorn впередú fpiridí
Vorort прúгород prígarad
Vorschlag предложéние pridlaschénije
Vorschriften прáвила práwila
Vorsicht! осторóжно! aßtaróschna
vorsichtig осторóжный aßtaróschny
Vorteil преимýщество primúschtschißtwa
Vortrag доклáд daklád
vorwärts вперёд wpirjód

W

Waage весы́ *Pl* wißý
wachsen растú/вырасти raßtí/wýraßti
wackelig неустóйчивый niußtójtschiwy
Wahl вы́бор wýbar

wählen выбира́ть/вы́брать wybirát/wýbrat
wahr и́стинный íßtiny; **das ist -** это пра́вда âta práwda
während во вре́мя wa wrjémja
Wahrheit пра́вда práwda
Wald лес ljes
Wand стена́ ßtiná
wann когда́ kagdá
Ware това́р tawár
warm тёплый tjóply
warten ждать/подожда́ть schdat/padaschdát
Wärter сто́рож ßtórasch
warum почему́ patschimú
was что schto
Wäsche бельё biljó
waschen стира́ть/постира́ть ßtirát/paßtirát
Waschmittel мо́ющее сре́дство mójuschtschije ßrjédßtwa
Wasser вода́ wadá
wechseln меня́ть/разменя́ть minját/rasminját
wecken буди́ть/разбуди́ть budít/rasbudít
Wecker буди́льник budílnik
weder ... noch ни … ни ni … ni
weg прочь protsch
Weg доро́га daróga
wegen из-за + *Gen* is-sa
wegfahren уезжа́ть/уе́хать ujischát/ujéchat
weggehen уходи́ть/уйти́ uchadít/ujtí
wegwerfen выбра́сывать/вы́бросить wybráßywat/wýbraßit
weh tun боле́ть *uv* baljét
weiblich же́нский schénski
weich мя́гкий mjáchki
weil потому́ что patamú schto
weinen пла́кать *uv* plákat
weit далеко́ dalikó
weiter да́льше dálsche
welcher како́й kakój
Welt мир mir
weltweit глоба́льный glabálny
wenden повора́чивать/поверну́ть pawarátschiwat/pawirnút
wenig ма́ло málo
wenn *(zeitl)* когда́ kagdá; *(Bedingung)* е́сли jéßli
wer кто kto
Werbung рекла́ма rikláma
werfen броса́ть/бро́сить braßát/bróßit
Wert це́нность *f* tzänaßt
Wertsachen це́нные ве́щи tzänyje wjéschtschi
wertvoll це́нный tzäny
weshalb почему́ patschimú
Westdeutschland За́падная Герма́ния sápadnaja girmánija
Westen за́пад sápad
wichtig ва́жный wáschny
wie как kak
wieder опя́ть apját
wiederkommen возвраща́ться/возврати́ться waswraschtschátza/waswratítza
Wiese луг lug
wieviel ско́лько ßkólka
winzig кро́хотный króchatny
wir мы my
wirksam де́йственный djéjßtwiny
Wirtschaft хозя́йство chasjáißtwa
wischen стира́ть/стере́ть ßtirát/ßtirjét
wissen знать *uv* snat
Witz анекдо́т anikdót
wo где gdje
Woche неде́ля nidjélja
Wochenende уик-э́нд uik-änd
wohnen жить schyt
Wohnzimmer жила́я ко́мната schylája kómnata
Wolke о́блако óblaka
Wolldecke шерстяно́е одея́ло schyrßtinóje adijála

wollen хоте́ть/захоте́ть chatjét/sachatjét
Wort сло́во ßlówa
Wörterbuch слова́рь *m* ßlawár
Wunsch жела́ние schylánije
wünschen жела́ть/пожела́ть schylát/paschylát
wütend я́ростный járaßny

Z

zahlen плати́ть/заплати́ть platít/saplatít
zählen счита́ть/посчита́ть schtschitát/paschtschitát
Zeichen знак snak
zeigen пока́зывать/показа́ть pakásywat/pakasát
Zeit вре́мя *n* wrjémja
Zeitschrift журна́л schurnál
Zeitung газе́та gasjéta
zentral центра́льный tzyntrálny
Zentrum центр tzäntr
Zettel запи́ска sapíßka
Zeuge свиде́тель *m* ßwidjétil
ziehen тяну́ть/потяну́ть tinút/patinút
ziemlich *Adv* дово́льно dawólna
Zimmer ко́мната kómnata
zu к + *D* k; *(geschlossen)* закры́тый sakrýty
zuerst снача́ла ßnatschála
Zufall слу́чай ßlútschi
zufällig случа́йный ßlutscháiny
zufrieden дово́льный dawólny
Zugluft сквозня́к ßkwasnják
zugunsten в по́льзу fpólsu
zuhören слу́шать/послу́шать ßlúschat/paßlúschat
Zukunft бу́дущее búduschtschije
zumachen закрыва́ть/закры́ть sakrywát/sakrýt
zunehmen *(Gewicht)* полне́ть/пополне́ть palnjét/papalnjét
zurück наза́д nasád
zurückgeben отдава́ть/отда́ть ad-dawát/ad-dát
zurückkommen возвраща́ться/возврати́ться waswraschtschátza/waswratítza
zusammen вме́сте wmjéßti
zusätzlich дополни́тельный dapalnítilny
Zuschlag допла́та dapláta
zusehen смотре́ть на + *Akk* ßmatrjét na
Zustand состоя́ние ßaßtajánije
zuständig компете́нтный kampitjéntny
zustimmen (mit) соглаша́ться/согласи́ться (с + *Instr*) ßaglaschátza/ßaglaßítza (ß)
zuverlässig надёжный nadjóschny
zuviel сли́шком мно́го ßlíschkam mnóga
zuwenig сли́шком ма́ло ßlíschkam mála
Zweck цель *f* tzäl
zwischen ме́жду + *Instr* mjéschdu

А а

автóбус aftóbus Bus
автотрáсса aftatráßa Autobahn
агентýра agintúra Agentur
администрáтор adminißtrátar Rezeption
áдрес ádris Adresse
англи́йский язы́к anglíski jisýk Englisch
аптéка aptjéka Apotheke
аэропóрт a-äraport Flughafen

Б б

банк bank Bank
бензи́н binsín Benzin
Береги́сь автомоби́ля! birigís aftamabílja Einfahrt freihalten!
бесплáтно bisplátna gratis
билéт biljét Fahrkahrte
билéт на автóбус biljét na aftóbus Busfahrkarte
бýдный день búdni djen Wochentag **в бýдные дни** wbúdnije dni wochentags
бюрó путешéствий bjuró putischéßtwi Reisebüro

В в

вéчер wjétscher Abend **по вечерáм** pa witschirám abends
взрóслые wsróßlyje Erwachsene
включи́тельно fkljutschítilna inbegriffen
Внимáние! wnimánije Achtung!
Войди́те! waidítje Herein!
вокзáл waksál Bahnhof
воскресéнье waskrißjénje Sonntag
врéмя wrjémja Zeit **врéмя вы́лета** wrjémja wýlita Abflug(szeit) **врéмя отправлéния** wrjémja atprawljénija Abfahrt(szeit) **врéмя рабóты** wrjémja rabóty Öffnungszeiten
втóрник ftórnik Dienstag
вход fchod Eingang **Вход воспрещён!** fchod waßprischtschjón Eintritt verboten!
вы́ход wýchad Ausgang
въезд wjesd Einfahrt

Г г

главпочтáмт glawpatschtámt Hauptpost
гости́ница gaßtínitza Hotel
грýппа grúpa Gruppe

Д д

день djen Tag
дéти djéti Kinder
до востребования da waßtrjébawanija postlagernd
До свидáния! da ßwidánja Auf Wiedersehen!
Добрó пожáловать! dabró paschálawat Herzlich willkommen!

Е е

Еврóпа jewrópa Europa
еврачéк jewratschék Euroscheck

Ж ж

же́нский (туале́т) schénski (tualjét) Damen-(Toilette)

З з

грани́ца sagranítza Ausland
закомпости́ровать *v* sakampaßtírawat entwerten
закры́т sakrýt geschlossen
зало́г salóg Kaution
за́нят sánjat belegt, besetzt
запасной вы́ход sapaßnój wýchad Notausgang
запрещён saprischtschjón verboten

И и

инвали́д inwalíd Behinderter
информа́ция для тури́стов infarmátzyja dlja turíßtaw Touristeninformation

К к

ка́сса kássa Kasse
кио́ск kiósk Kiosk
кни́жный магази́н kníschny magasín Buchgeschäft
ко́мплексный обе́д kompljékßny abjéd Menü
к себе́ kßibjé ziehen *(Türaufschrift)*
купю́ра kupjúra Geldschein
куря́щий kurjáschtschi Raucher

Л л

ле́стница ljéßnitza Treppe; Leiter
лифт lift Aufzug, Lift
льго́та lgóta Ermäßigung

М м

магази́н magasín Geschäft
магази́н грампласти́нок magasín gramplaßtínak Schallplatten-; **магази́н „О́вощи-фру́кты"** magasín „ówaschtschi-frúkty" Obst + Gemüse-; **магази́н фототова́ров** magasín fotatawáraw Foto-
междугоро́дный mischdugaródny Fern-
междунаро́ный mischdunaródny international
меню́ minjú Speisekarte
ме́сто жи́тельства mjéßta schýtilßtwa Wohnsitz
метро́ mitró U-Bahn
мили́ция milítzyja Miliz
мину́та minúta Minute
молодёжная тури́стская ба́за maladjóschnaja turískaja basa Jugendherberge
моне́та manjéta Münze
мост moßt Brücke
мужско́й (туале́т) muschskój (tualjét) Herren-(Toilette)
мясно́й магази́н mißnój magasín Fleischgeschäft

Н н

нажа́ть naschát drücken *(Türaufschrift)*
нажа́ть кно́пку naschát knópku den Knopf drücken
нале́во naljéwa links
напра́во napráwa rechts
национа́льный natzyanálny national

некуря́щий nikurjáschtschi Nichtraucher
неме́цкий язы́к nimjétzki jisýk Deutsch
Не прислоня́ться! nje prißlanjátza Bitte nicht anlehnen!
ночь *f* notsch Nacht

О о

объе́зд abjésd Umleitung
огнетуши́тель *m* agnitischítil Feuerlöscher
око́шко akóschka Schalter
опа́сность *f* apáßnast Gefahr
опа́сный apáßny gefählich
опозда́ние apasdánije Verspätung
осмо́тр aßmótr Besichtigung
остано́вка aßtanófka Haltestelle
Осторо́жно! aßtaróschna Vorsicht!
откры́т atkrýt geöffnet
отъе́зд atjésd Abreise

П п

парикма́херская parikmácherskaja Friseur
па́спорт páspart Paß
пе́рвая по́мощь pjérwaja pómaschtsch Erste Hilfe
пе́рвый эта́ж pjérwy ätásch Erdgeschoß
перекрёсток pirikrjóßtak Kreuzung
перехо́д pirichód Fußgängerüberweg **перехо́д на переса́дку** pirichód na pirißádku Übergang zum Umsteigen *(in der U-Bahn)*
письмо́ pißmó Brief
питьева́я вода́ pitiwája wadá Trinkwasser
по́дпись pódpis Unterschrift
понеде́льник panidjélnik Montag
после́дний paßljédni letzter
почто́вая ма́рка patschtówaja márka Briefmarke
пра́во преиму́щества прое́зда práwa pri-imúschtscheßtwa prajésda Vorfahrt
пра́здник prásnik Fest
пра́здничный день prásnitschny djen Feiertag
предвари́тельная прода́жа pridwarítilnaja pradáscha Vorverkauf
прибы́тие pribýtije Ankunft
продово́льственный магази́н pradawólßtwiny magasín Lebensmittelgeschäft
пря́мо prjáma geradeaus
пя́тница pjátnitza Freitag

Р р

распрода́жа raßpradáscha Ausverkauf
регистра́ция rigißtrátzyja Anmeldung
Росси́я raßíja Rußland
рубль rubl Rubel
ру́сский язы́к rußki jisýk Russisch
ручно́й рабо́ты rutschnój rabóty handgemacht
ры́бный магази́н rýbny magasín Fischgeschäft
ры́нок rýnak Markt

С с

сало́н мод ßalón mod Boutique
самообслу́живание ßamaabßlúschywanije Selbstbedienung

сапóжник ßapóschnik Schuster
светофóр ßwitafór Ampel
свобóдно ßwabódna frei
сдаётся кóмната sdajótza kómnata Zimmer zu vermieten
сдать (в наём) sdat (wnajóm) vermieten
сдáча sdátscha Wechselgeld
скúдка skídka Ermäßigung
скóрая пóмощь skóraja pómaschtsch erste Hilfe
срóчный вы́зов ßrótschny wýsaw Notruf
Стой! ßtoj Halt!
спасáтельная слýжба spaßátilnaja ßlúschba Rettungsdienst
Спасúте! ßpaßítje Hilfe!
спрáвка ßpráfka Auskunft
средá ßridá Mittwoch
странá ßtraná Land
студéнт(ка) ßtudjént(ka) Student(in)
суббóта ßubóta Sonnabend
супермáркет ßupirmárkit Supermarkt
съезд ßjesd Ausfahrt

Т т

таксú takßí Taxi
тамóжня tamóschnja Zoll
трамвáй tramwáj Straßenbahn
туалéт tualjét Toilette

У у

удостоверéние лúчности udaßtawirjénije lítschnoßti Personalausweis
ýгол úgal Ecke
ýлица úlitza Straße
универмáг uniwirmág Kaufhaus
ýтро útra Morgen **по утрáм** pa utrám morgens

Ф ф

францýзский язы́к frantzúski jisýk Französisch

Х х

химчúстка chimtschíßtka chemische Reinigung
хозя́йственный магазúн chasjáißtwiny magasín Haushaltswarengeschäft

Ц ц

цветы́ tzwitý Blumen
центр tzäntr Zentrum
центрáльный tzyntrálny zentral
цéрковь tzárkaw Kirche
цирк tzyrk Zirkus

Ч ч

чаевы́е tschajiwýje Trinkgeld
час tschas Stunde
часовщúк tschißafschtík Uhrmacher
чáстный tscháßny privat
часы́ рабóты tschißý rabóty Öffnungszeiten, Arbeitszeiten
четвéрг tschitwjérg Donnerstag
числó tschißló Datum; Zahl

Ш ш

шкóла schkóla Schule
шлюз schljus Schleuse
шоссé schaßá Landstraße, Autostraße

Э э

экску́рсия с экскурсово́дом äkskúrßija ßäkskúrßawódam Führung
экскурсово́д äkskurßawód Fremdenführer
эскала́тор äskalátar Rolltreppe
эта́ж ätásch Etage
этиліро́ванный бензи́н ätilírawany binsín verbleites Benzin

Ю ю

ювели́рный магази́н juwilírny magasín Juweliergeschäft

Я я

язы́к jisýk Sprache; Zunge
я́рмарка jármarka Messe

- 0 **ноль** nol
- 1 **оди́н** *m*, **одна́** *f*, **одно́** *n* adín, adná, adnó
- 2 **два** *m n*, **две** *f* dwa, dwje
- 3 **три** tri
- 4 **четы́ре** tschitýri
- 5 **пять** pjat
- 6 **шесть** scheßt
- 7 **семь** ßjem
- 8 **во́семь** wóßim
- 9 **де́вять** djéwit
- 10 **де́сять** djéßit
- 11 **оди́ннадцать** adínatzat
- 12 **двена́дцать** dwinátzat
- 13 **трина́дцать** trinátzat
- 14 **четы́рнадцать** tschitýrnatzat
- 15 **пятна́дцать** pitnátzat
- 16 **шестна́дцать** schyßnátzat
- 17 **семна́дцать** ßimnátzat
- 18 **восемна́дцать** waßimnátzat
- 19 **девятна́дцать** diwitnátzat
- 20 **два́дцать** dwátzat
- 21 **два́дцать оди́н** *m*, **одна́** *f*, **одно́** *n* dwátzat adín, adná, adnó
- 22 **два́дцать два** *m*, *n*, **две** *f* dwátzat dwa, dwe
- 23 **два́дцать три** dwátzat tri
- 24 **два́дцать четы́ре** dwátzat tschitýri
- 25 **два́дцать пять** dwátzat pjat
- 26 **два́дцать шесть** dwátzat scheßt
- 27 **два́дцать семь** dwátzat ßjem
- 28 **два́дцать во́семь** dwátzat wóßim
- 29 **два́дцать де́вять** dwátzat djéwit
- 30 **три́дцать** trítzat
- 40 **со́рок** ßórak
- 50 **пятьдеся́т** pidißját
- 60 **шестьдеся́т** schißdißját
- 70 **се́мьдесят** ßjémdißjat

80 **во́семьдесять** wóßimdißjat
90 **девяно́сто** diwinóßta
100 **сто** ßto
101 **сто оди́н** ßto adín
200 **две́сти** dwjéßti
300 **три́ста** tríßta
400 **четы́реста** tschitýrißta
500 **пятьсо́т** pitßót
579 **пятьсо́т се́мьдесят де́вять** pitßót ßjémdißit djéwit
600 **шестьсо́т** schyß-ßót
700 **семьсо́т** ßimßót
800 **восемьсо́т** waßimßót
900 **девятьсо́т** diwitßót
1000 **(одна́) ты́сяча** (adná) týßitscha
2000 **две ты́сячи** dwje týßitschi
3000 **три ты́сячи** tri týßitschi
4000 **четы́ре ты́сячи** tschitýri týßitschi
5000 **пять ты́сяч** pjat týßitsch
10000 **де́сять ты́сяч** djéßit týßitsch
100000 **сто ты́сяч** ßto týßitsch
1000000 **миллио́н** milión

Ordnungszahlen

→ *Adjektivendungen S. 234 für die weiteren Formen der Ordnungszahlen. Wenn diese regelmäßig gebildet werden, sind hier nur die männlichen Formen aufgeführt.*

1. **пе́рвый** pjérwy
2. **второ́й** ftarój
3. **тре́тий, тре́тья, тре́тье, тре́тьи** trjéti, trjétja, trjétje, trétji
4. **четвёртый** tschitwjórty
5. **пя́тый** pjáty
6. **шесто́й** schyßtój
7. **седьмо́й** ßidmój